# Erfolgreich motivieren im Mannschaftssport

## Wie Leistungspotenziale von Spielern, Trainern und Schiedsrichtern mobilisiert werden

Peter Schulz

**Bibliographische Information der Deutschen Nationalbibliothek**

Die Deutsche Nationalbibliothek verzeichnet diese Publikation in der Deutschen Nationalbibliographie; detaillierte bibliographische Daten sind im Internet über http://dnb.d-nb.de abrufbar.

Bestellnummer 9094



www.hofmann-verlag.de



Esser printSolutions GmbH, Bretten

Printed in Germany · ISBN 978-3-7780-9094-7

# Inhalt

# Einleitung

Motivationsstrategien zur Leistungssteigerung sind seit jeher von großem Interesse in der sportpsychologischen Forschung. Trainer wollen wissen, wie sie ihre Mannschaft optimal für ein Spiel motivieren und ihre Spieler darin unterstützen können, mit dem Leistungsdruck, der auf ihnen lastet, umzugehen. Spieler brauchen Hinweise, wie sie sich selbst auf wichtige Spiele effektiv einstellen können, wie sie ihr Selbstvertrauen und ihre Erfolgszuversicht stärken können, und was sie tun können, um übergroßen Leistungsdruck zu mildern. Vereinsfunktionäre sind daran interessiert zu erfahren, welche Auswirkungen der hohe Erfolgsdruck hat, dem Trainer ausgesetzt sind. Eltern brauchen Empfehlungen, wie sie ihren Kindern die Freude am Wettkampfsport erhalten und durch Anteilnahme, Anerkennung und Ermutigung ihrem Nachwuchs den Rückhalt geben können, der für herausragende Leistungen erforderlich ist. Für diese Anliegen habe ich im vorliegenden Buch Erkenntnisse aus der Motivationspsychologie, der Stressforschung und der Sportpsychologie zusammengetragen, die helfen können, die genannten Ziele zu erreichen.

Das Buch ist in acht Kapitel gegliedert, die aufeinander bezogen sind. Ich beginne mit der Unterscheidung von zwei grundlegenden Motivationsarten, der Annäherungs- und der Vermeidungsmotivation. Diese Unterscheidung ist von großer Bedeutung, um zu verstehen, was eine optimale und eine dysfunktionale Motivation ausmacht. Optimale Motivierung verlangt nicht nur, bei Spielern und Mannschaften eine ausreichend hohe Motivationsstärke zu erzeugen, sondern auch die Art der Motivation an die aktuellen Wettkampfanforderungen anzupassen. Die Motivierung der Spieler kann durch die Umwelt erfolgen, aber auch vom Sportler selbst ausgehen. Ist die fremdbestimmte Motivierung erfolgreich, entsteht als Ergebnis eine extrinsische Motivation. Selbstbestimmte Motivierung erzeugt eine intrinsische Motivation.
In dem darauf folgenden Kapitel 2 beschäftige ich mich mit der Frage, was zu beachten ist, wenn Trainer ihre Spieler für einen Wettkampf erfolgreich motivieren wollen. Im Wesentlichen sind es zwei Faktoren, die zu beachten sind: Besondere Merkmale der Wettkampfsituation und die persönlichen Eigenarten der Spieler. Trainer sollten diese beiden Faktoren in ihre Überlegungen einbeziehen, wenn sie für ein Spiel Motivationsstrategien entwickeln.
Wie Erfolgserwartungen, die sich bei Spielern bzw. Mannschaften vor und während eines Wettkampfes herausbilden, die sportliche Leistung beeinflussen, wird im dritten Kapitel aufgezeigt. Drei Arten von Erfolgserwartungen werden unterschieden: Erfolgszuversicht, Erfolgsungewissheit und Misserfolgserwar-

tung. Im Zusammenwirken mit der Motivation beeinflussen sie auf unterschiedliche Weise die sportlichen Leistungen.
Das vierte Kapitel enthält Empfehlungen, wie Trainer das Selbstvertrauen ihrer Spieler und ihrer Mannschaft stärken können. Insbesondere wenn Spieler bzw. Mannschaften unter Druck geraten, beeinflusst ihr Selbstvertrauen die Erfolgserwartungen und damit die Leistung. Schwerpunkt des Kapitels sind Empfehlungen für Interventionen, die das Selbstvertrauen eines Spielers bzw. einer Mannschaft stärken können.
Das darauf folgende fünfte Kapitel behandelt das Thema Druck und seine Auswirkungen auf das sportliche Handeln. Im Einzelnen geht es um folgende Fragen: Was ist unter Druck im Mannschaftssport zu verstehen? Wodurch unterscheidet sich Druck ausüben von Motivieren? Wann ist es angebracht, auf Spieler Druck auszuüben? Von welchen Akteuren geht Druck aus? Wie wirkt sich hoher Druck auf die Leistung der Spieler aus?
Die beiden Kapitel 6 und 7 beschäftigen sich mit der Frage, wie Spieler bzw. Trainer ihren Umgang mit Druck verbessern können. Leistungs- und Erfolgsdruck können nicht immer vermieden werden. Deshalb war es mir wichtig herauszuarbeiten, was Spieler und Trainer tun können, um den Druck selbst zu reduzieren und/oder ihre Druckresistenz zu stärken. Ausreichende Kompetenzen im Umgang mit Druck sind deshalb so wichtig, weil Erfolgs- und Leistungsdruck nicht nur die sportliche Leistung, sondern auch die Gesundheit von Sportlern und Trainern beeinträchtigen können.
Das achte und letzte Kapitel wendet sich den Schiedsrichtern zu. Ich gehe der Frage nach, wie Schiedsrichter ihre Leistungen verbessern können. Es sind vor allem drei Faktoren, die die Wahrscheinlichkeit erhöhen, dass Spielleiter falsche, inadäquate, zu harte, inkonsistente oder parteiische Entscheidungen treffen und in Konfliktsituationen unangemessen reagieren: erstens Beeinflussungsversuche der Umwelt, zweitens die Erfolgszuversicht, mit der Schiedsrichter in ein Spiel gehen, und drittens die eigenen Stressreaktionen. Um Leistungsbeeinträchtigungen bei der Spielleitung in Grenzen zu halten oder gar gänzlich zu vermeiden, können Schiedsrichter an diesen drei Faktoren ansetzen.

Das vorliegende Buch wendet sich in erster Linie an Sportpsychologen, Trainer, Spieler und Sportstudenten. Ich habe mich auf Teamsportarten konzentriert, insbesondere auf Fußball. Die meisten Beispiele kommen deshalb auch aus der Spielsportart Fußball. Man kann das Buch in einem Rutsch lesen, man kann es aber auch immer wieder zu Rate ziehen, wenn Trainer oder Sportler bei den angesprochenen Problemen Hilfestellung brauchen. Aus diesem Grund habe ich das Buch nicht mit wissenschaftlichen Details überfrachtet und zusätzlich Erfahrungen erfolgreicher Sportler und Trainer ausgewertet, die Zeitungs-Interviews und Erfahrungsberichten entnommen sind. Dennoch beruhen die dargestellten theoretischen Überlegungen und praktischen Handlungsempfehlungen auf wissenschaftlichen Erkenntnissen. Wenn ich im Text ausschließlich die männlichen Formen verwende, so hat das rein praktische Gründe einer besseren Lesbarkeit. Ich hoffe, dass sich weibliche Leser dabei genauso angesprochen fühlen.

Bei Artur Waibel und Dr. Jona Schulz möchte ich mich bedanken. Mit hilfreichen Anregungen haben sie dazu beigetragen, das vorliegende Buch zu verwirklichen. Danke auch an den *Trierischen Volksfreund* für die Druckgenehmigung der Fotos (Quelle: fupa.net/volksfreund).

# 1 Motivation im sportlichen Wettkampf

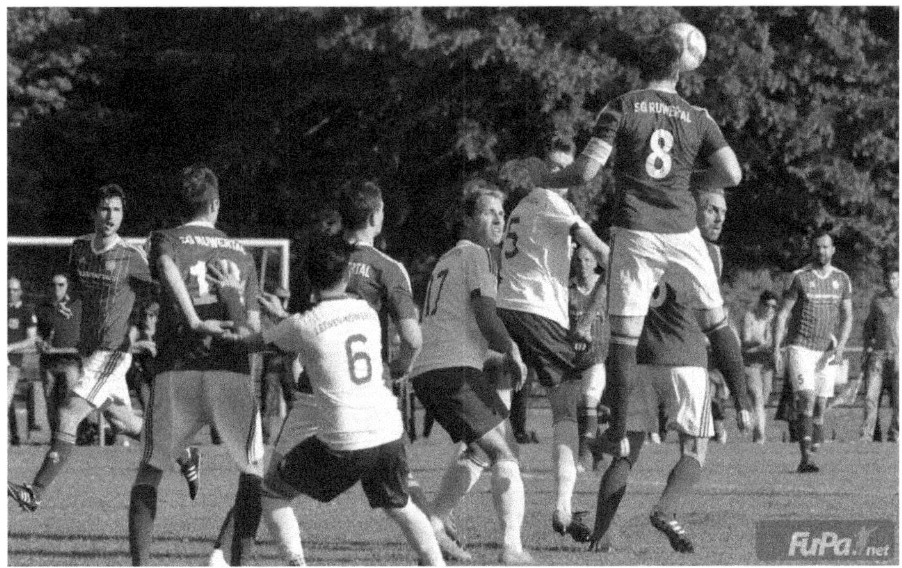


Die Leistung eines Athleten ist in erster Linie von seinen konditionellen, technisch-koordinativen und taktischen Fähigkeiten abhängig. Grundlage für den Erwerb dieser Fähigkeiten sind professionelles Training in der jeweiligen Sportart, ausreichende Fitness, begleitendes Athletiktraining und gute physiotherapeutische Betreuung. Doch oft bleiben die tatsächlich gezeigten Leistungen trotz bester Voraussetzungen hinter den möglichen zurück. Nicht immer gelingt es, vorhandene Leistungspotenziale im Wettkampf vollständig abzurufen. Das kann viele Ursachen haben. Der wohl wichtigste Faktor ist die Motivation der Sportler.

Die sportpsychologische Forschung hat Motivationsstrategien zur Leistungssteigerung seit jeher große Aufmerksamkeit geschenkt. Inwieweit sich Sportler im Wettkampf mit innerem Engagement und hohem Durchhaltevermögen ihren Aufgaben widmen, hängt von ihrer Motivation ab. Sie bestimmt, auf welche Ziele das Handeln der Athleten ausgerichtet ist, ob Sportler ihr Leistungspotenzial gar nicht, teilweise oder vollständig ausschöpfen oder es gar über ihre individuellen Leistungsgrenzen hinaus mobilisieren. Sportler müssen zu einem festgelegten Zeitpunkt optimal für eine Höchstleistung motiviert sein, da sie im Wettkampf nur jetzt, in dieser Situation die Chance haben, sich zu beweisen (Beswick, 2016; Eberspächer, 2012). Es ist ihnen nicht wie im Training möglich, auf eine Wiederholung des Versuchs zu setzen. Deshalb ist eine gewisse Nervosität vor Wettkämpfen für motivierte Sportler ganz normal. Die Erregung weist auf einen Zustand erhöhter Handlungsbereitschaft hin, die mit den Eigenschaftswörtern wach, aktiv, erregt, energiegeladen, tatkräftig beschrieben wird.

# Strategien zur Motivierung von Sportlern

*Ich glaube nicht daran,*
*dass die Angst vorm Verlieren*
*dich eher zum Sieger macht*
*als die Lust aufs Gewinnen.*

Jürgen Klopp (Fußballtrainer)

Wenn ein Trainer zu seinen Spielern sagt: „Wir wollen dieses Spiel gewinnen", ist das etwas anderes, als wenn er sagt: „Wir dürfen dieses Spiel nicht verlieren". Hier sind zwei Arten der Motivierung angesprochen. Im ersten Fall versucht der Trainer eine Motivation zu erzeugen, die in der Motivationspsychologie als *Annäherungsmotivation* (approach motivation) und im letztgenannten Fall als *Vermeidungsmotivation* (avoidance motivation) bezeichnet werden (siehe Elliot & Conroy, 2005). Auf dieser Unterscheidung basiert auch die Theorie des „Regulatorischen Fokus" von Higgins (1998). Sie postuliert, dass unser Handeln davon beeinflusst wird, ob der motivationale Fokus eher auf das Erreichen erwünschter oder eher auf das Vermeiden unerwünschter Zustände ausgerichtet ist. Ziele können mit einem ausgeprägten *Annäherungsfokus*, aber auch mit einem starken *Vermeidungsfokus* verfolgt werden. Annäherungsmotivation richtet das Verhalten darauf aus, subjektiv bedeutsame Gratifikationen, Belohnungen oder Ressourcenzuwächse zu erlangen, Vermeidungsmotivation strebt danach, bedeutsame Sanktionen, Bestrafungen oder Ressourcenverluste zu vermeiden.

Annäherungs- und Vermeidungsmotivation beeinflussen die Art und Weise, wie Sportler die Bewältigung ihrer Aufgaben angehen. Je nachdem, ob ihre Leistungsbereitschaft mit einer Annäherungs- oder Vermeidungsmotivation verbunden ist, werden sie mit unterschiedlichen Strategien versuchen, ihre sportlichen Aufgaben zu erfüllen. Das bedeutet, dass ein Trainer, will er seine Spieler erfolgreich motivieren, nicht nur die *Stärke* der Motivation beeinflussen, sondern auch die *Art* der Motivierung in seine Überlegungen einbeziehen sollte (Wallace, Baumeister & Vohs, 2005).

Im Folgenden werde ich genauer beschreiben, was Motivierung durch Stärkung der Annäherungs- bzw. der Vermeidungsmotivation kennzeichnet, welche Bedeutung beide Motivationsarten für sportliches Handeln haben und wie sie im sportlichen Alltag erfolgreich zum Einsatz kommen.

## Annäherungsmotivation stärken

Man kann Sportler motivieren, indem man sie in ihrem Bestreben bestärkt, mit guten Leistungen attraktive Gratifikationen zu erhalten (z. B. finanzielle Zuwendungen, Selbstwertstabilisierung, Prestige). Die Hoffnung auf eine Gratifikation, eine Belohnung oder einen Ressourcenzuwachs ist ein mächtiger Antrieb zu sportlichen Leistungen. Was motiviert einen Sportler, wenn nicht die Hoffnung, dass sich gute Leistungen auszahlen werden, auch wenn immer eine mehr oder weniger große *Unsicherheit* bezüglich des Ausmaßes, des Zeitpunktes und der Erreichbarkeit der erhofften Gratifikationen besteht.

Für die Herausbildung einer Annäherungsmotivation sind *Leistungsanreize* erforderlich. Der Leistungssport bietet vielfältige Anreize, die zur Stärkung der Annäherungsmotivation genutzt werden können, wie der folgende Kasten zeigt.

> *Unterschiedliche Arten von Anreizen*
>
> Leistungsprämien und andere materielle Vergütungen, Marktwert steigern, Spaß und Freude am Spiel, Ansehenszuwachs, sozialer Aufstieg, Nominierung für einen Wettkampf, Verbesserung des Selbstvertrauens, Ruhm, Selbstbestätigung, Stabilisierung des Selbstwertgefühls, Festigung der Position in der Mannschaft, Statusverbesserungen, Fähigkeiten im körperlich-konditionellen, technisch-koordinativen und taktischen Bereich verbessern, Lob, Ehrungen, mediale Aufmerksamkeit, Sponsorengelder, Aufstieg in einen höheren Kader, Abwechslung vom Alltag, Freude an der Bewegung, Ausgleich zu oft „körperlosen" Betätigungen in Schule/Studium/Beruf, eigene Leistungsgrenzen verschieben, stolz auf sich sein, stolz sein auf die Erfolge der eigenen Mannschaft, Selbstdisziplin verbessern, Abbau innerer Spannungen, Zufriedenheit, Trainer und Zuschauer mit einer guten Leistung beeindrucken, Wohlbefinden nach der sportlichen Anstrengung. Die Summe der Anreize, die eine Wettkampfsituation enthält, wird als „situatives Anreizpotenzial" bezeichnet.

Der Grund, warum Sportler durch Anreize motiviert werden, liegt in ihrem *Bedürfnisbezug*. Anreize wirken motivierend, da sie mit der Hoffnung verbunden sind, persönliche Bedürfnisse befriedigen zu können, wie z. B. Bedürfnisse nach Geselligkeit, Einfluss, Macht, Sicherheit, Selbstwerterhöhung, Verbesserung sportlicher Fähigkeiten, Entwicklung der Persönlichkeit oder das Bedürfnis, etwas Besonderes zu sein (ausführlich bei Baumann, 2009). Erst wenn Anreize ein Bedürfnis ansprechen, üben sie eine affektive Anziehungskraft aus und wirken motivierend. Je ausgeprägter und vielfältiger die Bedürfnisse, desto größer die Möglichkeiten, Spieler durch passende Anreize zu motivieren. Beispielsweise wird vermutlich eine hohe Annäherungsmotivation entstehen, wenn ein Athlet mit einem ausgeprägten Bedürfnis nach öffentlicher Anerkennung auf eine große Zuschauerkulisse trifft, die eine Befriedigung genau dieses Bedürfnisses in Aussicht stellt. Bei jugendlichen Spielern ändern sich Bedürfnisse schneller als bei Erwachsenen. Deshalb ist es bei ihnen nicht immer einfach, die veränderten motivationalen Grundlagen ihres Verhaltens rechtzeitig zu erkennen.

Trainer stärken die Annäherungsmotivation ihrer Spieler, indem sie sich das Anreizpotenzial zunutze machen, das eine Wettkampfsituation enthält. Dazu spricht der Trainer ein Bedürfnis an (z. B. „Du möchtest Stammspieler werden") und bestätigt, dass dies ein erstrebenswertes Ziel sei („Das finde ich gut"). Dann weist er darauf hin, dass es in diesem Spiel möglich ist, diesem Ziel näher zu kommen (z. B. „Du bekommst heute eine Chance, dieses Ziel zu erreichen, wenn du meine Erwartungen erfüllst"). Zusätzlich kann der Trainer die Bedeutsamkeit der vom Spieler erstrebten Ressourcenzuwächse besonders herausstellen („Wenn du besser wirst, wirst du auch selbstbewusster. Das wird sich positiv auf deine Entwicklung auswirken"). Als Folge entsteht beim Spieler die annäherungsfokussierte Einstellung: „Ich werde heute mein Bestes geben, um Stammspieler zu werden". Die sportliche Aufgabe wird als Chance für etwas gesehen, nicht als Risiko. Idealerweise kennt ein Trainer die Bedürfnisse seiner Spieler. So ist z. B. die Anweisung „Betrachte deinen Einsatz in diesem Spiel als Chance, dich weiterzuentwickeln" bei perfektionistischen Spielern angebracht, die bestrebt sind, ihre spielerischen Kompetenzen ständig zu verbessern. Kennt der Trainer die Motive des Spielers nicht, ist er auf Vermutungen angewiesen. Zum Beispiel schickte Joachim Löw bei der WM 2014 im Endspiel gegen Argentinien Mario Götze mit dem Satz ins Spiel: „Zeig der Welt, dass du besser bist als Messi".

Alternativ kann die Annäherungsmotivation auch über ihre positiven Auswirkungen gestärkt werden, indem Trainer zum Beispiel ...

- von ihren Spielern fordern, risikofreudiger zu spielen („Du kannst ruhig mehr riskieren. Probleme, die dadurch entstehen, werden von der Mannschaft aufgefangen").

- ihre Spieler ermutigen, die anstehende Aufgabe als Chance zu sehen und nicht als Risiko („Heute kannst du beweisen, was du kannst").
- ihre Spieler daran erinnern, wie wichtig es ist, Spaß am Spiel zu haben („Vergiss nicht, dass der Spaß am Wettkampf immer im Vordergrund stehen sollte").

Haben anreizmotivierte Sportler bei ihren Sporthandlungen *Erfolg*, werden die Emotionen Freude/Stolz/Zufriedenheit ausgelöst, da sie mit der Aufgabenbewältigung einen Ressourcenzuwachs bzw. eine Belohnung erfahren. Sie sind glücklich über den Erfolg und stolz, ihr Ziel erreicht zu haben. Erleben Sportler aber einen *Misserfolg*, resultiert eine besondere Form der Frustration, die Enttäuschung, oftmals verbunden mit einer Entmutigung (Higgins, Sha & Friedman, 1997).

*Tab. 1: Emotionen nach Erfolg/Misserfolg bei Dominanz der Annäherungsmotivation*

| | **Annäherungsmotivation** |
|---|---|
| **Erfolg** | Freude/Stolz/Zufriedenheit<br>(Spieler erhält die angestrebten Ressourcenzuwächse, die erhofften Gratifikationen, die erwarteten Belohnungen) |
| **Misserfolg** | Enttäuschung/Entmutigung<br>(Spieler erhält *nicht* die angestrebten Ressourcenzuwächse, die erhofften Gratifikationen, die erwarteten Belohnungen) |

Eher selten sind Situationen, in denen es angebracht ist, die Annäherungsmotivation zu *schwächen*. Sollte das doch einmal erforderlich werden, können Anreize, die Spielern besonders wichtig sind, abgewertet werden. Beispielsweise kann ein Trainer ...

- die Attraktivität von Gratifikationen, die Spieler sich erhoffen, relativieren (z. B. „Bedenke, eine gute Presse für deine Leistung heute, kann nächste Woche schon wieder in unsachgemäße Kritik umschlagen").
- die Wahrscheinlichkeit erhoffter Gratifikationen korrigieren („Ich kann dir nicht versprechen, dass ich dich im nächsten Spiel aufstellen werde").
- die Risikobereitschaft verringern („Riskier nicht zuviel, du verlierst zu häufig den Ball und leitest damit gefährliche Gegenangriffe ein" oder: „Wir können auch gewinnen, wenn wir nicht so offensiv spielen, wie im letzten Spiel").

## Vermeidungsmotivation stärken

Trainer können die Vermeidungsmotivation stärken, indem sie Bestrebungen ihrer Spieler unterstützen, mit guten Leistungen befürchtete Bestrafungen und mögliche Ressourcenverluste zu vermeiden (z. B. „Wenn du heute gut spielst, werde ich dich nicht auswechseln"). Mögliche Sanktionen beziehen sich auf unterschiedlichste Bereiche. Einige für den Mannschaftssport relevante haben wir im folgenden Kasten aufgeführt.

*Unterschiedliche Arten befürchteter Sanktionen*

Ansehensverlust, keine Nominierung für einen Wettkampf, Kritik in der Presse, Abstieg in eine untere Liga, Blamage, Konflikte mit Mitspielern, Enttäuschung der Zuschauer, unausgesprochene Vorwürfe, finanzielle Einbußen, Gerede in der Mannschaft, Verschlechterung der Karrierechancen, Beeinträchtigung des Selbstvertrauens, Herabsetzung der eigenen Reputation, Beeinträchtigung des Selbstwertgefühls, Enttäuschung über sich selbst, aus der Gemeinschaft ausgeschlossen werden, als Verlierer „gebrandmarkt" und vergessen werden, die Unterstützung der Zuschauer verlieren, Verletzungen, Demütigung, Autonomieverlust, Konflikte mit dem Trainer. Da regelmäßig ausbezahlte Geldleistungen bereits als „Besitz" wahrgenommen werden und damit als bewahrenswert gelten, fördern sie die Vermeidungsmotivation, wenn ihr Verlust droht. Die Summe der drohenden Sanktionen, die eine Wettkampfsituation beinhaltet, kann als „situatives Bedrohungspotenzial" bezeichnet werden. Cristiano Ronaldo äußerte einmal in einem Interview: *Das Einzige, worum ich bitte, ist, hier (Bernabeu-Stadion, Madrid, P.S.) nicht ausgepfiffen zu werden, denn ich gebe immer mein Bestes.*

Da der Vermeidungsmotivation *Sanktionserwartungen* zugrunde liegen, besteht immer eine mehr oder weniger große *Unsicherheit* bezüglich des Ausmaßes, des Zeitpunktes und der Eintretenswahrscheinlichkeit der befürchteten Sanktionen. Doch Leistungssportler kennen die Bedrohungen aus ähnlichen Situationen der Vergangenheit, so dass eine bestimmte Sanktion erwartet wird, weil es in der Vergangenheit schon einmal (mehrmals) so war. Zum Beispiel steht in der Elfmetersituation beim Schützen die Vermeidungsmotivation durch drohende Sanktionen im Vordergrund. Fußballprofis können so scharf und präzise schießen, dass erwartet wird, dass sie den Elfmeter erfolgreich abschließen. Mit dem Erfolg erfüllen sie lediglich die berechtigten Erwartungen der Umwelt. Doch wird der Elfmeter verschossen, sind die negativen Konsequenzen für den Schützen hoch.

Verstärkt wird die Vermeidungsmotivation, indem Trainer das Bedrohungspotenzial nutzen, das eine Wettkampfsituation enthält. Dazu spricht er die Sanktion an, die der Spieler befürchtet („Du möchtest deinen Stammplatz in der ersten Mannschaft behalten“) und bestätigt anschließend, dass dies ein erstrebenswertes Ziel ist („Das ist völlig in Ordnung“). Dann weist er darauf hin, dass es im bevorstehenden Spiel möglich ist, dieses Ziel zu erreichen („Mach heute bloß keine Leichtsinnsfehler, sonst verlierst du noch deinen Stammplatz“ oder: „Wenn du heute wieder so spielst wie letzten Sonntag, hat das Konsequenzen“). Zusätzlich oder alternativ können Trainer ihre Spieler für Sanktionen, die Spieler vermeiden möchten, sensibilisieren („Pass auf, dass du durch dein eigensinniges Verhalten nicht den Respekt deiner Mitspieler verlierst“) oder den Fokus der Spieler darauf ausrichten, Sicherheit vor Risiko den Vorrang zu geben („Wir wollen dieses Spiel gewinnen. Deshalb müssen wir heute mehr auf Sicherheit spielen“).

Nicht nur Trainer, auch *Spielregeln* können dafür sorgen, dass die Vermeidungsmotivation gestärkt wird, wie das folgende Beispiel zeigt.

*Beispiel: Auswärtsregel stärkt die Vermeidungsmotivation*

Wie Jörg Kramer in seinem Beitrag für DIE ZEIT vom 25.04.2019 schrieb, führte die 1965 erstmals im Europacup eingeführte Auswärtsregel der Uefa dazu, dass auswärts erzielte Tore wertvoller sind. Teams, die zuerst zu Hause antreten, spielen deshalb defensiver als nötig („Bloß kein Gegentor bekommen“). Kein selbst erzieltes Tor kann im Heimspiel so kostbar sein wie ein vermiedenes Gegentor. Aus Angst vor dem unverhältnismäßig teuren Gegentor wird dann überaus kontrolliert gespielt. Und das ausgerechnet vor eigenem Publikum. So wirkten zum Beispiel Jürgen Klopps Männer des FC Liverpool im Vergleich zu vielen berauschenden Partien der Premier League sowohl beim Zu-Null-Sieg gegen Porto als auch beim 0:0 im ersten Achtelfinalspiel gegen Bayern München nahezu gehemmt.

Negative Handlungsanweisungen, wie z. B. „Wir dürfen heute nichts riskieren“, sind zur Stärkung der Vermeidungsmotivation nicht zu empfehlen, obwohl sie in der Sportpraxis ausgesprochen häufig sind. Darauf weist Baumann (2009, 149) ausdrücklich hin, wenn er schreibt: „Negative Handlungsanweisungen, wie z. B.: ‚Tu das nicht!‘, ‚Unterlasse das!‘, wirken sich nur selten positiv auf das Spielverhalten aus“. Zur Begründung führt Baumann an, dass man mit solchen Anweisungen zuerst auf einen Fehler weist, um ihn dann zu verbieten. Damit dies einen Sinn ergibt, muss der Spieler zunächst mit dem Fehler zurechtkommen, um sich dann selbst eine Verbesserung auszudenken. Dazu ist nicht jeder Spieler in der Lage.

Wettkampfsituationen, in denen es angebracht ist, eine ausgeprägte Vermeidungsmotivation zu *schwächen*, treten in der Spielsportpraxis häufig auf. Geschwächt wird die Vermeidungsmotivation, indem Trainer das Bedrohungspotenzial einer Wettkampfsituation verringern („Achte nicht ständig darauf, was du falsch machen kannst. Konzentriere dich nur auf die nächste Aktion"). Zusätzlich oder alternativ können sie befürchtete Sanktionen entdramatisieren („Lasst euch nicht durch die Zuschauer beeinflussen. Es ist nicht so schlimm, von den Zuschauern ausgepfiffen zu werden, das gehört zum Fußball dazu").

Haben Athleten bei Sporthandlungen, in denen die Vermeidungsmotivation dominiert, Erfolg, empfinden sie *Erleichterung* darüber, dass die befürchteten Sanktionen vermieden werden konnten (Higgins et al., 1997). Zum Beispiel sagte der Mannschaftskapitän der deutschen Nationalmannschaft nach dem gewonnenen Gruppenspiel gegen Ghana bei der Fußball-WM 2010 (es ging um Weiterkommen oder Ausscheiden), „man sei sehr erleichtert". In ähnlicher Weise äußerte sich Per Mertesacker bei der WM 2014 nach dem mühsam erkämpften Sieg gegen Algerien. Bundestrainer Joachim Löw war die Erleichterung nach dem gewonnenen Spiel gegen Schweden bei der WM 2018 geradezu anzusehen. Nach besonders schweren Spielen, in denen eine extrem hohe Vermeidungsmotivation vorherrschte, kommt es vor, dass sich die Erleichterung eruptiv entlädt, wie z. B. nach dem späten Tor von Toni Kroos bei der WM 2018 im Spiel gegen Schweden. Hat man bei dominierender Vermeidungsmotivation *Misserfolg*, resultiert die Emotion Ärger, aber auch Angst (Higgins et al., 1997). Der Ärger ist umso ausgeprägter, je ungerechter oder willkürlicher die Sanktionen empfunden werden.

*Tab. 2: Emotionen nach Erfolg/Misserfolg bei Dominanz der Vermeidungsmotivation*

| | **Vermeidungsmotivation** |
|---|---|
| **Erfolg** | Erleichterung<br>(Spieler hat einen Ressourcenverlust, eine Bestrafung oder eine Sanktion erfolgreich vermieden oder kann sie mit hoher Wahrscheinlichkeit vermeiden) |
| **Misserfolg** | Ärger/Angst<br>(Spieler konnte oder kann mit hoher Wahrscheinlichkeit den befürchteten Ressourcenverlust, die Sanktion oder Bestrafung *nicht* vermeiden) |

# Bedeutung der Annäherungs- und Vermeidungsmotivation für den Wettkampf

Im Folgenden möchte ich mich mit der Frage auseinandersetzen, wie sich das sportliche Handeln von Spielern, deren Fokus darauf ausgerichtet ist, attraktive Gratifikationen zu erlangen, von denen unterscheidet, bei denen die Vermeidungsmotivation dominiert. Dabei stütze ich mich auf theoretische und empirische Studien, die zur Entwicklung und Bestätigung der Theorie des „Regulatorischen Fokus" durchgeführt wurden (vgl. Higgins, 1998; Förster & Denzler, 2009; Scholer & Higgins, 2013; Affolter, 2019). Die Erkenntnisse aus diesen Studien lassen sich auf den Bereich des Sports übertragen.

## Bedeutung der Annäherungsmotivation

Locken attraktive Gratifikationen und bedeutsame Ressourcenzuwächse spielen Sportler mit größerer Leidenschaft und höherem emotionalen Engagement, vergleicht man sie mit vermeidungsmotivierten Athleten. Da sie etwas Erfreuliches in Aussicht haben, wird sich das positiv auf ihre Stimmung auswirken. Die Annäherungsmotivation begünstigt also eine *positive Emotionalität* (Zuversicht, Hoffnung, Neugier, Interesse). Das fördert den Spaß am Spiel und die Freude am Wettkampf (Briki, 2019). Die positive Emotionalität begünstigt die Freisetzung ausreichender Energien für eine gute sportliche Leistung. Das Interesse, die Begleitemotion der Neugier, ist hoch, wodurch die Bereitschaft zunimmt, nach neuen Lösungswegen zu suchen. Alle Hinweise im Spielgeschehen, die darüber informieren, dass man seinem Ziel näher kommt und Anstrengungen auch belohnt werden, steigern den Kampfgeist und den Willen zum Sieg. Spieler im Annäherungsmodus sind eher bereit, Risiken einzugehen und bevorzugen somit eine offensive Ausrichtung gegenüber der defensiven Ordnung.

Zusammenfassend können wir davon ausgehen, dass anreizmotivierte Sportler im Vergleich zu vermeidungsmotivierten ...

- mit größerer Leidenschaft und Enthusiasmus spielen
- risikofreudiger agieren
- eher bereit sind, etwas Neues auszuprobieren
- eher von der Hoffnung auf Erfolg als von Misserfolgsangst geleitet werden
- kreativer und flexibler spielen
- eher eine offensive Ausrichtung gegenüber der defensiven Ordnung bevorzugen

- Hinweise im Spielgeschehen, die darüber informieren, ob man für eine gute Leistung auch belohnt wird, schneller verarbeiten
- nach Misserfolgen eher nach neuen Lösungswegen suchen
- mit ihrem Spiel häufiger zufrieden sind
- mehr Spaß am Spiel haben
- dem Risiko des Scheiterns weniger Beachtung schenken
- eher bereit sind, eigene Spielideen umzusetzen

## Bedeutung der Vermeidungsmotivation

Vermeidungsmotivierte Athleten verfolgen ihr Ziel auf andere Art und Weise, auch wenn das Ziel, der Sieg über den Gegner, das gleiche ist wie bei anreizmotivierten Sportlern. Folgt man der Theorie des „Regulativen Fokus", kann man davon ausgehen, dass Sportler im Vermeidungsmodus, verglichen mit anreizmotivierten Athleten ...

- mit weniger Leidenschaft spielen
- weniger dazu neigen, übermütig, überheblich oder zu sorglos zu agieren
- weniger risikofreudig sind
- Sicherheitsbedürfnissen den Vorrang geben
- wachsamer sind gegenüber Ereignissen, die zu einer Niederlage führen könnten
- eher ihre Pflichten erfüllen und das tun, was man von ihnen erwartet
- nicht so gut mit Zeitdruck zurechtkommen (Roskies, Elliot & Nigstad, 2013)
- die defensive Ordnung gegenüber der offensiven Ausrichtung betonen
- in ihren Leistungen konstanter sind
- häufiger unzufrieden mit ihrem Spiel sind
- dazu neigen, ihre Spielweise vom Gegner abhängig zu machen

Wie diese Aufzählung nahe legt, sind nicht nur die Anziehungskraft attraktiver Gratifikationen, sondern auch drohende Verluste bedeutsamer Ressourcen für den Erfolg in einem sportlichen Wettkampf von Bedeutung. Das Bestreben, mögliche Sanktionen zu vermeiden, kann sogar dazu führen, dass sich Spieler davon stärker motivieren lassen als von der Aussicht auf eine Belohnung. Denn Menschen sind im Allgemeinen verlustscheu. Deshalb nehmen sie große Mühen auf sich, um etwas, das sie bereits haben oder haben können, nicht zu verlieren (vgl. Brooks & Zank, 2005). Entsprechend ergaben Studien zum Zusammenhang von Vermeidungsmotivation und sportlicher Leistung widersprüchliche Befunde. Die weithin postulierten Leistungsminderungen bei hoher Vermeidungsmotivation konnten nicht immer nachgewiesen werden (Maurer, 2007). Zum Beispiel zeigten die Studien von Jones (1995), Liao und

Masters (2002) sowie Moore, Vine, Wilson und Freeman (2015), dass eine hohe Vermeidungsmotivation, insbesondere bei erfolgszuversichtlichen Athleten, mit zufrieden stellenden Leistungen einhergeht.

Was auffällt ist, dass vermeidungsfokussierte Sportler eher zu einer negativen Emotionalität neigen (Angst, Enttäuschung, Unzufriedenheit), verglichen mit den Athleten, bei denen die anreizinduzierte Motivation dominiert. Doch auch negative Emotionalität hat ihren Wert. Spieler brauchen negative Gefühle, um ihre Aufgaben effektiver zu erfüllen. Zum Beispiel werden sie als nötiges Korrektiv gebraucht, damit Athleten ihr Können realistisch einschätzen, nicht unvorbereitet an ihre Aufgaben herangehen, nicht zu riskant spielen und möglichst alles ausblenden, was nicht unmittelbar der Problemlösung dient.

## Optimale Motivation

Wie oben ausgeführt, ist es nicht so, dass die Annäherungsmotivation gut und die Vermeidungsmotivation schlecht ist für die sportliche Leistung. Beide Motivationsarten sind wichtig und haben je nach Wettkampfsituation ihre Bedeutung. Für die Wettkampfleistung eines Spielers und einer Mannschaft ist es zumeist von Vorteil, wenn sowohl die Annäherungs- als auch die Vermeidungsmotivation in optimaler Dosierung vorhanden sind und keine der beiden Motivationsarten einseitig dominiert. Doch aktuelle Wettkampfanforderungen können es erforderlich machen, die Annäherungs- oder auch die Vermeidungsmotivation stärker zu betonen. Um Spieler optimal zu motivieren, ist demnach nicht nur die *Stärke* der Motivation wichtig, sondern auch die *Passung* von Wettkampfanforderung und motivationaler Ausrichtung. Nur beide Faktoren zusammen können erklären, was eine optimale Motivation auszeichnet. Erfordert es die Situation, mehr Risiken einzugehen, ist die Annäherungsmotivation zu betonen. Erfordert sie mehr Sicherheit, sollte eine Vermeidungsmotivation gefördert werden. Wird gesagt, die Spieler waren optimal auf das Spiel eingestellt, dann heißt das zweierlei: (1) sie waren ausreichend stark motiviert und (2) der motivationale Fokus auf Annäherung, mit dem Mut zum Risiko, sowie auf Vermeidung, mit der Ausrichtung auf Sicherheit, hat den Wettkampfanforderungen (z. B. Stärke des Gegners, Platzverhältnisse, Taktik des Gegners) entsprochen. Taktik, Aufstellung und Einstellung der Spieler sollten aufeinander abgestimmt sein und ein stimmiges Ganzes bilden.

Wie eine optimale Motivierung von Spielern und Mannschaften in unterschiedlichen Wettkampfsituationen aussehen kann, soll im Folgenden an einigen Beispielen kurz beschrieben werden.

- In so genannten *Entscheidungsspielen* kann man viel gewinnen und viel verlieren. Bei einem Sieg wird die Mannschaft mit einem Zuwachs an Ressourcen belohnt und Ressourcenverluste werden vermieden. Bei einer Niederlage werden Ressourcenverluste wahrscheinlich und -zuwächse bleiben aus. Deshalb ist es in solchen Spielen selten erforderlich, die *Motivationsstärke* zu erhöhen, die durch die Bedeutung des Spiels bereits ausreichend hoch ist. Doch sollten Trainer darauf achten, dass sowohl die Annäherungs- als auch die Vermeidungsmotivation ausreichend hoch ist und keine einseitig dominiert, da in Entscheidungsspielen eine *kontrollierte* Risikobereitschaft gebraucht wird, und man sich besonders gut vorbereiten sollte.

- Es gibt aber auch Spiele, bei denen viel zu gewinnen, aber wenig zu verlieren ist. Zum Beispiel sagte der Bundestrainer Joachim Löw vor dem Turnier zum Confed Cup in Russland, 2017: „Ich sehe nur Chancen in diesem Turnier, null Risiko". Diese Spiele enthalten ein hohes Anreiz-, aber ein geringes Bedrohungspotenzial. Da in solchen Spielen eine offensive Ausrichtung mit Mut zum Risiko angesagt ist, kann es durchaus sinnvoll sein, bevorzugt die Annäherungsmotivation zu stärken.

- Anders die Situation, wenn in einem Spiel viel zu verlieren, aber wenig zu gewinnen ist, wie das z. B. im DFB-Pokal der Fall ist, wenn gegen unterklassige Mannschaften gespielt wird. Derartige Spiele enthalten für den Favoriten ein hohes Bedrohungs- und ein geringes Anreizpotenzial. Hier werden Trainer darauf achten müssen, die Vermeidungsmotivation zu stärken, damit ihre Spieler sich ausreichend auf den Wettkampf vorbereiten und nicht mit unbegründeter Erfolgserwartung in das Spiel gehen.

- Schließlich gibt es Spiele, die weder ein hohes Anreiz- noch ein ausreichendes Bedrohungspotenzial enthalten, wie das meist bei der „normalen Fußballkost" (Zeyringer & Hütter, 2006) der Fall ist. Hier sind Trainer aufgefordert, die *Stärke* der Motivation zu erhöhen. Das gilt sowohl für die Annäherungs- als auch für die Vermeidungsmotivation.

Im Spielverlauf passiert es ständig, dass sich Wettkampfsituationen ändern. Darauf müssen Spieler reagieren. Das bedeutet, dass die Spieler mit Veränderung der Situation von einem Annäherungs- in einen Vermeidungsfokus wechseln müssen und umgekehrt. Zeigt z. B. ein Spielverlauf, dass man ein höheres Risiko eingehen muss, wird von Spielern eine entsprechende Veränderung der motivationalen Ausrichtung erwartet, die sie selbstständig vollziehen müssen. In Mannschaftssportarten wie Fußball, Basketball oder Handball findet man das Phänomen besonders in Schlussphasen bei engen Spielständen (Kuhl, Krug & Eichholz, 2010). Erzielt eine Fußball-Mannschaft in einem Spiel beim Stand von 0:0 zu einem späten Zeitpunkt ein Tor, ist plötzlich der Vermeidungsmodus funktional, da man nun etwas zu verlieren hat, nämlich die jetzt von allen Beteiligten erwarteten drei Punkte. Für den Gegner dagegen ist nun eine offensive Ausrichtung geboten. Noch ein anderes Beispiel: Liegt eine Mannschaft deutlich zurück, kann es nur noch darum gehen, eine größere Blamage zu vermeiden. Trainer weisen ihre Spieler dann an, trotz Rückstand auf Sicherheit zu spielen, um nicht noch mehr Tore zuzulassen.

## Dysfunktionale Motivation

Wenn im Sport von Motivation die Rede ist, bezieht sich das in der Regel auf die Motivationsstärke. Entweder ist die Motivation zu hoch oder nicht hoch genug. Spieler sind nicht ausreichend motiviert oder übermotiviert. Die Leistungsminderungen, die sich daraus ergeben, werden zumeist mit der Arousal-Hypothese erklärt: Leistungseinbußen entstehen durch übermäßige oder zu geringe physiologische Aktivierung. Diese Hypothese, als Yerkes-Dodson-Gesetz bekannt, wurde von Hanin (2000) ausdifferenziert. Nach seinem Modell der *Optimalen Zone individuellen Funktionierens* brauchen die einzelnen Athleten unterschiedlich hohe Aktivierungsniveaus, um Spitzenleistungen zu erzielen. Bei einem zu geringen Aktivierungsniveau besteht die Gefahr, entscheidende Situationen zu „verschlafen“, bei einem zu hohen Aktivierungsniveau werden Spieler übermäßig nervös, was sowohl die Vorbereitung auf den Wettkampf („Ich war so aufgeregt, dass ich vor dem Wettkampf gar nicht mehr schlafen konnte“) als auch der Wettkampf selbst („Die Nervosität ließ im Wettkampf gar nicht nach, so dass ich mich nicht richtig konzentrieren konnte“) beeinträchtigen kann.

Die Sportpraxis zeigt aber, dass es erforderlich ist, dysfunktionale Motivation differenzierter zu betrachten. Neben der Motivationsstärke ist auch die Motivationsart zu berücksichtigen. Auch die *Art* der Motivation passt oft nicht zu den aktuellen Wettkampfanforderungen. So empfiehlt es sich, zwei Formen dysfunktionaler Motivation zu unterscheiden: 1. Dysfunktionale Annäherungsmotivation und 2. dysfunktionale Vermeidungsmotivation.

## Dysfunktionale Annäherungsmotivation

Dominiert eine hohe Annäherungsmotivation, die nicht zu den momentanen Wettkampfbedingungen passt, kommt es zu typischen Nachteilen für die Leistung. Die Spieler neigen dazu, ausgesprochen offensiv zu agieren, über die Maßen risikofreudig zu spielen, ihre Aufgaben weniger sorgfältig auszuführen. Passt diese Spielweise nicht zu den aktuellen Anforderungen, z. B. aufgrund der Stärke des Gegners, wird sich das nachteilig auf die Leistung der Spieler auswirken.

> *Beispiel: Dysfunktionale Annäherungsmotivation im Fußball*
>
> In einem Fußballspiel liegt eine Mannschaft 10 Minuten vor Spielende mit 1:2 zurück. Dann erzielt sie den Ausgleich. Euphorisiert ruft der Trainer seinen Spielern mehrmals laut zu: „Den Dreier holen wir uns jetzt auch noch“. Bedenkt man, dass die Annäherungsmotivation in einer Mannschaft durch einen Ausgleich kurz vor Schluss des Spiels automatisch zunimmt, wird sie durch die Motivierungsstrategie des Trainers noch einmal verstärkt. In der Folge richtet sich die Mannschaft noch offensiver aus und vernachlässigt die Absicherung nach hinten. Das führt dazu, dass der Gegner mit einem Konter noch ein Tor erzielt und das Spiel gewinnt.

Bei *defizitärer* Annäherungsmotivation besteht das Risiko, dass man zu „lethargisch“ spielt, zu wenig in Bewegung ist. Es fehlt der Wille zum Sieg, der Kampfgeist ist zu wenig ausgeprägt. Das passiert häufig zu Beginn eines Spiels, manchmal auch über eine ganze erste Halbzeit. Spieler sagen dann: „Man habe die erste Halbzeit verschlafen“.

## Dysfunktionale Vermeidungsmotivation

Auch eine hohe Vermeidungsmotivation, die nicht durch die momentane Wettkampfsituation gerechtfertigt ist, wird man als dysfunktionale Motivation betrachten können. Sie drückt sich in typischen Problemen aus: Man spielt zu sehr auf Sicherheit, lässt den Gegner zu sehr ins Spiel kommen (Balleroberung ist mangelhaft). Die Spieler beschränken sich auf bewährte Spielzüge und scheuen sich, neue, unerwartete Aktionen auszuprobieren. Sie fokussieren sich darauf, Fehler zu vermeiden und Risiken aus dem Weg zu gehen (Isen, Nygren & Ashby, 1988; Wallace et al., 2005). Gewöhnlich führt das dazu, dass der Gegner Mut fasst und immer erfolgszuversichtlicher wird. Im Fußballjargon wird dann gesagt: „Man holt den Gegner ins Spiel“. Da Sportler bei dem Bestreben, Fehler zu vermeiden, darauf fokussiert sind, was *nicht* geschehen soll, anstatt darauf, was erreicht werden soll, wird ein Phänomen begünstigt, das Kremer, Morin und Craig (2012) als „motivationales Paradox" bezeichnen. Gemeint ist die Beobachtung, dass die Leistung häufig umso mehr beeinträchtigt wird, je mehr sich eine Person anstrengt, ihre Aufgabe möglichst fehlerfrei zu erfüllen. Weisinger und Pawliw-Fry (2015) haben dieses Phänomen auch in der Sportpraxis beobachtet.

*Beispiel: Dysfunktionale Vermeidungsmotivation bei Elfmeterschützen im Fußball*

Eine zu geringe Risikobereitschaft, ausgelöst durch eine hohe Vermeidungsmotivation, trägt oft zum Verschießen eines Elfmeters bei. Dafür spricht, dass wenig ins obere Drittel geschossen wird, obwohl Bar-Eli und Azar (2009) herausfanden, dass die Chance für den Torwart, einen Elfmeter zu halten, bei annähernd null Prozent liegt, wenn dieser ins obere Drittel geschossen wird. Lediglich 12,9 % der Schützen schossen aber ins obere Drittel, jedoch 30,4 % ins mittlere und 56,6 % ins untere Drittel des Tores, obwohl mit einem guten Training die Gefahr reduziert werden kann, über das Tor zu schießen. Wilson, Wood und Vine (2009) fanden, dass Elfmeterschützen, die Angst vor Versagen hatten, ihre Schüsse mehr zur Tormitte hin dirigierten, was zu einer verringerten Erfolgsrate führte.

*Beispiel: Dysfunktionale Vermeidungsmotivation bei der Fußball-WM 2018 in Russland*

Bei der WM 2018 entstand nach der Niederlage der deutschen Elf im Auftaktspiel gegen Mexiko, das 0:1 verloren ging, eine dysfunktionale Vermeidungsmotivation in Hinblick auf das nächste Vorrundenspiel gegen Schweden. Der Grund: Die deutsche Mannschaft als amtierender Weltmeister konnte es sich nicht leisten, vorzeitig aus dem Turnier auszuscheiden. Aufgrund der in der Öffentlichkeit vorhandenen Erwartungen, den WM-Titel zu verteidigen, konnte die deutsche Mannschaft im Spiel gegen Schweden nicht viel gewinnen. Es ging nur darum, eine „nationale Katastrophe" abzuwenden. Die Online-Ausgabe der SZ vom 23.06.2018 schrieb dazu: „Das Endspiel gegen Schweden ist Abstiegskampf in hochkonzentrierter Form. (...) Schon ein Remis wäre eine sportliche und nationale Katastrophe".

*Beispiel: Dysfunktionale Vermeidungsmotivation bei früher Führung im Fußball*

Wenn in einem Fußballspiel eine Mannschaft durch ein frühes Tor in Führung geht, passiert es manchmal, dass sie viel zu früh in den Vermeidungsmodus umschaltet, um das 1:0 „über die Runden zu bringen". Man ist darauf fokussiert, den Ausgleich zu verhindern, das Resultat „zu verwalten", wie es im Fußballjargon heißt. In der Regel ist das eine dysfunktionale Motivationslage, weil die Ausrichtung auf Vermeidung keine bewusste Intention der Mannschaft ist und diese Strategie dadurch nicht konsequent in koordinierter Aktion umgesetzt wird. Dem Gegner wird das Angriffsspiel überlassen, ohne sich aber konsequent auf die Defensive zu konzentrieren. Dadurch erhöht sich die Wahrscheinlichkeit für den Ausgleich.

Auch die Vermeidungsmotivation kann defizitär ausfallen, wenn sie nicht zu den aktuellen Anforderungen des Wettkampfes passt. Bei zu geringer Vermeidungsmotivation neigen Spieler dazu, zu sorglos, ohne ausreichende Vorbereitung in ein Spiel zu gehen. Es fehlt das Korrektiv, damit man nicht blind wird für die realen Anforderungen, damit man sein Können nicht überschätzt, damit man nicht zu riskant spielt. Zum Beispiel sagte der mexikanische Trainer Juan Carlos Osorio nach der Niederlage der deutschen Mannschaft im Auftaktspiel der Fußball-WM 2018 gegen Mexiko, die Deutschen hätten „aus der Liebe zum Sieg heraus agiert, nicht aus der Angst vor Verlust".

## Motivation durch Selbst- und Fremdmotivierung

*Lerne dasjenige zu bedürfen,*
*was dir angeboten wird.*

Günther Anders (Philosoph)

Motivation ist das Ergebnis der Motivierung. Die Motivierung kann durch die Umwelt erfolgen, aber auch vom Sportler selbst ausgehen. Es gibt Athleten, die eher aus eigenem Antrieb heraus handeln und andere, die stärker durch äußere Anstöße motiviert werden. Die Unterscheidung von Fremd- und Selbstmotivierung ist das Kernstück der Selbstbestimmungstheorie der Motivation von Deci und Ryan (1993).

### Fremdmotivierung und extrinsische Motivation

Bei der Fremdmotivierung ist die Quelle der Motivation in der Umwelt zu verorten. „Wird eine Handlung ausgeführt, weil positive Konsequenzen versprochen werden bzw. weil sich auf diese Weise negative Konsequenzen vermeiden lassen, spricht man in der Motivationspsychologie von einer von außen motivierten Handlung" (Schweer, 2011, S. 74). Trainer, Eltern, Funktionäre, Zuschauer oder Mannschaftsmitglieder stellen bei guter Leistung Gratifikationen in Aussicht, bei schlechter drohen Sanktionen. Ist die fremdbestimmte Motivierung erfolgreich, entsteht als Ergebnis eine extrinsische Motivation, die mit einer annäherungs- bzw. vermeidungsfokussierten Ausrichtung verbunden sein kann. Bei *extrinsischer* Motivation strengt sich der Sportler an, weil Anreize von außen anspornend wirken, aber auch, weil er drohende Ressourcenverluste vermeiden möchte. Nicht nur Personen, auch *Wettkampfsituationen* können eine extrinsische Motivation fördern, wenn

z. B. eine favorisierte Mannschaft zurück liegt, sich ein Team im Abstiegskampf befindet, eine Mannschaft die Möglichkeit bekommt, in eine höhere Liga aufzusteigen.

## Selbstmotivierung und intrinsische Motivation

Bei der Selbstmotivierung ist der Sportler selbst die Quelle der Motivation, weitgehend unabhängig von äußeren Einflüssen. Aus eigenem Antrieb strebt er nach Gratifikationen, aus eigenem Antrieb bemüht er sich, mögliche Sanktionen zu vermeiden. So können Situationen, in denen motivierende externe Anreize fehlen, dennoch eine hohe Motivation auslösen („Ich trainiere hart, ohne dass mir jemand Druck macht"). Ist die selbstbestimmte Motivierung erfolgreich, entsteht als Ergebnis eine *intrinsische* Motivation, die, wie die extrinsische, mit einer annäherungs- bzw. vermeidungsfokussierten Ausrichtung verbunden sein kann.

Nach Bisanz und Gerisch (2008) soll das Ausmaß, in dem sich Spieler selbst motivieren, ein Merkmal leistungsstarker Spielerpersönlichkeiten sein, da die intrinsische Motivation einige Vorzüge gegenüber der extrinsischen aufweist:

- Spieler mit einer hohen Eigenmotivation verhalten sich in der Regel sehr diszipliniert.
- Eine hohe Eigenmotivation ist weniger störanfällig als eine Motivation durch externe Anreize.
- Eigenmotivation hält länger an und ist beständiger.
- Intrinsische Motivation kann der Athlet in eigener Regie beeinflussen, was für die extrinsische nicht in gleichem Maße gilt.
- Spieler werden von äußeren Anreizen unabhängiger.
- Hat man einen Erfolg aus eigenem Antrieb erzielt, ist die Freude/der Stolz intensiver.
- Intrinsisch motivierte Kinder und Jugendliche bleiben eher beim Leistungssport als extrinsisch motivierte (Schober, 2014).
- Personen mit intrinsischer Motivation zeigen im Vergleich zu extrinsisch motivierten bei schwierigen Aufgaben bessere Leistungen (Gröpel, 2014).
- Intrinsische Motivation fördert das Vergnügen, das mit einer körperlichen Aktivität verbunden ist, das „freudige Aufgehen im Tätigkeitsvollzug" (Rheinberg, 2017).

Doch auch die intrinsische Motivation kann sich nachteilig auswirken. Im Vergleich zur extrinsischen ist sie weniger flexibel (Frey & Osterloh, 1997). Spieler mit einer hohen intrinsischen Motivation können sich in Situationen, in denen es kontraproduktiv ist, sich noch weiter intensiv anzustrengen, weniger gut umstellen. Sie haben größere Schwierigkeiten damit, ihre Kräfte einzuteilen. Beispielsweise ist es nicht sinnvoll, bei unbedeutenden Spielen oder wenn man in einem Fußballspiel 4:0 führt, seine Kräfte zu verausgaben, anstatt sie für das nächste schwere Spiel zu schonen. Lemyre, Roberts und Stray-Gundersen (2007) konnten zeigen, dass selbstbestimmte Motivation zusammen mit Übertraining bei Leistungssportlern das Risiko für Burnout erhöht.

Als wichtigste Quelle intrinsischer Motivation gelten *Ansprüche*, die der Athlet an sich selbst stellt. Viele Spieler streben von sich aus danach, in einer höheren Liga Stammspieler zu werden, eine Führungsrolle in der Mannschaft einzunehmen, Geld mit dem Sport zu verdienen, freundschaftliche Beziehungen zu Mitspielern zu unterhalten, Macht und Einfluss in der Mannschaft zu gewinnen. Andere wollen ihr Können perfektionieren und besser sein als ihre Konkurrenten. Wieder andere Sportler streben danach, bekannt und anerkannt zu werden. Diese Ansprüche sind zumeist soweit verinnerlicht, dass sie den Sportlern nicht bewusst sind und folglich auch nicht hinterfragt werden. Dennoch sind sie entscheidende Triebfedern des sportlichen Handelns. Die Ansprüche wirken wie „innere Antreiber“, die dem Athleten sagen, was sie tun sollen, wie sie etwas zu tun haben oder wie sie sein sollten. Selbst gesetzte Ansprüche ergeben sich hauptsächlich aus der Motivstruktur des Athleten, wie die folgenden beiden Beispiele zeigen.

*Beispiel 1: Hohe Ansprüche an sich selbst und das Machtmotiv*

Spieler mit einem ausgeprägten „Machtmotiv“ haben hohe Ansprüche an ihre Leistungen, und zwar wegen der großen Bedeutung, die Statusverbesserungen, Prestige, Ruhm und soziale Dominanz für sie haben (siehe Krug & Kuhl, 2006). Sie sehnen sich nach Ansehen, Macht und Stärke und danach, andere Spieler zu führen und Entscheidungen für die Mannschaft zu treffen. Auch streben sie danach, im Mittelpunkt zu stehen und den Ton anzugeben. Nicht beachtet zu werden, ist für sie nur schwer zu ertragen. Im Fußball sind es oft die (selbst ernannten) Spielführer, die diese Merkmale aufweisen.

*Beispiel 2: Hohe Ansprüche an sich selbst und das Anschlussmotiv*

Sportler mit einem ausgeprägten „Anschlussmotiv“ wollen gute Leistungen zeigen, weil sie glauben, damit Anerkennung zu bekommen und ihre soziale Eingebundenheit in die Mannschaft verbessern zu können. Sie haben den „starken Wunsch nach freundschaftlichen harmonischen Beziehungen zu anderen. Diese Beziehungen pflegen sie und tun alles dafür, sie aufrechtzuerhalten“ (Krug & Kuhl, 2006, 34). Sie möchten als Person und Freund geschätzt werden, gewähren gern Hilfe und Unterstützung, gehen Konflikten mit anderen aus dem Wege.

Selbst gesetzte Ansprüche, die sich darauf fokussieren, Sanktionen (z. B.: Verlust an Selbstvertrauen, Gefährdung freundschaftlicher Beziehungen, Verlust des Stammplatzes, Kritik von Mitspielern, von Zuschauern ausgepfiffen werden) unbedingt vermeiden zu wollen, gehen häufig auf individuelle *Empfindlichkeiten* zurück (z. B. eine ausgeprägte Empfindlichkeit gegenüber sozialer Zurückweisung). Je empfindlicher ein Athlet auf bestimmte Sanktionen reagiert, desto größer wird auch sein Bestreben, diese zu vermeiden. Er ist dann übertrieben wachsam gegenüber Veränderungen in der Umwelt, die auf drohende Sanktionen hinweisen.

## Beziehung zwischen extrinsischer und intrinsischer Motivation

Intrinsische und extrinsische Motivation sind in komplexer Weise miteinander verschränkt und beeinflussen sich wechselseitig. Von daher erweist sich eine eindeutige Abgrenzung von Eigen- und Fremdmotivation in der Sportpraxis als schwierig und ist zumeist auch gar nicht erforderlich (Bisanz & Gerisch, 2008). Dennoch gibt es im Sport Situationen, in denen es von Vorteil ist, wenn Trainer eine Vorstellung davon haben, wie sich intrinsische und extrinsische Motivation unterscheiden, und wie sie sich wechselseitig beeinflussen.

Erwartungen der Umwelt können durch Prozesse der *Internalisierung* in das eigene Selbst übernommen werden, was es dem Sportler erlaubt, das eigene Handeln als selbstbestimmt zu erleben. Die Internalisierung externer Erwartungen wird erleichtert, wenn ein Verhalten, für das ursprünglich keine intrinsische Motivation besteht, von wichtigen Bezugspersonen wertgeschätzt und vorgelebt wird.

Befunde aus unterschiedlichen Forschungsansätzen zeigen, dass die intrinsische Motivation gefördert wird, wenn Trainer das *Autonomiebestreben* ihrer Spieler unterstützen. Das gilt insbesondere für junge Sportler, wenn die Eltern dies nicht oder nur in geringem Ausmaß tun (Gaudreau et al., 2016; Raabe, Schmidt & Carl, 2019). Für den Trainer gilt das Motto: *Mache den Spieler möglichst selbstständig und unabhängig von dir.* Dazu sollten Trainer einen kontrollierenden Stil („Du spielst, wie ich es dir sage, sonst sitzt du auf der Bank“) vermeiden, stattdessen einen die Autonomie unterstützenden Stil bevorzugen („Wir haben verschiedene Varianten geübt, du musst nun selbst sehen, was du in einer bestimmten Situation tust“). Amorose et al. (2016) untersuchten den Einfluss, den die Unterstützung von Autonomiebestrebungen durch Trainer, Väter und Mütter auf die intrinsische Motivation von Athleten hat. Als Ergebnis zeigte sich, dass eine hohe intrinsische Motivation davon abhängt, ob in der Wahrnehmung des Athleten mindestens zwei Bezugspersonen sein Bestreben nach Autonomie unterstützen.

Ist ein Spieler bereits von sich aus motiviert, sich im Training und Wettkampf anzustrengen, und kommen externe Anreize hinzu, wird die intrinsische Motivation in den meisten Fällen noch gestärkt. Zu erklären ist das insofern, als sich intrinsische und extrinsische Motivation in ihrer Wirkung addieren können (vgl. Frey & Osterloh, 1997), was im Idealfall zu Höchstleistungen beitragen kann. Zumindest legt dies die Untersuchung von Rottensteiner, Happonen und Konttinen (2015) nahe. Sie fanden an einer großen Stichprobe (N = 1936) von Sportlern (Fußball, Eishockey und Basketball), dass Spieler mit hohen Werten bei der intrinsischen *und* extrinsischen Motivation die höchsten Werte in leistungsbezogenen Verhaltensindikatoren aufwiesen.

# 2 Was Trainer beachten sollten, wenn sie ihre Spieler für einen Wettkampf motivieren

*Es gibt immer wieder Situationen,*
*in denen man als Trainer nicht weiß,*
*wie man mit einem Spieler umgehen soll.*

Ralf Rangnick (Fußballtrainer)

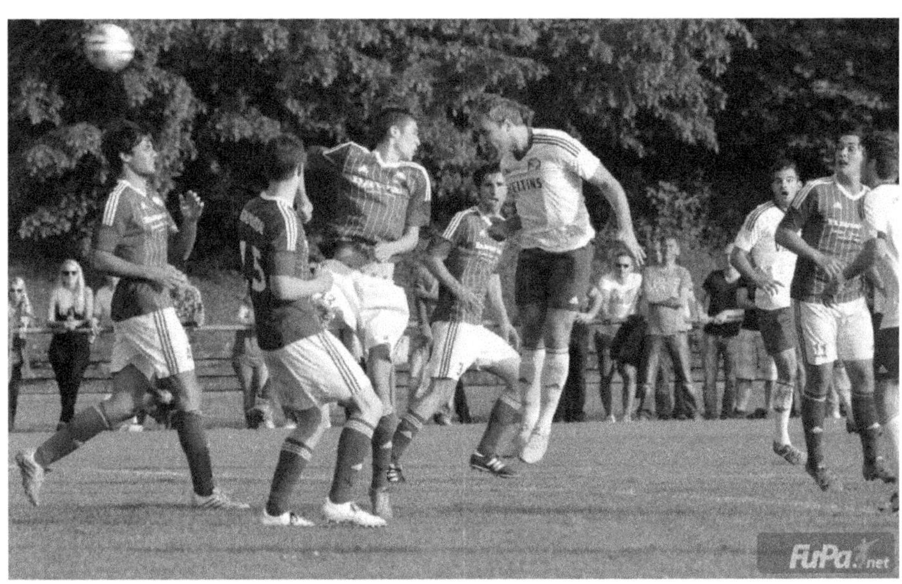


In Kapitel 1 habe ich zwei Motivationsstrategien beschrieben, die zur Motivierung von Spielern und Mannschaften in Betracht kommen. Doch die beiden Strategien, Motivierung durch Stärkung der Annäherungs- bzw. der Vermeidungsmotivation, müssen in der Praxis auch erfolgreich umgesetzt werden.

Motivierung erfolgt über *Coaching*. Coaching ist eine pädagogisch-psychologische Einflussnahme vor, während und nach einem Wettkampf, um die Leistungsentfaltung von Athleten/Mannschaften zu unterstützen (Beier, 1999). Während das Training dazu dient, das Leistungsvermögen der Spieler zu entwickeln, zielt Coaching darauf ab, dieses im Wettkampf zum richtigen Zeitpunkt zu mobilisieren (Hotz, 1997). „Coaching ist in diesem Sinne aktive

Hilfestellung bei der Aktualisierung und Umsetzung von Gelerntem“ (Handow, 2003, S. 77).

Unterschieden wird individualisiertes und teambezogenes Coaching. Individualisiertes Coaching erfolgt über Einzelgespräche, in denen Trainer gezielt auf einzelne Spieler eingehen können. „Der Spieler erhält Beachtung und Anerkennung, er erhält Orientierungshilfen und Rückhalt auf seinem Weg zur Ausschöpfung seiner Leistungsmöglichkeiten und zur Entfaltung seiner Persönlichkeit“ (Bisanz & Gerisch, 2008, S. 457). Je höher die Leistungsstufe der Mannschaft und je erfahrener und älter die Spieler sind, umso differenzierter müssen Trainer auf den Einzelnen eingehen (Baumann, 2002). Teambezogenes Coaching setzt bei der Mannschaft als sozialer Einheit an. Es erfolgt über Ansprachen vor und nach dem Wettkampf, in Mannschaftsbesprechungen, im Rahmen von Videoanalysen sowie in Aus- und Halbzeiten.

Es braucht einige Zeit, um die Fähigkeit zu erwerben, Spieler und Mannschaften professionell zu coachen. Dabei können Trainer die Hilfe von Sportpsychologen in Anspruch nehmen, um sportpsychologische Erkenntnisse in ihre Arbeit einfließen zu lassen. Das sollte aber rechtzeitig geschehen. „Einen Sportpsychologen erst dann dazuzuholen, wenn es nicht mehr läuft, ist eindeutig zu spät“ (Bundesligatrainer Manuel Baum in einem Interview in der ZEIT vom Januar, 2018). Grundsätzlich ist beim Coachen eine Regel zu beachten: Je herausfordernder, ungewöhnlicher oder provokativer die gewählte Intervention ist, desto besser muss die Beziehung des Trainers zum Spieler sein (Fritzsche, Fürst & Rathsfeld, 2014).

Trainer, die erfolgreiche Coaches werden wollen, sollten sich auf drei Dinge konzentrieren (vgl. Schrempp, McCullick & Mason, 2006):

- *Beobachten:* Trainer müssen ihre Spieler und die Mannschaft als Ganzes in möglichst vielen Situationen genau beobachten. Vor allem untypische Ereignisse dürfen ihrer Aufmerksamkeit nicht entgehen. Mit wachsender Erfahrung werden sie problematische Ereignisketten in unterschiedlichen Spielsituationen oder problematische Verhaltensweisen ihrer Spieler, die immer wiederkehren, erkennen.
- *Reflektieren:* Reflektieren ist der Schlüssel für erfahrungsgeleitetes Lernen. Erfolgreiche Trainer verlassen sich nicht auf Versuch und Irrtum. Auf der Grundlage von Erfolgs- bzw. Misserfolgsrückmeldungen reflektieren sie ihre Interventionen. Reflektieren ist das Mittel, durch das die Erfahrung zum Wissen wird. Allerdings brauchen Trainer dazu handlungsleitende Konzepte, wie z. B. das oben vorgestellte Konzept zur optimalen und dysfunktionalen Motivation.

- *Experimentieren:* Erfolgreiche Trainer experimentieren mit verschiedenen Interventionen, um ihr Coachen zu verbessern. Nur so können sie herausfinden, was in bestimmten Situationen zur optimalen Motivierung ihrer Spieler/Mannschaft zu tun/zu sagen ist, was nicht getan/gesagt werden sollte und wie sie etwas tun/sagen sollten. Entscheidend ist dabei, die Resultate ihres Coachens auszuwerten. Sicherlich bieten viele Wettkampfsituationen dem Trainer nur ungenügende und/oder uneindeutige Informationen über den Erfolg/Misserfolg seiner Bemühungen. Deshalb sollten sie sich aktiv um Feedback bemühen und möglichst viele Informationsquellen nutzen (Ereignisse aus Training und Wettkampf, Einschätzungen ihrer Co-Trainer, Spieleräußerungen und -verhalten oder Videoaufzeichnungen).

Nach Beier (1999) wird Coachen „umso erfolgreicher sein, je besser es der Trainer versteht, die individuellen Besonderheiten des Sportlers (Alter, Geschlecht, Verhalten nach Misserfolg) zu berücksichtigen sowie die zu erwartenden Wettkampfbedingungen (Wettkampfstätte, äußere Bedingungen, Gegner, Zuschauer) vorausschauend zu analysieren und daraus entsprechende Verhaltenshinweise abzuleiten“ (354). Wie aus diesem Zitat hervorgeht, sind es zwei Faktoren, die zu beachten sind, wenn Trainer ihre Spieler optimal motivieren wollen:

1. die Wettkampfsituation
2. die persönlichen Eigenarten der Spieler

## Wettkampfsituation berücksichtigen

Es gibt im Mannschaftssport viele besondere Wettkampfsituationen, die zu berücksichtigen sind, wenn Trainer ihre Spieler/Mannschaften effektiv motivieren wollen? Ich möchte auf die folgenden Situationen näher eingehen:

1. Entscheidungsspiele
2. Drohender Abstieg in eine untere Liga
3. Möglicher Aufstieg in eine höhere Liga
4. Favoritenrolle
5. Rolle des Außenseiters
6. Konkurrenz unter den Spielern
7. Anhaltende Niederlagen im Saisonverlauf
8. Angstgegner

## Entscheidungsspiele

Die Bedeutung eines Spiels wird durch die Folgen bestimmt, die ein Sieg bzw. eine Niederlage für Spieler, den Verein, die Fans, die Zuschauer haben: Rettet ein Sieg vor dem Ausscheiden in einem Turnier? Handelt es sich um ein Finalspiel bei einer internationalen Meisterschaft, ein Lokalderby oder um ein entscheidendes Spiel um den Klassenerhalt? Entscheidungsspiele, also Spiele von großer Bedeutung, enthalten immer ein hohes Anreiz- und auch ein hohes Bedrohungspotenzial. Je wichtiger der Wettkampf, desto größer der Gewinn, wenn das Spiel gewonnen wird, aber auch der Verlust, wenn das Spiel verloren geht. Im Champions League Endspiel 2016, Real Madrid gegen Atletico Madrid, stand es nach 120 Minuten 1:1. Es kam zum Elfmeterschießen; Christiano Ronaldo ließ sich als letzter Schütze aufstellen. Er bewegte mit seinem Schuss Prämien im Wert von über 30 Millionen Euro (vgl. Buschmann & Wulzinger, 2017, S. 176).

Entscheidungsspiele verlangen eine optimale Motivierung eines jeden Spielers. In der Regel kann man davon ausgehen, dass die Spieler wissen, was in einem Entscheidungsspiel auf dem Spiel steht, und werden demzufolge von sich aus ausreichend motiviert sein. Deshalb sollten Trainer, wenn sie ihre Spieler auf ein Entscheidungsspiel einstellen, darauf achten, ob der anstehende Wettkampf nicht bereits ein so hohes Anreiz- und Bedrohungspotenzial enthält, und es deshalb nicht sinnvoll ist, die Annäherungs- und/oder Vermeidungsmotivation zusätzlich zu stärken. Tun sie es dennoch, kann das eine *Übermotivation* mit den entsprechenden negativen Folgen für die Leistungsmobilisierung bewirken. Insofern sollten Trainer vor Entscheidungsspielen mit Ansagen der folgenden Art vorsichtig sein:

*Dies ist ein entscheidendes Spiel. Alles läuft auf dieses Spiel hinaus. All unsere Arbeit haben wir auf dieses Spiel ausgerichtet. Wenn wir gewinnen, wird man noch lange von diesem Spiel erzählen. Verliert es nicht! Enttäuscht mich nicht! Wenn wir verlieren, wird die Presse über uns herfallen, und wir werden so schnell keine weitere Chance bekommen aufzusteigen.*

## Drohender Abstieg in eine untere Liga

Wenn eine Mannschaft, die sich das Saisonziel „oberes Tabellendrittel" gesetzt hat, im Laufe der Saison in der Tabelle immer weiter nach unten rutscht und im Tabellenkeller landet, dann geht es nur noch darum, den drohenden Abstieg zu vermeiden. In dieser Situation ist das Bedrohungspotenzial derart hoch, dass es wenig sinnvoll ist, die Vermeidungsmotivation, also das Bestreben der Spieler, eine Niederlage zu vermeiden, noch weiter zu stärken. Tut ein Trainer das dennoch, besteht die Gefahr, dass die Spieler zu vorsichtig spielen, nichts mehr riskieren und nur noch danach trachten, jeden Fehler zu vermeiden (siehe die Ausführungen zur dysfunktionalen Vermeidungsmotivation in Kapitel 1). Doch das entspricht nicht den aktuellen Anforderungen der Situation, die auch Mut und offensive Zuversicht verlangt. Deshalb sind in einer solchen Situation einseitige Vermeidungsanweisungen etwa der folgenden Art ungünstig:

*Dies ist ein Spiel gegen den Abstieg. Wir dürfen das Spiel nicht verlieren, wir dürfen nichts riskieren, wir müssen jeden Fehler vermeiden, wir dürfen kein Gegentor kassieren. Ihr dürft mich heute nicht enttäuschen.*

Besser ist eine Ermunterung etwa der folgenden Art:

*Wir sind gut genug, das Spiel zu gewinnen. Anfängliche Fehler in einem so wichtigen Spiel wie heute gegen diesen Gegner sind kaum zu vermeiden. Das können wir aber ausgleichen, wenn alle sich bemühen, Fehler des anderen zu korrigieren. Geht mit Mut in das Spiel, traut euch etwas zu.*

Auch widersprüchliche Ansagen, wie zum Beispiel „Drei Zähler im nächsten Spiel sind fest eingeplant. Wir haben keinen Druck, können befreit aufspielen" sollten Trainer vor einem Abstiegsduell vermeiden. Diese Anweisung verfolgt zwar den guten Zweck, den Druck, der bei einem drohenden Abstieg immer gegeben ist, zu verringern. Doch das gelingt mit diesen Worten nicht. Mit dem ersten Satz stärkt der Trainer das Bedrohungspotenzial und damit die Vermeidungsmotivation, die er mit dem zweiten wieder verringern möchte.

## Möglicher Aufstieg in eine höhere Liga

Bekommt eine Mannschaft aufgrund des Tabellenplatzes unerwartet die Chance aufzusteigen, ist das zumeist Anreiz genug, damit die Spieler/Mannschaft ausreichend motiviert ins Spiel gehen. Deshalb ist es zumeist nicht nötig, zusätzliche Gratifikationen in Aussicht zu stellen, sollte der Aufstieg gelingen. Falls ein Trainer seine Mannschaft dennoch zusätzlich motivieren möchte, besteht die Möglichkeit, die mit dem Aufstieg gewöhnlich verbundenen Ressourcengewinne aufzuwerten. Der Trainer kann seine Spieler z. B. darauf hinweisen, welche finanziellen Vorteile ein Aufstieg mit sich bringt, was der Aufstieg für die Zukunft einzelner Spieler bedeuten kann, oder was der Verein gewinnt, wenn in einer höheren Liga gespielt wird.

Wird die Möglichkeit des Aufstiegs immer wahrscheinlicher, kann es passieren, dass Trainer, Verein, Zuschauer, aber auch die Spieler selbst sich viel zu früh darauf einstellen, zukünftig in der höheren Liga zu spielen. Von allen Beteiligten wird der Aufstieg erwartet und die mit einem Aufstieg verbundenen Ressourcenzuwächse werden bereits eingeplant. Sie werden gewissermaßen zu einem „antizipierten Besitz“. Diesen Besitz gilt es jetzt zu verteidigen, was dazu führt, dass die Spieler, ohne es zu bemerken, immer stärker vermeidungsfokussiert agieren und die Fehlervermeidung zu sehr im Vordergrund steht, da man ja die nächsten Spiele gewinnen muss, um den erwarteten Aufstieg nicht zu gefährden. Hier sollten Trainer gegensteuern, etwa mit den Worten: *Ob der Aufstieg gelingt, werden wir sehen. Wir spielen weiter so engagiert wie bisher, konzentriert in der Abwehr, selbstbewusst in der Offensive.*

## Favoritenrolle

Mannschaften in der Favoritenrolle haben oft Schwierigkeiten, sich für das Spiel gegen Außenseiter ausreichend zu motivieren: „Es fehlt die Herausforderung. Angst vor Misserfolg ist nicht vorhanden, der Erfolg wird als selbstverständlich erwartet“ (Baumann, 2002, S. 98). Hier stellt sich dem Trainer die Frage: Wie kann ich verhindern, dass meine Mannschaft mit einer möglicherweise zu selbstsicheren Einstellung ins Spiel geht und verliert? Dazu reicht ein Appell an die Mannschaft, wie z. B. „Wir dürfen den Gegner nicht unterschätzen“, in der Regel nicht aus. Auch wenn der Favorit die Leistungen des Außenseiters anerkennt, bleibt der Gegner letztlich doch der Schwächere. Zum Beispiel war bei der deutschen Fußballnationalmannschaft eine gewisse Sorglosigkeit, ein unbegründetes Gefühl der Sicherheit unverkennbar, als es bei der WM 2018 in der Vorrunde gegen Mexiko ging. Da die Erfolgsaussichten ausgesprochen positiv eingeschätzt wurden, konnte man eigentlich nur gewinnen. Ist eine Mannschaft in der Favoritenrolle kann es nicht schaden, die Vermeidungsmotivation zu stärken. Das könnte mit den folgenden Worten geschehen:

*Denkt daran, der Gegner kann unbeschwert aufspielen, sein Wille zu gewinnen ist überaus hoch. Sie haben auch gute Spieler in ihren Reihen. Es ist gar nicht sicher, dass wir einfach so gewinnen. Wir können durchaus verlieren, wenn wir nachlässig spielen und zu viele Fehler machen.*

Zusätzlich sollte sich der Trainer nicht scheuen, die möglicherweise schwerwiegenden Folgen einer Niederlage anzusprechen, also das, was alles auf dem Spiel steht. Wie oben (Kapitel 1) ausgeführt, sorgt diese Intervention für die nötige Vorsicht, verhindert, dass Spieler überheblich oder zu sorglos agieren, und fördert die Bereitschaft, sich intensiv auf das Spiel gegen den Außenseiter vorzubereiten. Unterschätzt der Favorit den Außenseiter und gerät, möglicherweise auch noch „zu Hause" vor großem Publikum, das einen Sieg erwartet, in Rückstand, droht dem Favoriten eine Blamage vor eigenem Publikum, was sich durchaus leistungshemmend auswirken kann. Zum Beispiel passierte das im Endspiel der EM 2016 in Frankreich, in dem Portugal die favorisierten Franzosen besiegte.

## Rolle des Außenseiters

Krasse Außenseiter haben viel zu gewinnen, aber nur wenig zu verlieren. Deshalb werden bei ihnen der Wille zum Sieg und damit die Annäherungsmotivation sehr ausgeprägt sein, was oft dazu führt, dass Außenseiter über sich hinauswachsen. „Da eine Niederlage nicht als Misserfolg empfunden wird, wohingegen ein Sieg, der nicht erwartet wird, als tiefes Erfolgserlebnis zählt, gelingt es dem Außenseiter leichter, über sich hinauszuwachsen" (Baumann, 2002, S. 100). Beim Außenseiter muss das Anreizpotenzial, das die Wettkampfsituation ja bereits enthält, nicht weiter erhöht werden. Es genügt, wenn Trainer darauf achten, dass bei aller Unbeschwertheit die nötige Vorsicht nicht vernachlässigt wird.

Dass sich die hohe Annäherungsmotivation des Außenseiters ausgesprochen positiv auf die Leistungsmobilisierung auswirken kann, zeigt sich regelmäßig im DFB-Pokal, wenn unterklassige Mannschaften gegen höherklassige gewinnen. So hat z. B. die Mannschaft von Eintracht Trier zahlreiche Bundesligisten geschlagen: Schalke 04, Borussia Dortmund, FC Bayer 05 Uerdingen, 1860 München, Karlsruher SC, Hannover 96, Arminia Bielefeld und den FC St. Pauli. Ein Beispiel aus neuerer Zeit ist das Fußball-Pokalfinale Eintracht Frankfurt gegen den FC Bayern 2018, das Frankfurt als Außenseiter mit 3:1 gewann. Karl-Heinz Rummenigge vom FC Bayern sagte dazu: „Die Eintracht hat verdient gewonnen, ein Stück mehr Willen in dieses Spiel reingelegt, sie wollten mit aller Macht gewinnen".

## Konkurrenz unter den Spielern

Spieler müssen mit ihren Mitspielern kooperieren, um als Mannschaft, aber auch selbst erfolgreich zu sein. Im Mannschaftssport geht es immer um eine *koordinierte* Leistung. Doch dieses „Miteinander" ist bei hoher Konkurrenz unter den Spielern zugleich auch ein „Gegeneinander". Einerseits gilt es zusammenzuarbeiten, andererseits will man sich gegenüber Konkurrenten durchsetzen. Trainer wollen zwar, dass ihre Spieler *miteinander* spielen, aber doch nicht so, dass das konkurrenzbezogene Verhalten eliminiert wird. Im Leistungsfußball ist es weitgehend erwünscht, wenn Spieler um Bonuszahlungen, höhere Gehälter oder um den Platz in der Stammelf konkurrieren. Der Spieler soll sich gegen andere Talente durchsetzen, auch um für Fans, Sponsoren und Medien attraktiv zu sein. So müssen sich Spieler immer wieder gegenüber Konkurrenten beweisen. Niemand kann sich seiner Position sicher sein. Ständig kann ein Konkurrent auftauchen, der besser ist als man selbst. In seinem Buch *Der feine Unterschied: Wie man heute Spitzenfußballer wird* schreibt Philipp Lahm (S. 250):

*Fußball ist permanente Konkurrenz. Konkurrenz mit anderen Mannschaften, aber vor allem auch in der eigenen Mannschaft. (...) Es ist eine romantische Vorstellung, dass eine Mannschaft aus 11 Freunden besteht. Mag sein, dass es Ausnahmen gibt, aber die Regel lautet, dass eine Mannschaft aus 20, 25 Konkurrenten zusammengeschmiedet wird.*

Dieses Zitat macht deutlich, wie gnadenlos im bezahlten Fußball der Konkurrenzdruck unter den Spielern sein kann. Holt ein Verein neue Spieler, müssen andere um ihren Platz kämpfen. Wiederholen sich schlechte Leistungen, wittern Konkurrenten sofort ihre Chance und versuchen die Schwäche auszunutzen. Lukas Podolski beschreibt das in seinem Buch aus dem Jahr 2014 *Dranbleiben: Warum Talent nur der Anfang ist* sehr anschaulich (S. 87):

*Die Stammspieler merken, da kommt einer, den findet der Trainer gut, und sie wissen, der spielt irgendwann. Das bedeutet zwangsläufig, einer fliegt dafür aus dem Kader. Natürlich geht es dabei auch ums Geld und es ist erst mal so wie bei einem Futternapf, von dem die jungen Hunde weggebissen werden.*

Obwohl Spieler Konkurrenz im Allgemeinen positiv bewerten, kann sich übermäßiges Konkurrenzverhalten doch negativ auf ihre Leistungen auswirken. Je härter der interne Wettbewerb, desto größer ist die Gefahr, dass Spieler zu viel Energie darauf verwenden, sich gegenüber Konkurrenten Vorteile zu verschaffen und dadurch den Mannschaftserfolg gefährden (z. B. übersieht man, dass ein Mitspieler besser steht, oder sucht in schlechter Position den Torabschluss). Auch achten Spieler bei hoher Konkurrenz zu sehr darauf, keine Fehler zu machen. Jeder Fehlpass kann zum Wettbewerbsnachteil werden („Jetzt bloß keinen Fehler machen, sonst werde ich ausgewechselt oder im nächsten Spiel nicht aufgestellt"). Mit diesem

Bestreben tritt die Vermeidungsmotivation zu sehr in den Vordergrund. Deshalb sollten Trainer bei einem ausgeprägt konkurrenzorientierten Klima damit vorsichtig sein, die Vermeidungsmotivation noch weiter zu stärken. Ansagen, wie z. B.: „Du musst darauf achten, dir keine Blöße zu geben, sonst gewinnt dein Konkurrent die Oberhand“, können ausgesprochen kontraproduktiv wirken.

Merkt ein Trainer, dass einer seiner Spieler dem Konkurrenzdruck nicht gewachsen ist, ist es angebracht, die Bedrohung zu verringern und damit die Vermeidungsmotivation zu schwächen. Das gibt dem Spieler mehr Sicherheit („Wenn du etwas riskierst, darfst du auch mal einen Fehler machen“). Zum Beispiel kann der Trainer einem jungen Spieler, der zum ersten Mal von Beginn an spielen soll, sagen, dass er in diesem Spiel erste Erfahrungen sammeln könne und versuchen solle, mutig sein Bestes zu geben. Dies sei eine von vielen Möglichkeiten, sich zu beweisen, die meisten Spieler bräuchten viele dieser Chancen, um zum Erfolg zu kommen. Marcel Koller (damaliger Trainer des 1. FC Köln) gab dem jungen Lukas Podolski, als dieser in den Profikader integriert werden sollte, die Anweisung, einfach so zu spielen, wie er immer spielt, sich möglichst nicht von den Stars, mit denen er plötzlich zusammenspielte, beeindrucken zu lassen. Koller wollte auf keinen Fall, dass Lukas etwas an seiner Spielweise änderte, er sollte einfach zeigen, was er kann, und jede Sekunde alles geben (siehe das oben zitierte Buch von Lukas Podolski, S. 60).

Aber auch erfahrene Spieler brauchen manchmal eine gewisse Sicherheit, die verhindert, dass sie sich im Konkurrenzkampf selbst zu sehr unter Druck setzen. Dazu sagte die Fußball-Nationalspielerin Birgit Prinz in einem FAZ-Interview:

*Man muss erkennen, dass der Druck von außen da ist. (...). Keine offensive Spielerin konnte sich bis zum Turnierstart sicher sein, ob sie auf der Bank sitzt oder spielt. (...). Es wäre gut gewesen, eine gewisse Sicherheit zu geben, um sich auch mal einen gewissen Fehler erlauben zu dürfen.*

## Anhaltende Niederlagen im Saisonverlauf

Nach einer Reihe von Niederlagen werden Entmutigung und Pessimismus im Saisonverlauf immer mehr zunehmen. Mit jedem Spiel, das man verliert, wächst der Druck, im nächsten Spiel unbedingt den gewünschten Erfolg zu erzielen („Nur nicht wieder verlieren wie letztes Wochenende, sonst kommen wir in die Abstiegszone“). Spieler und Trainer werden immer weiter verkrampfen, was die ersehnten Erfolgsaussichten sinken lässt. Deshalb sind in einer solchen Situation so genannte *Vermeidungsanweisungen*, wie z. B.: „Wir dürfen das Spiel nicht verlieren" oder: „Wir müssen vermeiden, ein Gegentor zu kassieren", zumeist kontraproduktiv. Anstatt die Vermeidungsmotivation noch weiter zu stärken, kann der Trainer es mit einer *anderen* Spielweise versuchen. Da die bisherige Spielweise nicht den gewünschten Erfolg hatte, kündigt er an, mit einer anderen Spielweise den Erfolg zu suchen und, wenn das gelingt, dies auch zu belohnen. Er verbindet den mit der neuen Spielweise möglichen Erfolg mit einem attraktiven Anreiz („Wenn wir mit der neuen Spielweise Erfolg haben, werdet ihr auch euer altes Selbstvertrauen zurückbekommen"). Die Suche nach neuen Lösungen sollte möglichst zusammen mit der Mannschaft erfolgen: Wie können wir anders spielen als bisher? Gibt es andere taktische Varianten, die man ausprobieren könnte?

## Angstgegner

Nach Linz (2014) ist ein Angstgegner eine Mannschaft, gegen die man mehrmals verloren hat, deren Spielweise einem nicht liegt, gegen die man nicht gerne spielt oder für die man bisher noch nicht die richtige Lösung gefunden hat. Ein Gegner wird zu einem Angstgegner, wenn Niederlagen gegen ihn in der Vergangenheit als schlechte Erinnerungen fortwirken („Wir dürfen heute nicht schon wieder gegen diese Mannschaft verlieren. Macht bloß keine unnötigen Fehler, enttäuscht mich nicht schon wieder"). Im schlimmsten Fall kommen Spieler und Trainer zu der festen Überzeugung, gegen diesen Gegner einfach nicht gewinnen zu können. Das erzeugt ein unnötiges Bedrohungspotenzial, wodurch eine dysfunktionale Vermeidungsmotivation begünstigt wird.

Um die vermeidungsfokussierte Einstellung dem Angstgegner gegenüber zu durchbrechen, ist es wichtig, die Annäherungsmotivation zu stärken und zugleich die Vermeidungsmotivation zu schwächen. Das kann mit folgender Anweisung geschehen:

*Ich erwarte, dass ihr alles tut, um das Spiel zu gewinnen. Seid nicht zu zaghaft. Wir sind stark genug, diesen Gegner zu bezwingen. Ich will sehen, dass ihr ruhig und konzentriert nach vorne spielt. Fehler werden passieren. Wenn aber jeder den anderen unterstützt, werden wir dennoch erfolgreich sein. Wenn etwas nicht so läuft, wie es soll, denkt nicht darüber nach, konzentriert euch nur auf die nächste Chance.*

## Persönliche Eigenarten der Spieler berücksichtigen

Wollen Trainer ihre Spieler optimal auf ein Spiel einstellen, sollten sie beachten, dass für die einzelnen Sportler unterschiedliche Arten und Intensitäten der Motivierung angebracht sind. Manche Athleten benötigen antreibende Worte, um ihr Leistungspotenzial abzurufen, andere werden durch herausfordernde Aufgaben motiviert, wieder andere durch Wertschätzung ihrer Leistung. Für den Trainer ist es deshalb wichtig zu erkennen, was in einer bestimmten Situation individuell die richtige Strategie zur Motivierung ist. Je genauer das Bild des Trainers von den persönlichen Eigenarten seiner Spieler ist, desto wirksamer kann er sie motivieren (Bisanz & Gerisch, 2008). Motivationsrelevante individuelle Unterschiede beziehen sich auf fünf Bereiche:

1. wie empfänglich ist der Spieler für bestimmte Gratifikationen
2. wie empfindlich ist der Spieler gegenüber bestimmten Sanktionen
3. welche Art der Motivierung braucht ein Spieler, um eine optimale Leistung zu bringen
4. in welchem Ausmaß kann sich der Spieler selbst motivieren
5. in welchem Ausmaß ist der Spieler auf Fremdmotivierung angewiesen .

Das Anliegen, personale Eigenarten der Spieler bei der Motivierung zu berücksichtigen, ist eine Forderung nach *Individualisierung* von Interventionen im Sinne des Eingehens auf die Bedürfnisse und Verletzlichkeiten der Sportler. Gut gemeinte Bemühungen zur Motivierung gehen ins Leere, wenn sie nicht den Eigenarten des Spielers gerecht werden. Es kann sogar passieren, dass man Spieler ungewollt demotiviert, wenn individuelle Bedürfnisse und Verletzlichkeiten nicht beachtet werden.

Um sich ein Bild von einem Spieler zu machen, sollten Trainer auf sein Verhalten in *außergewöhnlichen* Situationen achten. Charaktereigenschaften erschließen sich in erster Linie durch das Verhalten auf dem Spielfeld, besonders in den letzten 15 bis 20 Minuten. Gibt der Spieler noch alles für sein Team, wenn man 3:0 zurückliegt? Wie verhalten sich Spieler bei strittigen Schiedsrichter-Entscheidungen? Wie reagiert ein Spieler, wenn er ausgewechselt, auf Fehler aufmerksam gemacht wird oder einen Zweikampf verliert? Im Hochleistungsfußball wird manchmal ein *Charakterprofil* von jedem Spieler der Mannschaft erstellt, um vorhersagen zu können, welcher Spieler auf welche Intervention wie reagiert.

Im Folgenden möchte ich mich mit der Frage auseinandersetzen, welche individuellen Eigenarten zu beachten sind, um Spieler optimal zu motivieren. Ich behandele die folgenden Spielertypen:

1. Ehrgeizige Spieler
2. Spieler mit wenig Ehrgeiz
3. Geltungsbedürftige Spieler
4. Perfektionistische Spieler
5. Sensible Spieler
6. Spieler mit Selbstwertproblemen
7. Spieler, die ihr Können überschätzen
8. Junge und ältere Spieler

## Ehrgeizige Spieler

Ehrgeizige Sportler streben danach, ihre Leistungen zu verbessern, eine Meisterschaft in bestimmten sportlichen Fähigkeiten zu erwerben und danach, sich selbst und anderen, von deren Urteil sie sich abhängig wissen, zu beweisen, dass sie besser sind als ihre Rivalen (Buchkremer, 1972).

Um festzustellen, wie ehrgeizig ein Spieler ist, achten Trainer darauf, ob ...

- es für den Spieler wichtig ist, unbedingt gewinnen zu wollen
- es den Spieler ärgert, wenn andere eine bessere sportliche Leistung bringen
- sich der Spieler noch mehr anstrengt, wenn er merkt, dass andere besser sind als er
- der Spieler dazu neigt, Mitspieler als Rivalen zu sehen
- es für den Spieler wichtig ist, dass andere seine Leistung würdigen

Ausgeprägt ehrgeizige Spieler sind auch ohne äußere Anreize oder Bedrohungen bereit, mit großen Anstrengungen anspruchsvolle Ziele zu verfolgen, insbesondere wenn ihnen Erfolg und Anerkennung zeigen, dass sie auf dem richtigen Weg sind. Bereits ein kleiner Misserfolg kann Anlass sein, die Anstrengungen zu intensivieren. So sind sie ausreichend motiviert, fleißig zu trainieren, regelmäßig am Training teilzunehmen, hohe Trainingsbelastungen auf sich zu nehmen und auch Aufgaben, die ihnen keinen Spaß machen, in Angriff zu nehmen. Zusätzliche externe Anreize zur Leistungsmobilisierung sind bei ehrgeizigen Spielern also selten erforderlich. Allerhöchstens in Entscheidungsspielen mag es angebracht sein, den Ehrgeiz einmal anzustacheln.

„Ausnutzen des Ehrgeizes zur Leistungsoptimierung ist nur mit Vorsicht zu empfehlen. Es stellt sich leicht statt der optimalen Leistung die maximale ein, die zugleich Verödung anderer Leistungsmöglichkeiten und vielleicht gesundheitsschädigende Überbeanspruchung gewisser Organe mit sich bringt" (Buchkremer, 1972, S. 116). Mit dieser Bemerkung weist der Autor zu Recht darauf hin, dass übermäßig ehrgeizige Menschen dazu neigen, die Grenzen der eigenen Belastbarkeit nicht wahrhaben zu wollen und sich dementsprechend zu überfordern. Auf den Sport bezogen, kann man davon ausgehen, dass ehrgeizige Athleten lange und hart trainieren und zu viele Wettkämpfe bestreiten. Dadurch besteht die Gefahr, dass ihre Leistungsfähigkeit nach hoher Trainings- und Wettkampfbelastung nicht wieder vollständig hergestellt wird. Zum Beispiel können Mikroläsionen (kleine Risse in den Muskeln) nicht ganz ausheilen, da zwischen Beanspruchungsphasen nicht genügend Zeit für Erholung bleibt. Trotzdem werden ehrgeizige Spieler nur selten offenbaren, wenn sie sich überlastet fühlen, da die Gefahr besteht, dass ihr Bild von sich selbst als leistungsstarken Spieler zusammenbrechen könnte.

Um einer Überforderung entgegenzuwirken, können Trainer übermäßig ehrgeizige Spieler ermuntern, die Grenzen ihrer Belastbarkeit zu akzeptieren, und, falls es erforderlich wird, notwendige Auszeiten zur Regeneration anregen. Damit reduzieren sie den Leistungsdruck und setzen Anreize für eine ausreichende Regeneration.

- *Glaub nicht, dass du besser wirst, wenn du dir keine ausreichenden Ruhephasen gönnst. Im Gegenteil: Deine Leistungen werden sich verbessern, wenn du mehr auf deine Erholung achtest.*

- *Ich schätze dich als einen guten Spieler und möchte, dass du gesund bleibst. Deshalb rate ich dir, mehr auf deine Regeneration zu achten.*

- *Wenn du so weitermachst, bist du schnell ausgebrannt wie eine Wunderkerze. So kannst du keine konstant gute Leistung bringen.*

Neben dem Risiko der Überforderung haben überaus ehrgeizige Spieler Schwierigkeiten, sich unbeschwert dem Spiel hinzugeben. Selten sind sie gelöst und locker. Das ist auch der Grund, warum sie oft wenig Spaß am Spiel haben und dazu neigen, sich selbst unter hohen Leistungsdruck zu setzen. Zu hoher Ehrgeiz zerstört die innere Gelassenheit, die notwendig ist, vorhandene Leistungspotenziale vollständig freizusetzen (Baumann, 2009). Als zusätzliches Problem kommt hinzu, dass zu ehrgeizige Spieler ihre Mitspieler oft als Rivalen erleben. Dadurch sind ihre Fähigkeiten zum kooperativen Handeln nicht sehr ausgeprägt, so dass es oft erforderlich wird, sie zu motivieren, mannschaftsdienlicher zu spielen.

## Spieler mit wenig Ehrgeiz

Anders ist die Situation bei Spielern, denen es an Ehrgeiz mangelt. Diese Spieler neigen dazu, ihr Anspruchsniveau zu senken, wenn sie glauben, Erwartungen nicht erfüllen zu können. Sie nehmen es hin, ihren Stammplatz in der Mannschaft zu verlieren („Ist mir doch egal, ob ich für das nächste Spiel aufgestellt werde"). Lieber spielen sie in einer unteren Liga, obwohl sie von ihrem Können her auch höherklassig spielen könnten. So bleiben wenig ehrgeizige Spieler hinter ihren Möglichkeiten zurück. Ausreichend motiviert sind sie selten, wenn überhaupt, dann in Entscheidungsspielen oder in Spielphasen, wenn ein Spiel „auf der Kippe steht", oder wenn ihr geringes Aggressionspotenzial doch einmal angestachelt wird (z. B. durch ständige Fouls des Gegners). Bei wenig ehrgeizigen Spielern ist es daher angezeigt, sie über externe Anreize zu motivieren. Im individuellen Fall können das sehr unterschiedliche Belohnungen sein, wie die Beispiele im folgenden Kasten zeigen.

*Wenn du die Leistung zeigst, die wir von dir erwarten können,*
... wirst du für das anstehende Pokalspiel nominiert
... kannst du mit einer Leistungsprämie rechnen
... werden deine Eltern stolz auf dich sein
... verbessert sich dein Selbstvertrauen
... werde ich deine Karriere weiter unterstützen
... kannst du deine Position in der Mannschaft verbessern
... kannst du einen Stammplatz kriegen

Der Effekt dieser Intervention wird verstärkt, wenn die Spieler sicher sein können, dass mit den erhofften Gratifikationen auch wirklich zu rechnen ist. Zusätzlich kann der Trainer den Wert dieser Anreize betonen, indem er darauf hinweist, welche Bedeutung versprochene Gratifikationen haben.

Zum Beispiel kann ein Trainer dem Spieler vermitteln, ...

- was es für seine Zukunft bedeutet, wenn er einen Stammplatz erhält
- wie wichtig eine Vertragsverlängerung für seine Karriere ist
- was es für seine weitere Entwicklung bedeutet, wenn sich sein Selbstvertrauen verbessert
- wie stolz die Eltern sein werden, wenn er Stammspieler wird
- was es für sein Selbstvertrauen bedeutet, wenn er eine gute Presse bekommt
- welche Vorteile es für die Mannschaftsleistung mit sich bringt, wenn er selbstbewusster wird
- was es für seine Position in der Mannschaft bedeutet, wenn er aufgrund seiner Leistungen von Mitspielern respektiert wird

Nicht zu empfehlen ist, wenig ehrgeizige Spieler durch Androhen von Sanktionen, also durch Angstinduktion, zu motivieren. Davon ist insbesondere im Jugendbereich dringend abzuraten. Motivieren durch Sanktionsandrohung erzeugt Leistungsdruck (siehe Kapitel 6), der wenig geeignet ist, junge Sportler zu motivieren, sich über Jahre dem Sport engagiert zu widmen. Da die meisten Jugendlichen genau genommen gar keine Lust haben, sich über Jahre einer einzigen Sportart zu widmen, müssen viele Eltern immer wieder attraktive Anreize schaffen, um ihre Zöglinge zum Training zu motivieren, meint Tim Bindel, Sportwissenschaftler an der Bergischen Universität Wuppertal.

## Geltungsbedürftige Spieler

*Die Aufmerksamkeit anderer Menschen ist die unwiderstehlichste aller Drogen.*

Georg Frank (Stadtplaner)

Wie andere Menschen auch, streben Sportler nach Beachtung, Sozialprestige, öffentlichem Ansehen oder sogar Ruhm. Sportler möchten anerkannt werden, Prestige erwerben, bei anderen Menschen Interesse erregen, im Mittelpunkt stehen, als Spieler auffallen. Dieses an sich gesunde Geltungsbedürfnis ist bei Sportlern manchmal übermäßig stark ausgeprägt. Man spricht dann von „Geltungssucht“. Obwohl ein gewisses Maß an Geltungsbedürfnis für die sportliche Karriere eines Spielers förderlich ist (Linz, 2014), auf die Mannschaftsleistung wirkt es sich aber nachteilig aus, wenn Spieler die eigenen Interessen über die der Mannschaft stellen. Wenn geltungssüchtige Spieler sich nicht an die taktischen Anweisungen des Trainers halten, führt das nicht selten zu *Konflikten* innerhalb der Mannschaft und zu Spannungen zwischen Spieler und Trainer. Das gefährdet den Zusammenhalt der Mannschaft. „Die Stabilität einer Mannschaft wird durch das Maß an Bereitschaft bestimmt, in dem die Mitglieder bereit sind, ihre persönlichen Ziele dem Mannschaftsziel unterzuordnen“ (Baumann, 2002, S. 32).

Geltungssüchtige Spieler neigen zur Selbstdarstellung, d. h. zu Verhaltensweisen, die anderen ein erwünschtes Bild von sich übermitteln sollen. Sie meiden Situationen, die keine Möglichkeiten bieten, ihr Geltungsbedürfnis zu befriedigen. Ihre besten Leistungen bringen sie, wenn öffentliche Anerkennung, Ruhm und Prestige winken. Andererseits lassen geltungssüchtige Spieler schnell in ihren Anstrengungen nach, wenn erhoffte Beachtung ausbleibt oder eine Wettkampfsituation ihnen nicht (mehr) die Möglichkeit zu

Selbsterhöhung (self enhancement) oder Ruhm (glory) bietet (Wallace & Baumeister, 2002).

*Studien zum Zusammenhang zwischen Geltungsstreben und Leistung*

In der Studie von Jones, Woodman und Barlow (2017) zeigte sich, dass das Engagement von „egozentrierten“ Spielern schnell nachlässt, wenn die Erfolgsaussichten schlechter werden und sie den Eindruck bekommen, die angestrebten Gratifikationen (insbesondere Lob, öffentliche Anerkennung, Bestätigung ihres Selbstwertes) nicht zu erhalten.

Wallace und Baumeister (2002) führten vier experimentelle Untersuchungen zum Zusammenhang von Narzissmus und Leistung durch. In allen vier Studien zeigte sich, dass Sportler mit narzisstischen Neigungen nur dann bessere Leistungen erbrachten, wenn die Möglichkeit bestand, durch gute Leistungen zu glänzen. Der Titel ihres Artikels *The performance of narcissists rises and falls with perceived opportunity for glory* bringt diesen Zusammenhang treffend zum Ausdruck.

Auch die Studie von Geukes, Mesagno, Hanrahan und Kellmann (2003) an 120 Handballspielerinnen untersuchte den Zusammenhang zwischen Geltungssucht und Leistung. Bei den Spielerinnen, die zur Selbst-Präsentation neigten und das Bedürfnis hatten, bewundert zu werden, verbesserte sich die Leistung, wenn sie vor großem Publikum spielten.

Was können Trainer tun, damit die Leistungen geltungssüchtiger Spieler zum Mannschaftserfolg beitragen? Ich schlage vor, sich auf drei Interventionen zu konzentrieren:

1. Die Attraktivität der Ziele relativieren, die geltungssüchtige Spieler anstreben
2. Das Geltungsbedürfnis mit anderem Verhalten verbinden
3. Unrealistische Belohnungserwartungen korrigieren

*Die Attraktivität der Ziele relativieren, die geltungssüchtige Spieler anstreben*

Zur Motivierung von Spielern mit ausgeprägter Geltungssucht können Trainer die Nachteile der angestrebten Ziele herausstellen. Sie können darauf hinweisen, dass das Streben nach Ruhm, Prestige und Bewunderung nicht immer lohnend ist, da dies erhebliche Nachteile für den Spieler selbst wie für die Mannschaft mit sich bringt. Trainer können z. B. auf folgende Sachverhalte hinweisen:

- Zuschauer schätzen es nicht, wenn man in erster Linie sich selbst in Szene setzt.
- Anerkennung erhält man eher dann, wenn man seine Mitspieler sinnvoll einsetzt, anstatt selbst alles machen zu wollen.
- Heutzutage wird es nicht gerne gesehen, wenn einzelne Spieler sich „in Szene setzen“, dabei aber wenig mannschaftsdienlich spielen.
- Eine Leistung wird doppelt gewürdigt, wenn ein als bekannt leistungsstarker Spieler seine Mitspieler stark macht und zu guten Leistungen verhilft.

Keinesfalls dürfen die für geltungssüchtige Spieler typischen Leistungsanreize noch bekräftigt werden, etwa mit der Botschaft: „Ohne dich können wir nicht gewinnen“ oder „Mit deiner Hilfe sind wir die Besten“ (Bernhart, 2009).

*Das Geltungsbedürfnis mit anderem Verhalten verbinden*

Manchmal ist es auch sinnvoll, das Streben geltungsbedürftiger Spieler nach öffentlicher Beachtung zu akzeptieren, es aber mit weniger egoistischem Verhalten zu verbinden, d. h. der Trainer nutzt die besondere dispositionelle Neigung des Spielers für positive Ziele:

*Wenn du mannschaftsdienlich spielst, hast du meinen Respekt und besondere Anerkennung. Auch die Zuschauer werden das bemerken und das wird dann deinen Bekanntheitsgrad stärken. Anerkennung und Respekt bekommst du eher, wenn du auch für die Mannschaft spielst. Spiel einfache Bälle, dann hast du meinen Respekt.*

Auch Baumann (2009) empfiehlt, das Geltungsbedürfnis eines Spielers zunächst einmal anzuerkennen, um es dann in anderer Weise zu befriedigen. „So wird der eigensinnige Spieler leichter geneigt sein, in Zukunft mannschaftsdienlicher zu spielen, wenn sein Bedürfnis nach Anerkennung durch eine entsprechende Aufgabe befriedigt wird, z. B. dadurch, dass er als Elfmeterschütze auftreten darf oder seine Leistung auf andere Weise anerkannt wird“ (S. 153).

*Unrealistische Belohnungserwartungen korrigieren*

Geltungssüchtige Spieler erwarten Belohnungen, mit denen oft gar nicht zu rechnen ist. Wenn die fälschlicherweise erwarteten Belohnungen (z. B. Anerkennung, Beachtung, Ansehen) dann ausbleiben, lassen die Spieler schnell in ihren Anstrengungen nach. Um die damit verbundenen Leistungsbeeinträchtigungen zu vermeiden, sollten Trainer unrealistische Belohnungserwartungen frühzeitig korrigieren, indem sie z. B. darauf hinweisen, dass die Bereitschaft des sozialen Umfeldes, Leistungen zu würdigen, generell überschätzt werde. Eine gute Leistung führe nur dann zu positiver Resonanz und den von ihnen erhofften Belohnungen, wenn sie in sozialen Kontexten geschieht, in denen das realistischerweise auch zu erwarten sei. Auch bei guter Leistung sei mit öffentlicher Beachtung, Würdigung der gezeigten Leistung oder mit einer Erwähnung in der Presse gar nicht oder nur mit geringer Wahrscheinlichkeit zu rechnen.

Dazu einige Beispiele:

- Du kannst nicht erwarten, dass die Zuschauer bemerken, wenn du gut spielst.
- Glaub nicht, dass du mich mit deinen spektakulären Aktionen beeindrucken kannst.
- Erwarte nicht, dass du gleich in der Presse erwähnt wirst, wenn du mal eine gute Leistung zeigst.
- Wenn du heute gut spielst, wird keiner sagen: „Der wird mal ein Führungsspieler“.

## Perfektionistische Spieler

Um sich gegenüber Konkurrenten durchsetzen zu können, müssen Athleten ihre Sporthandlungen möglichst perfekt ausführen. Doch Sportler unterscheiden sich darin, welchen Grad an Perfektionismus sie anstreben. Ausgesprochen perfektionistische Sportler setzen sich hohe Leistungsstandards, wollen nichts dem Zufall überlassen, streben nach perfekter Ausführung ihrer Sporthandlungen, bewerten die eigene Leistung äußerst kritisch und achten darauf, dass ihre Fähigkeiten von anderen positiv bewertet werden. Bei ihnen steht nicht die Aussicht, Mitspieler zu übertrumpfen, im Vordergrund, sondern das Bestreben, sportliche Anforderungen perfekt auszuführen und sportliche Fähigkeiten ständig weiter zu verbessern (Stoeber, Stoll, Pescheck & Otto, 2008; Miller, Roberts & Ommundsen, 2004). Können sie ihre hohen Ansprüche nicht erfüllen, reagieren sie mit negativen Emotionen. Zumeist ärgern sie sich über sich selbst. Freiwillige Einzel- und Sondertrainings werden deshalb auch als ganz normal angesehen. Da perfektionistische Sportler danach streben, die *eigenen Kompetenzen* zu verbessern, erscheinen sie in den Augen anderer oft als selbstbezogen, als solche, die in erster Linie an sich und ihr Fortkommen denken.

Das Personmerkmal Perfektionismus wurde im Sport zunächst negativ bewertet, weil davon ausgegangen wurde, dass sich Perfektionismus ungünstig auf die Leistungsentwicklung der Athleten auswirkt. Für den Leistungssport erfolgte eine differenziertere Beurteilung des Personmerkmals Perfektionismus erst seit knapp zehn Jahren (Flett & Hewitt, 2014; Stoll, 2014). In einer empirischen Untersuchung von Stoeber, Stoll, Salmi und Tiikaja (2009) konnte ein erster Fortschritt in der weiteren Erforschung dieses Konstruktes nachgewiesen werden. In dieser Studie an insgesamt 160 der besten Eishockeyspieler im U16-Bereich aus Finnland zeigten sich Zusammenhänge zwischen perfektionistischen Bestrebungen und einer leistungsförderlichen Zielorientierung. Bestätigt wurde dieser Befund durch eine Übersichtsarbeit (Gotwals, Stoeber, Dunn, & Stoll, 2012), die nahezu alle seinerzeit vorliegenden Studien zum Zusammenhang von Perfektionismus und sportlicher Leistung einschloss. Die Autoren kamen zu dem Ergebnis, dass Perfektionismus im Sport per se nicht schlecht sein muss, er kann sich durchaus leistungsförderlich auswirken. Doch leistungsförderliche Effekte fand man nur für den so genannten „gesunden Perfektionismus".

Nach Stoeber und Otto (2006) sind gesunde Perfektionisten Personen, die von sich aus danach streben, hohe Leistungsstandards zu erfüllen und dabei große Anstrengungen unternehmen, diese Standards auch zu verwirklichen (perfectionistic striving), sich dabei aber wenig Sorgen machen, ob sie diese Standards auch erfüllen werden. Sie können es akzeptieren, wenn mal etwas schief geht, um dann aus Fehlern zu lernen. Die Studie von Hamidi und Besharat (2010) zeigte, dass gesunder Perfektionismus negative Korrelationen mit kognitiver und somatischer Angst, aber positive mit Selbstvertrauen aufweist.

Nach dem Perfektionismus-Modell von Slade und Owens (1998) ist positiver Perfektionismus mit einer intrinsischen Annäherungsmotivation verbunden. Spieler, die in erster Linie an die persönliche Weiterentwicklung denken, sind dauerhaft in einem Annäherungsmodus. Das gilt vorrangig für jüngere Athleten, während ältere Spieler eher bestrebt sind, ihre sportlichen Fähigkeiten so lange wie möglich zu erhalten. Stöber et al. (2008) wiesen in ihrer empirischen Untersuchung an 351 Sportlern nach, dass gesunder Perfektionismus mit dem selbst gesetzten Ziel einhergeht, Kompetenzen hinsichtlich Ausdauer, Technik und Taktik zu erwerben und stetig weiter zu verbessern. Spieler mit gesundem Perfektionismus sagen von sich: „Ich bin zufrieden, wenn ich meine eigene Leistung steigern kann. Ich beschäftige mich gern mit meinen sportlichen Erfolgen. Ich arbeite hart, um im Sport erfolgreich zu sein" (vgl. Schweer, 2011).

*Beispiel: Cristiano Ronaldo – ein Sportler mit ausgeprägtem gesunden Perfektionismus*

Nach Stoll (2014) repräsentiert Cristiano Ronaldo wie kein anderer den Typ eines Sportlers mit ausgeprägtem, aber gesundem Perfektionismus. Er arbeitet mit großem Selbstvertrauen wie besessen an der Verbesserung seiner Fähigkeiten. Er hat jedes Detail unter Kontrolle. Verletzungen lässt er von seinem eigenen Ärzteteam behandeln, zur Regeneration leistet er sich eine heimische Kältekammer und was auf dem Platz passiert, das entscheidet im Normalfall er selbst.

Da bei Spielern mit gesundem Perfektionismus die selbstbestimmte Weiterentwicklung sportlicher Fähigkeiten im Vordergrund steht, ist eine Fremdmotivierung durch externe Anreize weitgehend überflüssig. Was Trainer tun können, beschränkt sich darauf, die Spieler zu beobachten, ihren Perfektionismus zu unterstützen und die Rahmenbedingungen zu optimieren, die geeignet sind, sportliche Fähigkeiten weiterzuentwickeln.

Anders liegt der Fall bei Spielern, die zum *ungesunden* Perfektionismus neigen. Diese Spieler erkennt man daran, dass bei ihnen ein hohes „perfektionistisches Bemühen" (high levels of perfectionistic striving) mit hoher „perfektionistischer Besorgnis" (high levels of perfectionistic concern) verbunden ist (Stoeber & Otto, 2006). Mit perfektionistischer Besorgnis sind sorgenvolle Gedanken gemeint, die sich auf die Leistungsgüte und mögliche Sanktionen bei schlechter Leistung beziehen.

Die Untersuchung von Madigan, Stoeber und Passfield (2017) zeigte, dass ungesunder Perfektionismus mit intrinsischer Vermeidungsmotivation assoziiert ist. Spieler, die in erster Linie darauf bedacht sind, durch perfekte Leistungen Sanktionen zu vermeiden, sind dauerhaft in einem Vermeidungsmodus. Sie wollen perfekt sein, aber nicht in erster Linie, um ihre Kompetenzen weiter zu verbessern, sondern um sich selbst und andere (Trainer, Eltern etc.) nicht zu enttäuschen, um einer Bestrafung zu entgehen, um Erwartungen zu erfüllen, um nicht negativ aufzufallen, um sich selbst keine Vorwürfe machen zu müssen (vgl. Slade & Owens, 1998). Will man bei Spielern, die zum ungesunden Perfektionismus neigen, die Leistung verbessern, empfiehlt es sich deshalb, die intrinsische Vermeidungsmotivation zu reduzieren. Der folgende Kasten enthält einige Beispiele, mit welchen Worten das geschehen kann.

*Der Trainer weist den Spieler, der zum ungesunden Perfektionismus neigt, darauf hin, dass ...*
... er nicht immer von sich enttäuscht sein soll, wenn ihm einmal etwas nicht gelingt
... erfolgreiche Spieler auch Fehler machen, aber sich dann nicht selbst „runtermachen"
... er aufhören soll, sich ständig selbst dafür zu bestrafen, wenn ihm etwas nicht gelingt
... Fehler in einem Spiel gegen einen schweren Gegner kaum zu vermeiden und hinzunehmen sind
... er sich keine Sorgen machen muss, wenn er nicht fehlerfrei spielt

## Sensible Spieler

Sensible Athleten weisen einige Merkmale auf, die sie zu wertvollen Spielern in einer Mannschaft machen. Beispielsweise können sie sich gut in andere Personen hineinversetzen. Dadurch erkennen sie die Stärken und Schwächen ihrer Gegner schneller als weniger sensible. Auch spielen sensible Sportler zumeist sehr mannschaftsdienlich. Da sie sehr gewissenhaft sind, kann man sich darauf verlassen, dass sie die Anweisungen ihrer Trainer so gut es geht befolgen.

Andererseits weisen sensible Sportler aber auch Merkmale auf, die sich nachteilig auf ihre Leistungen auswirken. Sie reagieren empfindlich auf Kritik, Schuldzuweisungen, soziale Zurückweisung, Nichtbeachtung, missbilligende Äußerungen von Mitspielern oder kritische Kommentare, die Trainer in das Spielgeschehen hineinrufen. Deshalb sind ihnen die Reaktionen der Umwelt auf ihr Verhalten überaus wichtig. Der ehemalige Fußballprofi Sebastian Deisler äußerte sich dazu mit folgenden Worten:

*Dabei sind mir die Aufmerksamkeit und die Zuneigung meiner Profizeit nicht gut bekommen. Die Menschen und ihre Emotionen waren mir nie egal. Ich konnte nie so etwas wie Gleichgültigkeit ihnen gegenüber entwickeln.*

Sensible Spieler reagieren mit einer unangenehm erlebten, körperlichen und psychischen Anspannung auf negative Bewertungen ihrer Leistung. Erhalten sie in einer Wettkampfsituation Hinweise, dass Kritik, Schuldzuweisungen oder soziale Zurücksetzung drohen, werden sie alles daransetzen, solche Belastungen zu vermeiden. Spieler, die in erster Linie darauf bedacht sind, negativen Bewertungen ihrer Leistung zu entgehen, befinden sich dauerhaft in einem Vermeidungsmodus. Deshalb sind Anweisungen zur Risikomeidung bei sensiblen Spielern zumeist auch kontraproduktiv, denn sie spielen ja bereits auf Sicherheit. Auch so genannte *Muss-Anweisungen* („Du musst heute deine Zweikämpfe gewinnen“) sind kontraproduktiv, da diese Anweisungen die ohnehin vorhandene, vermeidungsorientierte Einstellung noch verstärkt. Bei sensiblen Spielern sollte der Schwerpunkt darauf liegen, die extrinsische Annäherungsmotivation zu stärken und die intrinsische Vermeidungsmotivation zu schwächen. Wie das zu erreichen ist, haben wir in Kapitel 1 ausgeführt. Was sollten Trainer dabei beachten?

*Bewertet der Spieler die Reaktionen der Umwelt realistisch?*

Da sensible Spieler dazu neigen, die Reaktionen der Umwelt auf ihre Leistungen zu wichtig zu nehmen, liegt es nahe, diese Spieler darin zu unterstützen, Reaktionen von Zuschauern, Eltern oder Vereinsführung realistisch zu bewerten. Beispielsweise können Trainer sensible Spieler darauf hinweisen, dass ...

- negative Reaktionen der Zuschauer zum Wettkampf dazu gehören und schnell vergessen werden, wenn das Spiel zu Ende ist
- die Kürzung der Prämie nichts mit ihrer Leistung zu tun hat, sondern mit finanziellen Problemen des Vereins
- die Auswechslung nicht ihrer Leistung, sondern einer taktischen Umstellung geschuldet ist
- es im Mannschaftssport normal ist, wenn Mitspieler nicht mit allem, was sie machen, einverstanden sind
- es positiv ist, vom Trainer auf Fehler hingewiesen zu werden, da er damit zeigt, dass er sich um sie kümmert
- andere Personen, wie z. B. Eltern oder Zuschauer, ihre Leistung oft viel zu kritisch sehen, da ihre Erwartungen übertrieben hoch sind

*Liegen unbegründete Sanktionserwartungen vor?*

Neben der Überbewertung von Reaktionen der Umwelt, neigen sensible Spieler auch dazu, Sanktionen zu erwarten, mit denen gar nicht zu rechnen ist. Um dem entgegenzuwirken, können Trainer diese Spieler ermutigen darauf zu achten, was tatsächlich passiert, wenn sie einmal einen Fehler machen oder einmal schlechter als normal spielen. Nicht selten werden sie überrascht feststellen, dass ihre pessimistische Sichtweise nicht der Realität entspricht. Sollte das bei einem sensiblen Spieler zutreffen, können Trainer die unbegründeten Sanktionserwartungen korrigieren. Dazu heben sie ausdrücklich hervor, dass Leistungen, die (noch) nicht den Erwartungen genügen, nicht gleich Sanktionen zur Folge haben werden (siehe folgenden Kasten).

*Beispiele: Wie unbegründete Sanktionserwartungen korrigiert werden können.*

- Du wirst nicht gleich kritisiert, wenn du den einen oder anderen Fehlpass spielst.
- Du verlierst nicht gleich deinen Stammplatz, wenn du heute kein Tor erzielst.
- Du wirst nicht gleich ausgewechselt, wenn du heute nicht so gut spielst wie im letzten Spiel.
- Auch wenn du mal schlecht spielst, bin ich doch von deinem Talent überzeugt.
- Ich werde dich weiter unterstützen, auch wenn es mal Leistungsschwankungen gibt.
- Du bekommst nächste Woche noch eine Chance, wenn es heute nicht ganz klappt.
- Du kannst auf deiner Position ruhig mehr riskieren, es wird dir nichts passieren.

### *Mangelt es an Risikobereitschaft?*

Wie oben bereits erwähnt, neigen sensible Spieler dazu, Risiken zu vermeiden und viel zu sehr auf Sicherheit zu spielen. Daraus ergibt sich eine weitere Möglichkeit, die dysfunktionale Vermeidungsmotivation sensibler Spieler zu verringern und die Annäherungsmotivation zu stärken: die *Risikoverschreibung* (vgl. Kuhl, 1987). Fußballtrainer können z. B. raumgreifende Pässe, weite Flanken, Bälle in den freien Raum, Weitschüsse aus der zweiten Reihe fordern, wobei dem Spieler zu versichern ist, dass er nicht aus der Mannschaft genommen wird, wenn ihm dabei Fehler unterlaufen („Wenn du risikofreudiger spielst, würde mich das freuen, auch wenn dabei hin und wieder etwas schief geht"). Die Anordnung des Trainers lautet: „Wer kämpft und Risiken eingeht, darf Fehler machen". Die Risikoverschreibung gibt Spielern die Möglichkeit, risikoreichere und damit für den Gegner überraschendere Spielzüge zu versuchen, ohne bei Misslingen die Kritik des Trainers oder gar eine Auswechslung zu riskieren.

### *Verstärken Medien die Vermeidungsmotivation?*

Kritische Äußerungen in der Presse oder gar beleidigende Titelschlagzeilen rufen, insbesondere bei sensiblen Spielern, Unsicherheit und Zweifel hervor, und das, obwohl die Sportjournalisten die Leistungen der Spieler gar nicht angemessen bewerten können, da sie die taktischen Vorgaben, die eintrainierten Spielzüge und die individuellen Aufgaben gar nicht kennen. Philipp Lahm sagte dazu in der ZEIT vom 25.07.2019:

*Wenn Profis etwas beurteilen können, dann die Leistung jedes Mitspielers, mit dem man auf dem Felde steht. (...) Manchmal haben wir uns den Spaß gemacht und eigene Noten vergeben. Kein einziges Mal waren diese Bewertungen identisch mit denen von Kicker oder in der Bild.*

Verstärkt eine negative Berichterstattung bei sensiblen Spielern eine an sich schon hohe vermeidungsfokussierte Einstellung, können Trainer dem entgegenwirken, indem sie betroffenen Spielern empfehlen, die Meinung der Medien so gut es geht zu ignorieren. Zusätzlich können sie darauf hinweisen, warum Medien in dieser Art berichten: Sie seien den Millionen von Fußballfans verpflichtet und müssten mit den wenigen Informationen, die sie haben, Schlagzeilen und Neuigkeiten zu Papier bringen, um sich im Konkurrenzkampf zu behaupten.

## Spieler mit Selbstwertproblemen

Das Selbstwertgefühl (SWG) ist die Summe der affektiven Bewertungen eigener Fähigkeiten und Eigenschaften durch die Person selbst. Generell wird zwischen dem „globalen SWG" (Selbstbewertung der Person als ganzer) und dem „bereichsspezifischen SWG" (Selbstbewertungen hinsichtlich einzelner Fähigkeiten, wie z. B. des sportlichen Könnens) unterschieden. Von Selbstwertproblemen spricht man, wenn das SWG einer Person niedrig und/oder fragil ist.

Wie sensible Spieler auch, reagieren Athleten mit Selbstwertproblemen empfindlich auf missbilligende Äußerungen, Kritik, Schuldzuweisungen oder soziale Zurückweisung. Doch dies hat andere Folgen: Sie werten sich ab, fühlen sich als Person weniger wert, erleben sich als Versager und weniger wertvoll für die Mannschaft als andere. Stimmt die Leistung vorübergehend nicht, neigen sie dazu, an ihren sportlichen Fähigkeiten zu zweifeln, was zur Folge hat, dass sie schnell das Gefühl haben, von anderen nicht gemocht oder nicht geschätzt zu werden. Diese Merkmale von Spielern mit Selbstwertproblemen begünstigen eine dauerhafte Dominanz der Vermeidungsmotivation.

Was Spieler mit Selbstwertproblemen brauchen, ist eine anreizorientierte Motivierung durch Anerkennung und Wertschätzung ihrer Person durch Trainer, Mannschaftskollegen und Verein. Sie sind stärker als andere auf externe Bestätigung ihres Selbstwertes angewiesen. Insofern ist es für die Stabilität ihres Selbstwertgefühls gut, wenn sie häufiger die Erfahrung machen, „dass Leistungsschwächen keine negativen Konsequenzen in der menschlichen Beziehung zu Trainer, Eltern oder Mannschaftskameraden nach sich ziehen" (Baumann, 2002, S. 179). Folgt man Schweer (2011) sollte diese Wertschätzung, insbesondere bei Kindern und Jugendlichen, an keine Bedingungen geknüpft werden. „Unbedingt meint *ohne Bedingungen*, eine Wertschätzung, die nicht an Bedingungen (also vor allem nicht an sportliche Erfolge) geknüpft wird, sondern einzig und allein der Person des Athleten gilt“ (S. 71). Je sicherer sich der Spieler in seiner Wertschätzung durch Trainer, Mitspieler und Zuschauer fühlt, desto spielfreudiger und leistungsfähiger wird er sein.

## Spieler, die ihr Können überschätzen

Erfolgreiche Spieler kennen ihre Fähigkeiten, sie wissen, was sie in einem vorgegebenen Zeitrahmen zu leisten imstande sind und wo sie ihre Leistungen verbessern sollten (Jones, Hanton & Connaughton, 2007). Doch das ist nicht bei allen Spielern so. Die Einschätzung der eigenen Fähigkeiten ist fehleranfälliger als man meint. Menschen fällt es generell schwer, ihr Leistungsvermögen realistisch einzuschätzen. Darauf weisen u. a. die Studien von Weisinger und Pawliw-Fry (2015) hin, in denen sich zeigte, dass die Selbsteinschätzungen zumeist nicht mit den tatsächlichen Leistungen übereinstimmten. Einige ihrer untersuchten Probanden gaben sich sogar die höchsten Ratings, obwohl sie die schlechtesten Leistungen zeigten. Dieses Phänomen wird in der Psychologie als „overconfidence-effect“ bezeichnet. Insbesondere egozentrische Spieler haben häufig eine unrealistisch hohe Meinung von ihren Fähigkeiten (Wallace et al., 2005).

Von Spielern, die ihr Können überschätzen, sagt man, sie haben eine „überhöhte Selbsteinschätzung“ (inflated self-view). Diese begünstigt zwar eine selbstwertdienliche Selbstgewissheit und kann helfen, herausfordernde Aufgaben zu übernehmen (siehe Wallace & Baumeister, 2002), doch langfristig entstehen Nachteile für die Leistungsentwicklung. Nicht das Talent der Selbstüberschätzer, sondern die Täuschung über das Maß ihres Könnens verhindert ihre optimale Leistungsentwicklung. Täuschung ist ihnen lieber als die Enttäuschung darüber, dass ihre Fähigkeiten für bestimmte Anforderungen nicht ausreichen.

Selbstüberschätzer neigen dazu, Aufgaben in Angriff zu nehmen, denen sie nicht gewachsen sind. Dadurch stellen sie den Erfolg der Mannschaft in Frage. Betroffene Sportler müssten ihr Anspruchsniveau senken. Doch sie werden auch dann nicht zurückstecken und weniger riskant agieren, wenn die Anforderungen ihr Leistungsvermögen übersteigen, insbesondere wenn öffentliche Anerkennung oder ein Zuwachs an Ansehen in Aussicht stehen. Das begünstigt eine *unkontrollierte* Risikobereitschaft. Selbstüberschätzer machen dann zu viele Fehler (z. B. gehen sie immer wieder in aussichtslose Dribblings, verlieren den Ball und provozieren gefährliche Gegenangriffe), auch wenn sie hin und wieder mit spektakulären Aktionen auffallen. Hinzu kommt, dass sie für konstruktive Kritik nur beschränkt zugänglich sind und aus ihren Fehlern wenig oder gar nichts lernen. Andererseits erleben sie wegen ihrer Ahnungslosigkeit ein hohes Maß an Selbstzufriedenheit.

Verbesserungsvorschläge fassen Selbstüberschätzer zumeist als Kritik an ihrer Person auf. Sie suchen für Probleme, die ihrer unrealistischen Selbsteinschätzung zuzuschreiben sind, keine Lösungen, sondern Schuldige, d. h. sie tendieren dazu, ihre Misserfolge mit ungünstigen äußeren Umständen (z. B. parteiischer Schiri, unkooperative Mitspieler, ungünstige Wetterbedingungen) zu erklären (vgl. Linz, 2014). Typische Aussagen sind: „Wenn die Mitspieler mich besser mit Pässen versorgt hätten, wenn der Trainer mich früher gebracht hätte, wenn der Platz nicht so rutschig gewesen wäre, wenn ..., dann hätte ich besser gespielt". Wie kann man Spieler, die ihr Können überschätzen, zu besserer Leistung motivieren? Ich möchte zwei Interventionen ansprechen:

*Selbsteinschätzung korrigieren*

Eine wirklichkeitsnahe Selbsteinschätzung ist für Spieler, die ihr Können überschätzen, nicht einfach zu erreichen. Es braucht viel Mut, das Selbstbild eigener Fähigkeiten einer kritischen Prüfung zu unterziehen. „Sich seine Schwächen einzugestehen erfordert Mut, denn es kann ziemlich beängstigend sein, sich der Wahrheit über sich selbst zu stellen. Meist verwenden wir weit mehr Energie darauf, unsere Schwächen zu vertuschen, als darauf, sie aufzudecken" (Loehr, 2010, S. 41). Will ein Trainer einem Spieler dennoch klar machen, dass dieser sein Können überschätzt, schlägt Linz (2014) vor, die ganze Mannschaft zu beteiligen. Jeder Spieler soll geheim und anonym seine bevorzugte Aufstellung für das nächste Spiel oder sogar für die kommende Saison aufschreiben. Die zu erwartenden unterschiedlichen Bevorzugungen einzelner Spieler können dann genutzt werden, um Selbsteinschätzungen zu problematisieren und eventuell zu korrigieren. Beckmann und Elbe (2008) berichten von einer Intervention, bei der sie Spielerinnen einer Handballmannschaft baten, Paare zu bilden. Jedes Paar bekam den Auftrag, die Partnerin mit der Vorgabe zu interviewen, das Ergebnis später der gesamten Mannschaft vorzustellen. Das Interview sollte unter anderem etwas zur Selbsteinschätzung der Spielstärke beinhalten. Wie die Autoren berichten, gefiel es den Spielerinnen, etwas darüber zu erfahren, wie Mitspieler ihre Spielstärke einschätzten.

### *Einfache Aktionen fordern und belohnen*

Bei Selbstüberschätzern dominiert eine annäherungsfokussierte Einstellung mit übermäßig hoher Risikobereitschaft. Trainer können dem entgegenwirken, indem sie von betroffenen Spielern einfache Aktionen fordern und diese dann belohnen („Wenn du häufiger einen einfachen Ball spielst, kannst du Stammspieler werden. Dann werde ich dich in deiner Karriere unterstützen und die Mannschaft wird noch erfolgreicher sein“). Dabei sollten Trainer darauf hinweisen, welche *Nachteile* es für die Mannschaft hat, wenn sie zu riskant spielen, den Ball verlieren und unnötige Gefahrensituationen hervorrufen.

## Junge und ältere Spieler

*Bei älteren Spielern muss man*
*ab und zu motzen,*
*damit sie 100 Prozent geben“.*

Pal Dardai (Fußballtrainer)

Nach Bernhart (2009) sowie Frester (2012) strengen sich junge Spieler mehr an als ältere, weil sie stärker nach Anerkennung für ihre Leistungen streben und noch ihre Karriere im Auge haben. Das spricht dafür, dass sie mit einer hohen Annäherungsmotivation in ein Spiel gehen. Andererseits wissen junge Spieler aber auch, wenn sie zu viele Fehler machen, ist ihr nächstes Karriereziel, wie z. B. der Sprung in die Startformation, nicht zu schaffen. Das wiederum begünstigt eine hohe Vermeidungsmotivation. Diese Gleichzeitigkeit von Anreiz- und Bedrohungspotenzial berücksichtigend, sollten Trainer die Motivierung junger Spieler sehr flexibel handhaben, d. h. je nach Wettkampfsituation und Persönlichkeit des Spielers mal die Annäherungs- und ein anderes Mal die Vermeidungsmotivation stärker betonen.

Besonders vorsichtig sollten Trainer sein, wenn sie jungen Spielern eine Chance geben, sich für höhere Aufgaben zu empfehlen. Wird ein junger Spieler zum ersten Mal in der ersten Mannschaft eingesetzt, um einen verletzten Spieler zu ersetzen, ist die Vermeidungsmotivation oft sehr ausgeprägt. Das liegt an verschiedenen Merkmalen dieser Situation: Für den Spieler handelt es sich um eine Art Prüfungssituation. Er darf den Trainer, insbesondere wenn Vorbehalte der Stammspieler bestehen, nicht enttäuschen. Da er alle Funktionen des ausgefallenen Spielers übernehmen muss, kann er die ihm übertragenen Aufgaben nicht von seinen eigenen Leistungsmöglichkeiten her bestimmen. Diese Situation erzeugt ein hohes Bedrohungspotenzial und begünstigt vermeidungsfokussierte „Muss-Anweisungen“ an sich selbst (z. B.: „Du musst heute fehlerfrei spielen. Du darfst keine Abspielfehler machen. Die Mitspieler müssen mit deiner Leistung zufrieden sein. Dein Gegner darf nicht frei zum Schuss kommen. Du musst einige gute Szenen in der Offensive haben“), die sich zumeist nachteilig auf die Leistung auswirken. Um hier gegenzusteuern, sollte der Trainer dem jungen Spieler vermitteln, dass er in diesem Spiel erste Erfahrungen sammeln kann und versuchen soll, mutig sein Bestes zu geben. Das kann er mit den folgenden Worten tun:

*Dies ist eine von vielen Möglichkeiten, sich zu beweisen. Die meisten Sportler brauchen viele Chancen, um zum Erfolg zu kommen. Du bekommst nächste Woche noch eine Chance, wenn es dieses Mal nicht klappen sollte.*

Im Unterschied zu jüngeren Spielern beobachtet man bei älteren, die, wie man so sagt, „schon alles gewonnen haben“, häufiger *Anreizdefizite*. Gemeint ist, dass eine gute Leistung keine lohnenden Folgen mehr hat. Ein Sportler, der in seiner Disziplin bereits mehrmals einen Titel gewonnen hat, fühlt sich nicht im gleichen Maß herausgefordert, einen erneuten Titel zu gewinnen, wie ein junger Sportler, der zum ersten Mal dazu die Chance bekommt. Für Ersteren hat zu diesem Zeitpunkt vielleicht ein universitärer Abschluss Priorität, der es erforderlich macht, den Trainingsumfang zu reduzieren.

Wie können Trainer ältere Athleten dennoch zu guten Leistungen motivieren? Sie können *neue* Anreize schaffen. Beispielsweise können Trainer älteren Spielern in Aussicht stellen, in der Mannschaft Führungsspieler zu werden, verknüpft mit der Verpflichtung, mehr Verantwortung für den Erfolg der Mannschaft zu übernehmen (Borggrefe, Cachay & Dölling, 2015). Auch können sie die für ältere Spieler noch attraktiven Ressourcenzuwächse aufwerten („In deinem Alter noch besser zu werden, ist etwas Besonderes, das gelingt nur wenigen Spielern. Darauf kannst du stolz sein“).

# 3 Wie beeinflussen Erfolgserwartungen die sportliche Leistung?

*The pressure of performing live – the time is now!*
*A moment of no return – we cannot defer any longer.*
*Years of training crystallized into a single moment.*

Bill Beswick (Sportpsychologe)

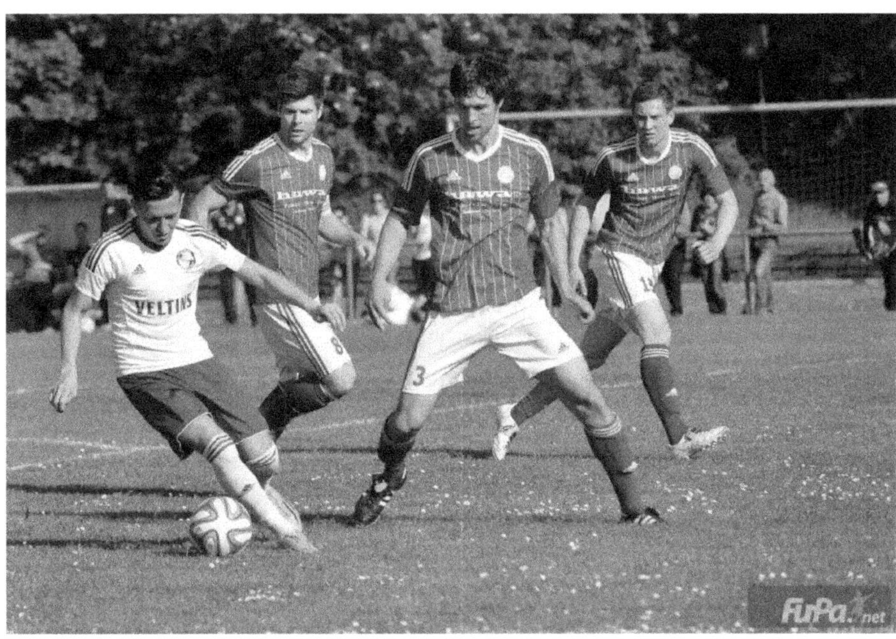


Dass optimale Motivation die Leistung positiv beeinflusst, steht nicht in Frage. Dennoch gelingt es hoch motivierten Athleten oft nicht, in Wettkämpfen, wenn es darauf ankommt, ihre Leistungspotenziale vollständig auszuschöpfen. Will man vorhersagen, ob und wie sich eine hohe Leistungsbereitschaft auf die Leistung auswirkt, muss man die Erfolgserwartung in die Analyse einbeziehen (Baumeister & Showers, 1986).

Bevor wir uns mit der Frage beschäftigen, welche Bedeutung Erfolgserwartungen bei hoch motivierten Athleten für die sportliche Leistung haben, ist zu klären, was unter sportlicher Leistung zu verstehen ist.

# Sportliche Leistung

Leistung kann im Sport Verschiedenes bedeuten (vgl. Hanin, 2000; Krug & Kuhl, 2006):

- Die persönliche Anstrengung, das individuelle Bemühen oder die aufgewendete Energie zur Erfüllung bestimmter Aufgaben („Du hast dich heute voll eingesetzt")
- Die aktuelle Leistung relativ zu früheren gezeigten Leistungen („Deine Leistung von heute war besser als in den letzten Spielen")
- Die aktuelle Leistung im Vergleich zum eigenen Leistungsvermögen („Deine Leistung von heute entsprach ganz und gar deinem Leistungsvermögen")
- Das quantitative oder qualitative Arbeitsergebnis („Du hast heute zwei Tore geschossen, das war eine starke Leistung")
- Die Erfüllung normativer Kriterien, die für eine bestimmte Gruppe von Leistungserbringern typisch sind („Im Großen und Ganzen entsprechen deine Leistungen den Anforderungen für deinen Einsatz in einer höheren Liga")
- Das Erreichen eines sozialen Erfolgsstandards („Deine Leistung war besser als die deines Konkurrenten für die Stammelf")

Alle diese Leistungskriterien können eine instrumentelle Funktion für das Erreichen von Gratifikationen und das Vermeiden von Sanktionen haben („Ich habe heute zwei Tore geschossen, da wird der Trainer wohl zufrieden sein" oder: „Ich war heute besser als im letzten Spiel, damit steigen meine Chancen auf einen Stammplatz"). Bewertungen der sportlichen Leistung durch Trainer, Zuschauer, Mannschaftskollegen oder dem Spieler selbst basieren auf objektiven Gütekriterien, die heutzutage immer schneller und besser erfasst werden können. Zum Beispiel werden im Profi-Fußball die Leistungen der Spieler zunehmend statistisch ausgewertet (z. B. Laufleistung, gewonnene Zweikämpfe). Dies ermöglicht es, Leistungen mit harten Fakten zu begründen. Damit sportliche Leistungen ihre instrumentelle Funktion für das Erreichen von Gratifikationen und das Vermeiden von Sanktionen auch erfüllen, empfiehlt es sich, die Leistung nach außen möglichst gut sichtbar zu machen, wie z. B. den Gegenspieler ausschalten, sich mehrmals gut in Szene setzen, viele präzise Pässe schlagen oder durch eine spektakuläre Aktion ein Tor verhindern.

## Erfolgserwartungen und sportliche Leistung

Die Valenz-Instrumentalitäts-Erwartungs-Theorie, die in der Motivationspsychologie eine prominente Stellung einnimmt, begreift Erfolgserwartungen als die *subjektive* Einschätzung, ein bestimmtes Verhalten ausführen zu können, mit denen Gewinne zu erzielen bzw. Verluste zu vermeiden sind. Die Erfolgserwartung bezieht sich also nicht allein darauf, ob man erwartet, eine Aufgabe erfüllen zu können, sondern auch darauf, ob man mit seiner Leistung angestrebte Gratifikationen erreichen bzw. befürchtete Sanktionen vermeiden kann.

Die Erwartung von Erfolg und Misserfolg hat sich als starker Prädiktor für die sportliche Leistung erwiesen (vgl. dazu Baumeister, Hamilton & Tice, 1985; Jones, 1995; Bisanz & Gerisch, 2008; Otten, 2009). Erst die Erfolgserwartung lässt die Motivation wirksam werden. Während eine positive Erfolgserwartung die Leistungsbereitschaft freisetzt, die durch erfolgreiches Motivieren erzeugt wurde, werden negative Erfolgseinschätzungen die Leistungsbereitschaft verringern oder gar blockieren. Ob sich eine hohe Annäherungs- oder Vermeidungsmotivation entfalten kann oder aber wenig bis keinen Einfluss haben, hängt also zum großen Teil von der Erfolgserwartung ab (ausführlich bei Kuhl & Schulz, 2014).

*Studie: Erfolgserwartung und Vorhersage der sportlichen Leistung*

Die experimentelle Studie von McKay, Lewthwaite und Wulf (2012) zeigte, dass man die Leistung erfahrener Baseball-Spieler in Wettkampfsituationen verbessern kann, wenn man bei ihnen eine positive Erfolgserwartung induziert. Verglichen wurden diese Sportler mit einer Gruppe von Kontrollpersonen, bei denen die Erfolgserwartung nicht beeinflusst wurde. Ergebnis: Die Gruppe der Spieler mit positiven Erfolgserwartungen verbesserten ihre Wurfqualitäten auch unter hohen Druckbedingungen. Die Autoren schlussfolgern: Dieses Ergebnis zeigt, dass es sich positiv auf die sportliche Leistung von Spielern auswirkt, wenn man ihre Erfolgserwartung verbessert.

Wettkämpfe sind dadurch gekennzeichnet, dass unsicher ist, welche Partei erfolgreich sein wird. Dennoch können Spieler oder auch ganze Mannschaften, trotz dieser prinzipiellen Unsicherheit, *mehr oder weniger* sicher sein, ihr Ziel zu erreichen. Erfolgserwartungen entwickeln sich in Abhängigkeit von situativen (z. B. die Neuigkeit der Situation, Spielstärke des Gegners) und personalen Faktoren (z. B. die Einschätzung der eigenen Stärken, Selbstvertrauen). Da sie unter Zeitdruck und Unsicherheitsbedingungen entstehen und sich zumeist ungeplant herausbilden, werden sie in sportlichen Wettkämpfen nur approximativ ausfallen.

Veränderungen der Erfolgserwartung in einem Wettkampf gehen entweder signifikante Ereignisse voraus (z. B. der Gegner schießt ein Tor, ein Spieler macht einen schwerwiegenden Fehler) oder eine Summation weniger gravierender Ereignisse, die irgendwann zu einer qualitativ anderen Erfolgserwartung führt. Wechselt die Erfolgserwartung einer ganzen Mannschaft von Erfolgszuversicht zu Erfolgsungewissheit oder gar zur Misserfolgserwartung sagt man, „die Mannschaft glaube nicht mehr an sich". Geht einem einzelnen Spieler in einem Wettkampf die Erfolgszuversicht verloren, sagt man, „er sei verunsichert". Die Unterstützung durch Zuschauer kann die Erfolgszuversicht stärken, Auspfeifen kann sie schwächen. Nicht selten schwanken Spieler im Verlauf eines Wettkampfes zwischen Erfolgszuversicht und Misserfolgserwartung, was instabile Leistungen begünstigt. Mal zeigt der Athlet seine gewohnte Leistung und plötzlich wieder einen unerklärlichen Leistungsabfall, den sich Trainer oft nicht erklären können. Vor einem Wettkampf und im Spielverlauf können Spieler ihre Erfolgserwartungen durch aufmunternde Selbstgespräche positiv beeinflussen.

Zu unterscheiden sind drei *Arten* von Erfolgserwartungen:

1. Erfolgszuversicht
2. Erfolgsungewissheit
3. Misserfolgserwartung

Diese drei Arten von Erfolgserwartungen sind als *qualitativ* unterscheidbare Einschätzungen zu betrachten, die sich in Abhängigkeit von Veränderungen der Situation und/oder der Person schnell ändern können.

Ich möchte nun herausarbeiten, wie Erfolgszuversicht, Erfolgsungewissheit und Misserfolgserwartung im Zusammenwirken mit Art und Stärke der Motivation die sportliche Leistung beeinflussen.

## Erfolgszuversicht

Kein Athlet kann in die Zukunft blicken und vorhersagen, ob er in einem Wettkampf erfolgreich sein wird. Dennoch kann er erfolgszuversichtlich sein, wenn er erwartet, eine bestimmte sportliche Situation meistern zu können („Es wird schwierig, aber ich werde es schaffen"). In Wettkampfsituationen gibt es mannigfache Hinweise, die den Sportler erfolgszuversichtlich machen. Vertraut der Sportler seinem Können und hat er des Öfteren die Erfahrung gemacht, die zugewiesene Aufgabe bewältigen zu können, wird die Erfolgserwartung positiv ausfallen, wodurch sich die Wahrscheinlichkeit erhöht, dass er sein Leistungsvermögen erfolgreich mobilisieren wird (Jones, Hanton & Swain, 1994; Jones, 1995; Nicholls et al., 2016). Dennoch bleibt aufgrund der Wettkampfsituation immer ein Rest von Unsicherheit. Vollständige Kontrolle ist in sportlichen Wettkämpfen nicht möglich.

Werden vor oder während eines Spiels der Erfolg und damit erhoffte Belohnungen als sehr wahrscheinlich antizipiert, entsteht eine positive emotionale Gestimmtheit. Der Sportler freut sich auf den Wettkampf, das Spiel macht ihm Spaß. Scanlan et. al. (1993) definieren „sport enjoyment" als eine positive affektive Reaktion auf sportliches Handeln, die Vergnügen (pleasure), Freude am Sport (liking) und Spaß (fun) beinhaltet. Trainer weisen immer wieder darauf hin, wie wichtig es für eine gute Leistung ist, wenn sich Athleten auf den Wettkampf freuen und Spaß am Spiel haben. Werden Misserfolge und damit unangenehme Sanktionen als sehr unwahrscheinlich antizipiert, werden die Spieler dem Wettkampf mit einer gewissen Gelassenheit entgegensehen.

Ist ein motivierter Spieler erfolgszuversichtlich, werden sportliche Handlungen oft in einer Weise ausgeführt, die in der Literatur mit dem Begriff Flow umschrieben wird. Flow ist durch folgende Merkmale gekennzeichnet (vgl. Stoll, 2010): Alle Handlungen laufen präzise, mühelos und wie von allein ab, Unsicherheiten, Ängste und negative Gedanken verschwinden, man konzentriert sich nur auf die Aufgabe, antizipiert Dinge, bevor sie geschehen, hat ein Gefühl des automatischen Reagierens, Aktivitäten haben ein klares Ziel, man bekommt unmittelbar Rückmeldung darüber, wie gut alles läuft. Spieler im Flow müssen sich nicht willentlich zur Leistung antreiben. Es fällt ihnen leicht, sich über eine längere Zeit zu motivieren, da keine Ängste mit ihrem Hemmungspotenzial zu überwinden sind. Mit der Flow-Kurzskala (FKS) von Rheinberg, Vollmeyer und Engeser (2003) kann Flow-Erleben bestimmt werden.

Flow-Kurzskala (Rheinberg, Vollmeyer & Engeser, 2003)

1. Ich fühle mich optimal beansprucht.
2. Meine Gedanken bzw. Aktivitäten laufen flüssig und glatt.
3. Ich merke gar nicht, wie die Zeit vergeht.
4. Ich habe keine Mühe, mich zu konzentrieren.
5. Mein Kopf ist völlig klar.
6. Ich bin ganz vertieft in das, was ich gerade mache.
7. Die richtigen Gedanken/Bewegungen kommen wie von selbst.
8. Ich weiß bei jedem Schritt, was ich zu tun habe.
9. Ich habe das Gefühl, den Ablauf unter Kontrolle zu haben.
10. Ich bin völlig selbstvergessen.

Flow-Erleben tritt am ehesten dort auf, wo eine Passung zwischen Anforderung und Fähigkeit vorliegt (Rheinberg, 2017), also bei Erfolgszuversicht. Doch Erfolgszuversicht ist nicht die einzige Vorbedingung des Flow-Erlebens. Flow entsteht bevorzugt, wenn Belohnungen für die sportliche Anstrengung locken. Überwiegt in einer Wettkampfsituation die Vermeidungsmotivation, wird kein Flow entstehen. Auch kann man Flow nicht erzwingen. Je mehr man dies versucht, desto unwahrscheinlicher wird er. Nicht nur bei einzelnen Spielern, auch bei ganzen Mannschaften kann man Flow beobachten, wenn sie an einem guten Tag „wie im Rausch spielen".

Trotz der beschriebenen positiven Merkmale, sind beim Flow keine signifikanten Leistungs*steigerungen* zu erwarten. Denn eine Leistungssteigerung setzt voraus, dass neue und herausfordernde Aufgaben in Angriff genommen werden, bei denen der Erfolg definitionsgemäß höchst unsicher ist. Um Leistungen signifikant zu steigern und die spielerischen Fähigkeiten auf ein höheres Niveau zu heben, müssen Aufgaben übernommen werden, von denen man nicht weiß, ob sie erfolgreich zu bewältigen sind. Andererseits braucht jeder Spieler Phasen, in denen er erfolgszuversichtlich seine Leistungskapazitäten in gewohnter Weise, wie „im Flow", mobilisiert, auch wenn diese nicht mit signifikanten Leistungssteigerungen verbunden sind. In solchen Phasen kann er seine Automatismen stabilisieren, sein Können festigen.

Doch was passiert, wenn Sportler oder Mannschaften erfolgszuversichtlich sind, obwohl das nach Lage der Dinge nicht gerechtfertigt ist? Zum Beispiel entsteht eine solche Situation, wenn der Gegner unter-, das eigene Können überschätzt wird. Hier erhöht sich die Gefahr, dass Spieler glauben, nicht unbedingt alles geben zu müssen. Sie werden nachlässig, manchmal sogar überheblich, bereiten sich nicht intensiv auf das Spiel vor und zeigen nicht die Leistung, zu der sie eigentlich fähig wären. Dabei spielt das Unbewusste eine entscheidende Rolle. Unbemerkt entsteht die Einstellung: „Wir sind sowieso stärker, also müssen wir nicht 100 Prozent geben".

## Erfolgsungewissheit

Fehlen Hinweise für eine begründete Einschätzung, ob man erfolgreich sein wird oder nicht, entsteht Erfolgsungewissheit. Man hat entweder keine Anhaltspunkte, die es ermöglichen würden, erfolgszuversichtlich zu sein, oder die Anhaltspunkte sind uneindeutig, vielleicht sogar widersprüchlich. „Vereinfacht ausgedrückt kann man Ungewissheit als die gefühlte Abwesenheit von Wissen definieren, ein unangenehmes Gefühl, das entsteht, wenn eine Situation zweideutig, komplex oder vollkommen unvorhersehbar ist, wenn Informationen nicht verfügbar oder widersprüchlich sind" (Maurer, 2011, S. 60).

Sind Athleten bereit, eine schwierige Aufgabe trotz Erfolgsungewissheit in Angriff zu nehmen, sagt man, der Sportler hat sie als Herausforderung angenommen. Im Bereich des Spitzensports hört man den Begriff *Herausforderung* besonders häufig, und zwar immer, wenn es darum geht, schwierige Aufgaben engagiert anzugehen. Der Begriff ist positiv besetzt, weckt gute Gefühle und ist mit einer optimistischen Haltung verbunden. Lukas Podolski beschreibt in seinem bereits erwähnten Buch, wie er Elfmeter als eine Herausforderung annimmt, und wie er diese gefühlsmäßig erlebt (S. 92):

*Ich liebe das! Es ist eine Herausforderung, die ich gerne annehme. Diese Ungewissheit, der Nervenkitzel in diesem Moment, geht der Ball rein oder nicht, das Risiko, das man auf sich nehmen muss, (...), das alles ist für mich immer wieder etwas Besonderes und ein überragendes Gefühl. Ich möchte diese Verantwortung übernehmen und genieße jede Sekunde, auch den Weg zum Elfmeterpunkt.*

Um schwierige Aufgaben als Herausforderung anzunehmen, sollte die Aufgabe *grundsätzlich* durch eigenes Handeln als bewältigbar wahrgenommen werden, auch wenn der Erfolg höchst ungewiss ist (Ede, Sullivan & Feltz, 2017). Weder sehr leichte, noch den Sportler offensichtlich überfordernde Aufgaben werden als herausfordernd wahrgenommen. Ist die Aufgabe leicht zu bewältigen, bedeutet der Erfolg meist wenig, da jeder ihn haben kann. Die Leistungsmotivation kann in diesem Fall nicht sehr ausgeprägt sein, denn nennenswerte Gratifikationen oder Ressourcengewinne sind nur bei *anspruchsvollen* Aufgaben zu erwarten. Nach der Leistungsmotivationstheorie erhöht sich der Wert eines Erfolges mit der Schwierigkeit der Aufgabe. „Je schwieriger die zu bewältigende Aufgabe ist, umso mehr fühlt man sich herausgefordert, sie auch zu schaffen, um dann den Stolz über das Erreichte und die eigene Tüchtigkeit zu erleben und zu genießen" (Kuhl et al., 2010, S. 9).

Trauen es sich Spieler/Mannschaften zu, mit ihrem Können schwierige Aufgaben als Herausforderung anzunehmen, kommt es nicht selten zu Leistungs*steigerungen*, oft sogar zu unerwarteten *Höchstleistungen*. Nur in der Auseinandersetzung mit schwierigen Aufgaben verbessert der Sportler die Fähigkeiten, die es ihm ermöglichen, Höchstleistungen zu vollbringen. Dazu muss er bereit sein, das Risiko des Scheiterns in Kauf zu nehmen. Nach Cashmore (2008) zeigen mental starke Sportler (mentally tough athletes) oft

Spitzenleistungen, weil sie ein großes Selbstvertrauen und deshalb eher den Mut haben, hohe Anforderungen als Herausforderung anzunehmen. Der Bundesligaspieler Joshua Kimmich beschreibt diesen Zusammenhang in einem ZEIT-Interview vom 07.09.2017 wie folgt: *Es geht darum, möglichst wenig Fehler zu machen. Aber lieber mache ich zwei Fehler und hab zwei Aktionen, bei denen etwas herauskommt, als gar nichts zu bewirken.*

Doch was passiert, wenn Spieler unsicher sind, ob sie ihre Aufgaben erfolgreich bewältigen können, obwohl sie aufgrund ihres Könnens durchaus erfolgszuversichtlich sein könnten, wie das bei *selbstunsicheren* Spielern häufig der Fall ist? Diese Spieler vermeiden es, Risiken einzugehen, übernehmen ungern Verantwortung, sind vor und während eines Wettkampfes körperlich und psychisch übermäßig angespannt. Die Sporthandlungen mögen zwar erfolgreich verlaufen, machen aber wenig Freude und werden mit wenig Leidenschaft ausgeübt. Permanent sind Impulse zu überwinden, die Sporthandlung zu beenden. Das führt zu *unbeständigen* Leistungen. Phasen erfolgreicher Leistungsmobilisierung werden unterbrochen durch Phasen, in denen der Spieler unkonzentriert ist, scheinbar gar nicht mehr am Spiel teilnimmt.

## Misserfolgserwartung

Hat ein Athlet das subjektive Empfinden, dass er eine sportliche Situation nicht meistern wird und damit die angestrebten Gewinne nicht zu erreichen und/oder die befürchteten Verluste nicht zu vermeiden sind, spricht man von Misserfolgserwartung. Der Sportler glaubt Anhaltspunkte dafür zu haben, dass er eher nicht erfolgreich sein wird. Oft entstehen Misserfolgserwartungen erst während eines Wettkampfes, wenn sich z. B. herausstellt, dass der Gegner stärker ist als erwartet, wenn eine Mannschaft in Rückstand gerät oder wenn ein Spieler plötzlich grobe Fehler macht. Misserfolgserwartungen kommen in Selbstgesprächen bzw. störenden Gedanken zum Ausdruck. Dazu einige Beispiele (vgl. Baumann, 2002, S. 92):

- *Diese Aufgabe schaffst du nicht.*
- *Ich kann machen, was ich will, es klappt nicht.*
- *Der nächste Gegner wird noch schwerer, wie sollen wir das schaffen?*
- *Ich mache immer die gleichen Fehler.*

Unbegründete Misserfolgserwartungen sind häufiger bei *misserfolgsängstlichen* Sportlern. Bei diesen Athleten können durchaus bewältigbare Aufgaben zu pessimistischen Erfolgserwartungen führen (siehe Krug & Kuhl, 2006).

Misserfolge, die immer mal auftreten, nehmen misserfolgsängstliche Sportler als Beweis für eigene Unzulänglichkeiten. Sind sie erfolgreich, führen sie dies nicht darauf zurück, dass sie so tüchtig waren oder sich ausreichend angestrengt haben, sondern darauf, dass sie Glück hatten oder die Aufgaben zu leicht waren.

Kommt ein Sportler zu der Überzeugung, dass kein Erfolg zu erwarten, alle Anstrengungen mit großer Wahrscheinlichkeit zwecklos sind, wird es für ihn sinnlos, sich weiter anzustrengen, um sich Frustrationen und Energieverschwendung zu ersparen („Was bringt es, sich anzustrengen, wenn man gar keine Chancen hat"). Es ist ein Zustand, den Deci und Ryan (1993) als „amotivation" bezeichnen. Es fehlt die Intention zum Handeln oder die Energie, sportliche Handlungen umzusetzen, kann nur mit Mühe aufgebracht werden („Ich weiß gar nicht, warum ich mich hier noch einsetzen soll"). Fagunde, Noce, Albuquerque und Andrade (2019) konnten zeigen, dass „amotivation" ein effektiver Marker ist, um Burnout bei professionellen Fußballspielern vorherzusagen.

Können Spieler in einem Wettkampf viel gewinnen, aber wenig verlieren, ist das Anreizpotenzial hoch, das Bedrohungspotenzial gering. Kommt es in einem solchen Wettkampf zu Misserfolgserwartungen, können weitere Anstrengungen relativ problemlos reduziert oder gar beendet werden. Denn erhoffte Gratifikationen *nicht* zu erhalten, kann ein Spieler eher verschmerzen als die Aussicht, womöglich harte Sanktionen hinnehmen zu müssen. In der Literatur wird auch von „passiver Bewältigung" gesprochen. Passive Bewältigung strebt die Schonung von Ressourcen in aussichtslos erscheinenden Situationen an. Im Vordergrund stehen jetzt Maßnahmen, um die negativen Emotionen (Enttäuschung, Entmutigung), die mit dem Ausbleiben der erhofften Belohnungen entstehen, zu bewältigen.

Wie aber wirken sich Misserfolgserwartungen aus, wenn in einem Spiel viel zu verlieren, aber wenig zu gewinnen ist? Hier ist es dem Sportler nicht ohne Weiteres möglich, Leistungen *problemlos* zurückzuhalten, da er die drohenden Sanktionen ertragen, die zu erwartenden Ressourcenverluste akzeptieren müsste. Das gilt insbesondere für den Fall, wenn bereits viel Energie in eine Aufgabe investiert wurde. Sportler können in dieser Situation Misserfolge nicht einfach „abhaken", wie es Trainer gerne empfehlen. Zwar werden mit der Zeit die Ereignisse vergessen, die zu Misserfolgen geführt haben, was aber bleibt, sind die negativen Gefühle, die mit ihnen assoziiert sind. Später, in ähnlichen Situationen, werden die Gefühle schnell wieder reaktiviert. Die Gefühle können lange wirksam bleiben und die Erholung zwischen den Wettkämpfen erschweren.

Manchmal kommt es aber auch vor, dass eine Mannschaft, die aufgrund des Spielstandes kaum noch Aussichten auf einen Sieg hat, plötzlich wie befreit und risikofreudig spielt, da sie glaubt, dass nichts mehr zu verlieren ist. Sind die riskanten Aktionen dann erfolgreich, kann es passieren, dass sich die Mannschaft noch einmal aufrappelt und möglicherweise sogar gewinnt.

# 4 Wie können Trainer das Selbstvertrauen ihrer Spieler und ihrer Mannschaft stärken?

*Of all the psychological building blocks that develop the player toward elite performance confidence is the key.*

Bill Beswick (Sportpsychologe)

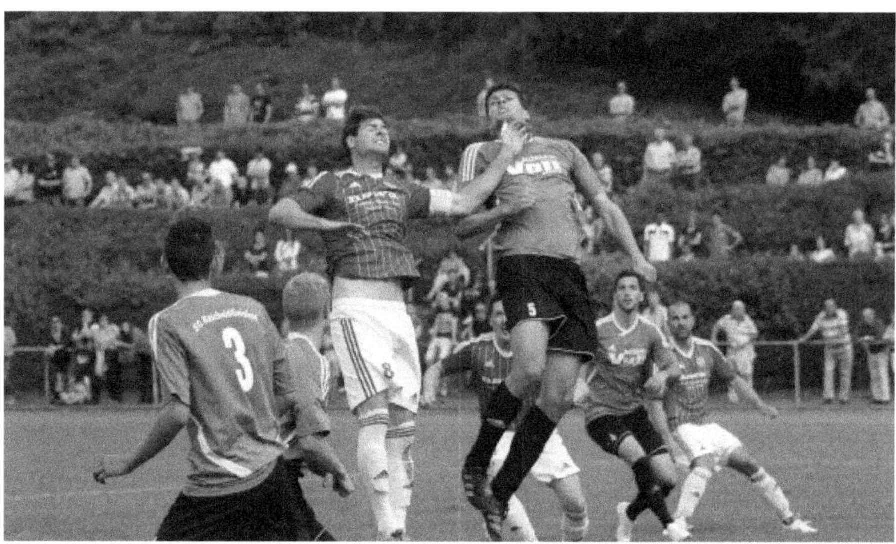

Selbstvertrauen ist die Überzeugung eines Sportlers/einer Mannschaft, auch schwierige Aufgaben erfolgreich meistern zu können, weil er/sie seinen/ihren Fähigkeiten vertraut (Hermann & Mayer, 2012). Insbesondere wenn Spieler unter Druck geraten, beeinflusst das Selbstvertrauen die Erfolgszuversicht und damit die Leistung des Sportlers (Baumeister & Showers, 1986; Beswick, 2007; Cashmore, 2008). „Ein Sportler, der weiß, was er kann und darauf vertraut, seine Fähigkeiten auch in schwierigen Situationen entfalten zu können, ist weniger sensibel gegenüber Erwartungsdruck" (Baumann, 2002, S. 160). Hinzu kommt, dass hohes Selbstvertrauen die Annäherungsmotivation fördert, während fehlendes Selbstvertrauen die Vermeidungsmotivation begünstigt (Elliot & Conroy, 2005). Der Fußballspieler Lukas Podolski beschreibt diesen Zusammenhang in seinem bereits zitierten Buch mit folgenden Worten (S. 90):

*Ich vertraue meinem Können und warum soll ich mich fürchten? Ich will ja Tore schießen, die Fans jubeln hören. Je mehr Zuschauer da sind, umso besser, und ich kann mich auch nicht erinnern, jemals ausgebuht worden zu sein.*

Beswick (2007) ist der Ansicht, dass Spieler mit hohem Selbstvertrauen ...

- auch bei schwierigen Aufgaben erfolgszuversichtlich bleiben
- auch in Drucksituationen in der Lage sind, Hervorragendes zu leisten
- mit sich selbst in einer ermutigenden Art und Weise reden
- sich im Training und im Wettkampf gut konzentrieren können
- auch in schwierigen Situationen ruhig bleiben
- an Wettkämpfen Vergnügen finden
- stolz auf ihre Erfolge sind
- sich wenig Sorgen über mögliche eigene Fehler machen

Fußballspieler, die sich auf ihre *intuitive* Spielweise verlassen, also eine Spielweise, bei der man nicht darüber nachdenkt, wie man spielen sollte, sondern einfach „sein Spiel macht", sind besonders abhängig von einem ausreichend hohen und stabilen Selbstvertrauen. Wird dieses beeinträchtigt, bringen sie nicht die gewohnte Leistung, da die Automatismen bei der Bewegungsausführung dann nicht mehr so gut funktionieren.

Selbstvertrauen kann man „heute durch einen Sieg erwerben und morgen durch eine Niederlage schon wieder verlieren" (Baumann, 2002, S. 157). Wenn ein Spieler oder eine Mannschaft nach einem positiven Ereignis, wie z. B. ein Torerfolg nach vielen vergebenen Chancen, wie befreit aufspielt und plötzlich alles gelingt, ist das zumeist mit einem Anstieg des Selbstvertrauens zu erklären. In der Sportpsychologie wird dieser Umbruch als positives „psychologisches Momentum" (PM) bezeichnet. Iso-Ahola und Dotson (2014) gehen davon aus, dass das positive PM ein Mechanismus ist, der zwischen Anfangs- und nachfolgenden Erfolgen vermittelt. Der Anfangserfolg erhöht das Selbstvertrauen der Sportler/der Mannschaft, was weitere Erfolge wahrscheinlicher macht. Im Basketball nehmen Trainer oft eine Auszeit, wenn sie bei der gegnerischen Mannschaft ein positives Momentum beobachten. Andererseits kann es aber auch passieren, dass nach negativen Ereignissen (z. B. ein Stürmer lässt mehrere gute Chancen zum Torerfolg aus) nichts mehr so recht gelingt. Man spricht dann von einem „negativen Momentum". Auch dieses kann mit Veränderungen des Selbstvertrauens erklärt werden. Hier allerdings mit dem Verlust des Selbstvertrauens.

Sportler mit geringem Selbstvertrauen sind schnell verunsichert, wenn sie während eines Wettkampfes mit unvorhergesehenen Schwierigkeiten konfrontiert werden. Dazu ein Beispiel: Im Fußball werden durch offensives Pressing

Spielzüge, Flanken, Passpräzision und Spielaufbau schwieriger. Trifft offensives Pressing auf einen Abwehrspieler mit geringem Selbstvertrauen, erhöht sich die Wahrscheinlichkeit, dass er unsicher wird und folgenschwere Fehler macht. Nach einer größeren Niederlage kann es sogar erfolgreichen Profisportlern passieren, dass sie ihr Selbstvertrauen verlieren. Beispielsweise hat der brasilianische Nationalspieler Dante nach der verheerenden 1:7 Niederlage bei der WM 2014 gegen die deutsche Mannschaft sein Selbstvertrauen völlig verloren. Es hat ihn fast ein Jahr gekostet, um aus dem Tief wieder herauszufinden (siehe DIE ZEIT vom 17.01.2019).

Für Spieler mit einem *labilen* Selbstvertrauen sind kritische Bewertungen ihrer Leistung immer ein Problem. Auch haben sie Schwierigkeiten, herausfordernde Aufgaben zu übernehmen. Denn schwierige Aufgaben erhöhen das Risiko des Scheiterns, was dann zu einer Destabilisierung des Selbstvertrauens führen würde. Ein Mangel an Selbstvertrauen ist eine entscheidende Barriere für eine erfolgreiche Karriere im Sport. Ohne Selbstvertrauen bleiben Talente unerfüllt, während Spieler mit ausreichendem Selbstvertrauen oft sogar mit weniger Talent erstaunliche Leistungen zeigen. Aber auch an sich selbstsichere Spieler können durch ungünstige Umstände ihr Selbstvertrauen verlieren, wenn sie z. B. in schlechter körperlicher Verfassung sind. Die Ersatzbank, das weiß jeder Spieler, ist nicht gut für das Selbstvertrauen. Spieler mit geringem Selbstvertrauen werden folgenden Aussagen zustimmen:

- *Es beunruhigt mich, etwas zu tun, wenn ich nicht sicher bin, dass ich es kann.*
- *Auch bei Aufgaben, von denen ich glaube, dass ich sie kann, habe ich Angst zu versagen.*
- *Aufgaben, die etwas schwieriger sind, beunruhigen mich.*

Die Stärkung des Selbstvertrauens ist eine der wichtigsten sportpsychologischen Interventionen zur Leistungssteigerung. Allerdings braucht es einige Zeit, ein stabiles Selbstvertrauen zu entwickeln (Jones et al., 2007). Es entsteht, wenn positive Erfahrungen, die man in Wettkämpfen gemacht hat, generalisiert werden. Dazu müssen Spieler möglichst häufig die Erfahrung machen, eigene Ansprüche und/oder Erwartungen des Trainers, der Eltern, der Zuschauer erfüllen zu können. In Verbindung mit Lob und Ermunterung festigen die *Erfolgserlebnisse* dann das Selbstvertrauen (Baumann, 2002). Wie beim Motivieren stärken Trainer das Selbstvertrauen ihrer Spieler/ihrer Mannschaft über geeignetes Coachen (vgl. Kapitel 2).

In diesem Kapitel wird es darum gehen, wie Trainer ihre Spieler dabei unterstützen können, ein stabiles Selbstvertrauen zu entwickeln. Dabei ist die

Unterscheidung von *antizipatorischen* und *reaktiven* Interventionen wichtig. Antizipatorische Interventionen erfolgen vor dem Wettkampf, wenn Spielern z. B. vor dem Spiel eine machbare Aufgabe zugewiesen wird, die Erfolgserlebnisse begünstigen. Bei reaktiven Interventionen wird versucht, durch Auswertung des aktuellen Spielgeschehens Erfolgserlebnisse zu fördern (z. B. kann der Trainer einem Spieler eine andere Aufgabe zuweisen, die seinen Fähigkeiten besser entspricht). Die Tabelle 3 gibt einen Überblick über die Interventionen, die geeignet sind, Erfolgserlebnisse zu fördern, um damit das Selbstvertrauen von Spielern und Mannschaften positiv zu beeinflussen.

*Tab. 3: Interventionen, die geeignet sind, das Selbstvertrauen zu stärken*

| **Interventionen zur Stärkung des Selbstvertrauens** |
| --- |
| **Das Selbstvertrauen einzelner Spieler stärken** |
| 1. Spielern bewältigbare Aufgaben zuweisen |
| 2. Spielraum bei der Interpretation zugewiesener Aufgaben zulassen |
| 3. Darauf achten, dass sich Spieler herausfordernde, aber realistische Ziele setzen |
| 4. Konstruktives Feedback geben |
| 5. An Erfolge erinnern |
| 6. Den Fokus auf die Stärken der Spieler richten |
| 7. Zu selbstbewusstem Auftreten ermutigen |
| 8. Eine realistische Selbsteinschätzung fördern |
| 9. Vertrauensvorschuss gewähren |
| **Das Selbstvertrauen der Mannschaft stärken** |
| 1. An die Mannschaft glauben |
| 2. Der Mannschaft realistische Ziele vorgeben |
| 3. Sich auf die eigenen Stärken besinnen |
| 4. Sich mit einem schwächeren Gegner messen |
| 5. Sachlich über die Stärken und Schwächen des Gegners informieren |

## Das Selbstvertrauen einzelner Spieler stärken

*We can all gain from coaches,*
*who believe in us,*
*grow our confidence, and*
*inspire us to reach our goals.*

Terry Orlick (Sportpsychologe)

Beginnen wir damit, was Trainer tun können, um einzelnen Spielern Erfolgserlebnisse zu verschaffen, die ihr Selbstvertrauen stärken.

## Spielern bewältigbare Aufgaben zuweisen

Weist man Spielern Aufgaben zu, die anspruchsvoll sind, aber ihrem Leistungsvermögen entsprechen, werden Erfolgserlebnisse gefördert und damit das Selbstvertrauen gestärkt. Ericsson, Krampe und Tesch-Römer (1993) konnten zeigen, dass Hochleistungssportler dann ihre Leistungen verbesserten, wenn ihnen genau definierte Aufgaben mit angepasstem Schwierigkeitsgrad zugewiesen wurden, und sie zusätzlich informatives Feedback über den Erfolg ihrer Bemühungen bekamen.

Heutzutage gehen Spieler mit einer präzise formulierten Aufgabe auf den Platz. Es genügt nicht, einem Spieler eine Position zuzuweisen, ohne zu erläutern, was genau von ihm erwartet wird. Trainer können sich viele Probleme ersparen, wenn sie anschaulich, konkret und eindeutig sagen, was sie erwarten, und ihre Spieler während des Wettkampfes an ihre Aufgaben erinnern. Dabei sollten sie darauf achten, ob der Spieler zuhört, verstanden hat, was von ihm verlangt wird, und ob er die Aufgabenzuweisung akzeptiert. Auch die *subjektive Erfolgseinschätzung* der Spieler ist zu berücksichtigen. Was Trainer für eine bewältigbare Aufgabe halten, können Spieler als Überforderung wahrnehmen und dann mit Misserfolgserwartungen in ein Spiel gehen. Andererseits kann es bei Spielern, die ihr Können unterschätzen, aber auch sinnvoll sein, sie zu ermutigen, zunächst unvertraute und als Überforderung empfundene Aufgaben überhaupt in Angriff zu nehmen. Im Laufe der Ausführung kann sich dann ein Kompetenzerleben einstellen (Frey & Osterloh, 1997).

Sollte sich *während* eines Spiels herausstellen, dass ein Spieler seiner Aufgabe nicht gewachsen ist, können Aufgabenzuweisungen korrigiert werden. So kann etwa ein Trainer in der Halbzeitpause eines Fußballspiels seinen Außenverteidiger auffordern, sich in der zweiten Hälfte auf Aufgaben in der Defensive zu beschränken, nachdem er bemerkt hat, dass ihn die zusätzlichen offensiven Aufgaben überfordern. Oder nehmen wir ein anderes Beispiel: Wenn im Fußball ein Stürmer über mehrere Spiele hinweg nicht getroffen hat, verringert sich sein Selbstvertrauen kontinuierlich. Dann ist er zu sehr auf einen Treffer fixiert, wodurch die Lockerheit verloren geht, die er für den Torerfolg braucht. Um ihm sein Selbstvertrauen wieder zurückzugeben, kann der Trainer den Spieler anweisen, sich mehr auf eine andere Aufgabe zu konzentrieren, die dieser auf jeden Fall bewältigen kann. Beispielsweise kann er zu seinem Stürmer sagen: *Wenn es heute mit dem Torerfolg nicht klappt, dann lauf doppelt so viel und verhindere einen geordneten Spielaufbau beim Gegner.* Mit dieser Anweisung lenkt der Trainer die Aufmerksamkeit auf das, was der Spieler durch sein Handeln auf jeden Fall beeinflussen kann, löst gleichzeitig die Fixierung auf den Torerfolg und sorgt dafür, dass der Spieler ein Erfolgserlebnis bekommt.

Immer sollten Trainer im Auge haben, dass es für Spieler ausgesprochen schwierig ist, zugewiesene Aufgaben zurückzuweisen, da dies als übertriebene Misserfolgsängstlichkeit ausgelegt werden könnte. Deshalb sollten sie darauf achten, Spieler möglichst *nicht* in die Lage zu bringen, die ihnen übertragenen Aufgaben ablehnen zu müssen. Ist es trotzdem einmal notwendig, Aufgaben zurückzuweisen, sollten die Spieler ihr Nein begründen, um Verständnis für die Ablehnung zu bekommen (Orlick, 2008). Eine gut begründete Aufgabenzurückweisung lässt erkennen, dass man zur realistischen Einschätzung der eigenen Leistungsfähigkeit in der Lage ist und die Grenzen seines Leistungsvermögens kennt.

## Spielraum bei der Interpretation zugewiesener Aufgaben zulassen

Spieler führen ihre Aufgaben nicht immer exakt nach den Vorstellungen der Trainer aus. Sie interpretieren die ihnen zugewiesenen Aufgaben nach Maßgabe ihrer Möglichkeiten, d. h. sie definieren – meist unbewusst – ihre Aufgabe so, dass sie zu den selbst eingeschätzten Fähigkeiten und der wahrgenommenen Tagesform passt. Diese „Aufgabenredefinition“ dient dazu, die an den Spieler herangetragenen Anforderungen mit den selbst eingeschätzten Leistungsmöglichkeiten in Einklang zu bringen. Das ist eine Bewältigungsstrategie, die Trainer nicht nur kennen, sondern auch produktiv nutzen sollten, indem sie ihren Spielern einen gewissen Spielraum bei der Interpretation und Umsetzung ihrer Anweisungen zugestehen. Der Erfolg/Misserfolg wird dann zeigen, ob die Aufgabenredefinition sinnvoll war.

## Darauf achten, dass sich Spieler herausfordernde, aber realistische Ziele setzen

*Setze dir als Ziel*
*das bestmögliche Resultat,*
*an das du glauben kannst.*

Lothar Linz (Sportpsychologe)

Trainer können nicht immer davon ausgehen, dass sich ihre Spieler herausfordernde, aber dennoch bewältigbare Ziele setzen. Setzt ein Spieler seine Ziele zu niedrig an, werden zwar Erfolgserlebnisse gefördert, aber er merkt bald, dass mehr zu erreichen gewesen wäre, und ärgert sich. Der Eishockey-Trainer Ralph Krueger sagte dazu in einem Interview: *Wer nie verliert, ist der eigentliche Verlierer. Er hat sich seine Ziele nicht hoch genug gesteckt.*

Setzen Spieler ihre Ziele zu hoch an, führt das irgendwann zu Misserfolgen mit nachteiligen Folgen für das Selbstvertrauen. Wie aus der Motivationsforschung bekannt ist, wählen misserfolgsängstliche Personen bevorzugt sehr leichte oder extrem schwierige Aufgaben. Wählt man zu leichte Aufgaben, sind Misserfolge unwahrscheinlich, wählt man Aufgaben, die sehr wahrscheinlich nicht lösbar sind, kann man seine (vermeintlichen) Defizite vor sich selbst und anderen mit dem Hinweis auf die außerordentliche Schwierigkeit der Aufgabe verbergen (vgl. Krug & Kuhl, 2006).

Jones et al. (1994) plädieren dafür, dass Sportler ihre Ziele möglichst selbst bestimmen, statt sie sich von einem Coach oder Teammanager vorgeben zu lassen. Andere Autoren empfehlen, Trainer und Spieler sollten die Ziele, die ein Athlet erreichen will, gemeinsam entwickeln. Werden Ziele gemeinsam festgesetzt, so wird argumentiert, würden Spieler ihre *individuellen* Ambitionen eher zurückstellen und sich mehr für den Mannschaftserfolg engagieren. „Nur wenn Sportler ihre Ziele selbst festlegen, oder bei der Auswahl mit entscheiden oder vorgegebene Ziele zumindest akzeptieren und sie mit Überzeugung zur Leitlinie ihres Handelns machen, übernehmen sie auch Verantwortung“ (Baumann, 2002, S. 130). Die gemeinsame Zielbildung beginnt mit der Rekapitulation der Ergebnisse der vergangenen Saison. Diese Ergebnisse berücksichtigend, werden dann vielleicht neue Ziele vereinbart. Auf der Basis der neuen Ziele ist dann die Planung und Durchführung geeigneter Trainingsmethoden der nächste Schritt.

Bei der Festlegung von Zielen für die kommende Spielzeit ist es angebracht, die *Gesamtbelastung* des Athleten zu berücksichtigen. Denn ob ein Ziel realistisch ist oder den Spieler überfordert, hängt auch davon ab, welchen außersportlichen Belastungen er durch Familie, Schule oder Beruf ausgesetzt ist. Hirschmann (2017) zeigte in einer sorgfältig durchgeführten Studie, dass die Gesamtbelastung von 218 Nachwuchsspitzensportlern, gemessen mit dem *Trierer Inventar zum chronischen Stress* (Schulz, Schlotz & Becker, 2004; für den Spitzensport normiert von Hoffmann & Sallen, 2012), im Vergleich zur Normstichprobe sowie im Vergleich zu 138 Freizeitsportlern signifikant erhöht ist. Trainer sollten daher die außersportlichen Belastungen ihrer Spieler kennen und diese bei der Zielfestlegung berücksichtigen. Dabei ist es hilfreich, nicht nur mit dem Spieler selbst, sondern auch mit seinen Bezugspersonen zu sprechen (Schweer, 2011). Bei Jugendlichen sind das in erster Linie die Eltern. Aber auch Freunde, PartnerInnen oder Teamkollegen können Auskunft geben. Ist die Gesamtbelastung zu hoch, können Trainer gemeinsam mit dem Spieler versuchen, diese zu reduzieren. Nicht jedes Trainingslager ist erforderlich, nicht jeder Wettkampf muss bestritten werden. Realistischerweise muss aber gesagt werden, dass es Trainer, Fans oder Mitspieler im Allgemeinen wenig kümmert, ob und in welchem Ausmaß Spieler im außersportlichen Alltag belastet sind. Sie interessieren sich vorrangig um eins: Die Leistung auf dem Platz (Loehr, 2010).

## Konstruktives Feedback geben

Zur Stärkung ihres Selbstvertrauens benötigen Spieler konstruktives Feedback über ihre Leistung (Cox, 2012). Konstruktiv sind Rückmeldungen, wenn sie sich auf *veränderbare* Verhaltensweisen konzentrieren, sachlich richtig sind, zeitnah erfolgen, konkrete Situationen ansprechen und eindeutig formuliert werden. Gefragt sind Beurteilungen, die die Kompetenz des Spielers nicht grundsätzlich in Frage stellen. Wenn möglich, sollten die Rückmeldungen Perspektiven aufzeigen, d. h. hervorheben, wie man sich noch verbessern kann (z. B.: „Wie du am Ende des Spiels deinen Gegenspieler ausgeschaltet hast, das war gelungen. Das kannst du noch verbessern, wenn du noch etwas näher am Gegenspieler stehst“).

Negative Kommentare („So geht das nicht“) und pauschale Kritik („Deine Leistung heute hat mich nicht überzeugt“) sind nicht geeignet, das Selbstvertrauen zu stärken. Das gleiche gilt für unreflektiertes positives Feedback. Von unerfahrenen Trainern hört man oft Zurufe wie „prima“, „gut gemacht“ oder andere wohlmeinende Kommentare. Doch erfahrene Trainer wissen, dass Lob in bestimmten Situationen den Eindruck vermitteln kann, dass man eigentlich wenig erwartet, so dass die Intention des Trainers, den Spieler selbstsicherer zu machen, nicht aufgeht. Richtiges Loben ist alles andere als einfach. Die meisten Spieler spüren genau, wenn Körpersprache, Gestik und Mimik etwas anderes sagen als das verbale Loben. Spieler müssen spüren, dass es ihr Trainer ehrlich meint und in der Lage ist, ihre Leistungsfähigkeit realistisch einzuschätzen. Manchmal ist eben konstruktive Kritik das effektivere Feedback (Schrempp et al., 2006).

Doch bei Spielern mit einem geringen und/oder fragilen Selbstvertrauen sollten Trainer äußerst vorsichtig mit Kritik sein. Diese Spieler sind auf externe *Bestätigung* ihrer Fähigkeiten angewiesen. Um sie zu motivieren, eine sportliche Handlung anders und besser zu machen als bisher, empfiehlt es sich, an eine gelungene Aktion anzuknüpfen. Zeigt der Spieler das Verhalten, das von ihm erwartet wird, fordert der Trainer ihn auf, dieses öfter umzusetzen

(„Als du in der zweiten Halbzeit den Gegner entschlossener angelaufen bist, das war gut. So solltest du öfter spielen“).

## An Erfolge erinnern

Zur Stärkung des Selbstvertrauens können Trainer ihre Spieler auch auffordern, sich Erfolge aus früheren Wettkämpfen in Erinnerung zu rufen (Mellalieu, Hanton & Fletcher, 2006). Wer schon erfolgreich war, kann darauf vertrauen, auch in Zukunft erfolgreich zu sein. Der Sportpsychologe Werner Mickler sagte dazu (Spiegel Online vom 30.08.2013):

*Ein guter Trainer wird mit dem Spieler vorher durchgehen, was ihm alles schon mal gelungen ist, gern auch mit Video! Das hat sich bewährt.*

Zur Umsetzung dieser Intervention soll sich der Spieler gelungene Aktionen aus vorherigen Spielen (z. B. ein gelungenes Abspiel, das zum Torerfolg führte) bildlich vorstellen. Das kann mit folgender Anweisung geschehen:

*Denke nach, wann du das letzte Mal eine Top-Leistung erzielt hast, und mache dir jedes Detail bewusst, das du mit dieser Erfolgsvision verbindest. Von welchen Fähigkeiten hast du hier Gebrauch gemacht?*

Im Ergebnis sind viele Sportler erstaunt, wie viele Erfolge sie aufzuweisen haben, an die sie bisher wenig gedacht haben. Dabei ist jeder Erfolg wichtig, egal, ob es ein gewonnener Zweikampf war oder eine schwierige Technik, die man zum ersten Mal hinbekommen hat. Es gibt Bundesligavereine, die ihre Spieler mit mobilen Abspielgeräten ausstatten, auf denen sie immer wieder ihre persönlichen Highlights anschauen können.

Neigt ein Spieler dazu, seine Leistungen in vorangegangenen Spielen als unzureichend zu betrachten, auch wenn das nach Lage der Dinge gar nicht zutrifft, wird er Schwierigkeiten haben, sich an Erfolge zu erinnern. In diesem Fall können Trainer die negative Sichtweise des Spielers in Frage stellen, indem sie die Leistungen, die der Spieler fälschlicherweise als unzureichend erlebt, anders und positiv bewerten. Hierzu das folgende Beispiel.

*Beispiel: Umbewerten einer vermeintlich unzureichenden Leistung*

Beswick (2001; zitiert nach Jones, 2003) berichtet von einem Stürmer aus der English Premier League, dessen Leistungen immer schlechter wurden, nachdem er längere Zeit kein Tor mehr geschossen hatte. Der Sportpsychologe veranlasste den Stürmer, sich im Video anzuschauen, wie ein anderer, erfolgreicher Stürmer spielt, und er solle mal darauf achten, was dieser alles zur Unterstützung seines Teams tut. Gemeinsam ermittelte man fünf Aktivitäten: (1) Tore erzielen, (2) Tore vorbereiten, (3) Sprint in den gegnerischen Strafraum, um anspielbar zu sein und Verteidiger auf sich zu ziehen, (4) den Ball halten und Mannschaftsmitglieder ins Spiel zu bringen sowie (5) offensives Pressing, wenn der Gegner den Ball hat. Als der Stürmer nun sein eigenes Spiel im Video betrachtete, stellte er fest, dass auch er diese Aktivitäten erfolgreich ausgeführt hat. So wurde ihm bewusst, doch sehr viel für den Erfolg der Mannschaft getan zu haben, auch wenn er keine Tore geschossen hat.

## Den Fokus auf die Stärken der Spieler richten

Selbstvertrauen wird gestärkt, wenn sich Spieler ihre individuellen Stärken bewusst machen, ohne in plumpe Allmachtsphantasien („Du schaffst das alles") abzugleiten. Dabei können Trainer helfen, indem sie selbst die Stärken einzelner Spieler ansprechen oder Mitspieler auffordern, die Stärken ihrer Mannschaftskollegen zu benennen. Beier (1999) schreibt dazu: „Der Trainer sollte – die individuellen Besonderheiten seines Sportlers beachtend – das Selbstvertrauen des Sportlers stärken, indem er noch einmal die Stärken des Sportlers hervorhebt und ihm an Hand von Fakten (Testergebnissen, Trainingsleistungen) die nötige Zuversicht und Sicherheit für den bevorstehenden Wettkampf vermittelt" (258). Beckmann und Elbe (2008) berichten von einer Strategie zur Stärkung des Selbstvertrauens bei Spielerinnen einer Nachwuchsmannschaft im Frauenfußball. Die Spielerinnen wurden gebeten, die Stärken jeweils zweier Mitspielerinnen, die ihnen zugeteilt wurden, aufzuschreiben, und diese Zettel dann anschließend der entsprechenden Spielerin zu überreichen. Ferner wurde mit den Spielerinnen besprochen, wie wichtig es ist, sich gegenseitig zu unterstützen. Wie sich zeigte, hatte diese Intervention eine positive Wirkung auf das Selbstvertrauen.

## Zu selbstbewusstem Auftreten ermutigen

Des Weiteren können Trainer das Selbstvertrauen ihrer Spieler stärken, indem sie sie ermuntern, selbstbewusst aufzutreten (Loehr, 2010). Das geschieht über die Art, wie man geht, wie man seinen Kopf und seine Schultern hält und über das Mienenspiel. Spieler sollten sich bewusst sein, welche Signale die eigene Körpersprache aussendet. Was zunächst vielleicht als vorgetäuschtes Selbstvertrauen beginnt, kann schnell zur echten Empfindung werden. So tun als ob, kann echte Veränderungen auslösen, denn die Körpersprache wirkt nicht nur nach außen sondern auch nach innen. Die meisten Spieler haben im Verlauf ihrer Karriere beobachtet, wie ihre Erfolgszuversicht in dem Maße zunimmt, in dem der Gegner verunsichert wirkt oder gar die Kontrolle über sich verliert. Umgekehrt gilt aber auch, dass man den Gegner enorm aufbaut, wenn man selbst den Kopf hängen lässt und Zeichen von Angst und Frustration in der Körpersprache sichtbar werden (Beckmann & Elbe, 2008).

## Eine realistische Selbsteinschätzung fördern

Erfolgserlebnisse erzielt man nur, wenn man als Spieler weiß, welche Aufgaben man aufgrund seines Könnens übernehmen kann und welche nicht. Das setzt eine realistische Einschätzung der eigenen Fähigkeiten voraus. Spieler sollten möglichst realistisch einschätzen können, ob sie für ihre Aufgaben die erforderlichen Fähigkeiten mitbringen (Tietgens, Möller & Pohlmann, 2005). Die meisten Sportler wissen, was sie können, und wo sie ihre Schwächen haben. Sie haben im Laufe der Zeit ein realistisches Konzept ihrer Fähigkeiten entwickelt, dadurch mehr Erfolgserlebnisse erfahren, was wiederum ihr Selbstvertrauen gestärkt hat. Das gelingt aber nicht allen Sportlern.

Um zu realistischen Vorstellungen über das eigene Können zu gelangen, reicht ein Vergleich mit anderen Spielern, den Athleten von sich aus vornehmen, in der Regel nicht aus. Zur realistischen Selbsteinschätzung sind Athleten auf *Rückmeldungen* über ihre Leistungen angewiesen. Ehrliches Feedback von Freunden und Bekannten, vom Trainerteam oder befreundeten Mitspielern trägt wesentlich dazu bei, die eigenen Stärken und Schwächen zu erkennen. Um dieses Feedback sollten sich Spieler aktiv bemühen. Es reicht nicht aus, darauf zu warten, dass man es ohne eigenes Zutun erhält. Wichtig ist auch herauszufinden, ob sich die Selbsteinschätzung des Spielers mit dem Bild deckt, das andere von ihm haben (McKay et al., 2012). Philipp Lahm schreibt dazu in seinem bereits erwähnten Buch:

*Es ist enorm wichtig zu wissen, wie gut man wirklich war. Ich wusste das schon als Kind und begann früh, meine eigene Meinung mit der Meinung des Trainers abzugleichen. Die beiden Sichtweisen stimmen nicht immer über-*

*ein. Stimmt die Meinung des Trainers nicht mit der des Spielers überein, entsteht ein Konflikt. Bin ich es, der sich falsch einschätzt oder ist es der Trainer bzw. die anderen?*

Zur Verbesserung der individuellen Selbsteinschätzung empfiehlt Eberspächer (2012) das so genannte *Prognosetraining*. Der Sportler gibt bei einer Übung im Training zunächst eine Vorhersage seiner beabsichtigten Leistung ab, verdeckt auf einem Blatt notiert oder laut mitgeteilt. Beispielsweise soll jeder Spieler eines Handballteams eine Prognose abgeben, wie viele von zehn Siebenmeter-Würfen er verwandeln wird. Dabei soll sich das prognostizierte Ergebnis an der Selbsteinschätzung des aktuellen Leistungsniveaus orientieren, wobei empfohlen wird, der Prognose eine optimistische Sichtweise zugrunde zu legen. Anschließend versucht der Spieler, die prognostizierte Leistung zu erfüllen, um festzustellen, inwieweit sie zutreffend war. Auf diese Weise soll der Sportler lernen, seine tatsächliche Leistungsfähigkeit realistisch einzuschätzen.

Kogler (2006) schlägt vor, die Einschätzung der eigenen Fähigkeiten mehrmals in einer Saison durchzuführen: Zu Beginn, in der Mitte und am Ende der Wettkampfsaison. Der Autor empfiehlt, die folgenden Fähigkeiten zu beurteilen: Grundlagenausdauer, Kraft, Schnelligkeit, Konzentration im Training, Konzentration im Wettkampf, Stärke und Nutzung der Gedanken und Gefühle im Wettkampf, Ernsthaftigkeit, Zielgerichtetheit und Lebensfreude im Alltag sowie technisches Können. Bewertet werden diese Fähigkeiten vom Spieler selbst und vom Trainer, sodass ein Vergleich möglich wird. Die Werte von 0 bis 10 beziehen sich auf den Vergleich zu den wichtigsten Konkurrenten derselben Altersklasse (0 = ich bin der Schlechteste in meiner Altersklasse; 10 = ich bin der Beste in meiner Altersklasse). Der anschließende Vergleich zwischen Trainer- und Selbstbeurteilung kann für eine realistische Selbsteinschätzung wertvolle Hinweise enthalten.

## Vertrauensvorschuss gewähren

Spieler mit labilem Selbstvertrauen brauchen das, was in der Sportpsychologie als Vertrauensvorschuss bezeichnet wird. Gemeint ist, dass ein Trainer dem Können und der Leistungsbereitschaft eines Spielers vertraut, auch wenn er (noch) nicht die erwartete Leistung zeigt (vgl. Borggrefe et al., 2015). Spieler werden dann besser, wenn Trainer ihnen etwas zutrauen. Es ist einfacher an sich selbst zu glauben, wenn andere es tun. In der Untersuchung von Smith, Smoll und Curtis (1979) hat sich gezeigt, dass insbesondere talentierte Kinder und Jugendliche mit geringem Selbstvertrauen auf erfahrene Trainer angewiesen sind, die ihnen einen Vertrauensvorschuss gewähren. Andernfalls werden sie bei Misserfolgen schnell entmutigt. Das gleiche gilt für Spieler, die ihr Selbstvertrauen nach einer Formkrise oder Verletzungspause vorübergehend verloren haben.

Um einem Spieler glaubwürdig zu vermitteln, dass man seinem Können und seiner Leistungsbereitschaft vertraut, sind Botschaften der folgenden Art geeignet (vgl. Fritzsche et al., 2014):

- Ich traue dir die neue Aufgabe aufgrund deines Könnens durchaus zu. Fang erstmal an, dann sehen wir weiter. Du hast meine Unterstützung.
- Du hast alle Fähigkeiten, die du für diese Aufgabe benötigst. Was noch fehlt, wirst du im Laufe der Zeit noch lernen.
- Wir haben ja besprochen, welche Fähigkeiten du hast, und du weißt hoffentlich, dass ich dich genau deshalb für den richtigen Mann für diese Position halte.

Als wenig wirksam ist die gut gemeinte Ermunterung *Du machst das schon* anzusehen. Diese klingt zwar zunächst sehr aufmunternd, ist von ihrem Inhalt her aber zu pauschal und für viele Spieler auch zu fordernd, so dass sich keine beruhigende Wirkung einstellt (Schweer, 2011). Auch die Bemerkung *Du solltest mehr Vertrauen zu dir selbst haben* wird nur selten Selbstvertrauen generieren.

## Das Selbstvertrauen der Mannschaft stärken

Das Selbstvertrauen einer Mannschaft ist ein fragiler Zustand. Es kann schnell verloren gehen, insbesondere wenn die Erwartungen hoch sind und Erfolge ausbleiben (Orlick, 2008). Hinweise darauf, wie es um das Selbstvertrauen einer Mannschaft bestellt ist, erhält man, wenn sie ein Gegentor bekommt oder in Rückstand gerät. Wirkt die Mannschaft dann eingeschüchtert, verwirrt oder „geschockt“? Im Folgenden werden einige Interventionen zur Stärkung des Selbstvertrauens einer Mannschaft aufgeführt.

### An die Mannschaft glauben

Grundlage aller Bemühungen, das Selbstvertrauen der Mannschaft zu stärken, ist das Vertrauen des Trainers in seine Mannschaft. Nur wenn er an ihre

Stärke und Möglichkeiten zum Sieg glaubt und in diesem Glauben eine feste Haltung einnimmt, wird er das Selbstvertrauen der Mannschaft stärken (vgl. dazu Zeyringer & Hütter, 2006). Die Spieler müssen das Gefühl haben, der Trainer glaubt an uns. Dann überträgt sich die Zuversicht des Trainers auf die Mannschaft. Ähnliches gilt für das Verhalten von Zuschauer. Auch sie können das Selbstvertrauen der Mannschaft stärken, wenn sie jede Aktion beklatschen, egal ob sie gelungen ist oder nicht, jeden Ballgewinn wie einen Treffer feiern und auf jede Art von Missfallensäußerungen verzichten.

## Der Mannschaft realistische Ziele vorgeben

Für das Selbstvertrauen einer Mannschaft ist es von großer Bedeutung, dass sie realistische Ziele anstrebt. Setzt sie sich zu hohe Ziele, sind Misserfolge vorprogrammiert, die das Selbstvertrauen der Mannschaft untergraben. Sportpsychologen empfehlen, die Ziele, die die Mannschaft in der kommenden Spielzeit erreichen will, *gemeinsam* zu erarbeiten: Spieler, Trainer, Vereinsführung setzen sich zusammen und legen die Ziele für die nächste Saison fest. Die Ziele sollten spezifisch und positiv formuliert sein und eine gewisse Herausforderung für die Mannschaft beinhalten (Beckmann & Elbe, 2008). Dabei ist es sinnvoll, Ergebnis- von Handlungszielen zu unterscheiden (Linz, 2014). Mit Ergebniszielen sind quantifizierbare Resultate gemeint, wie z. B. Titelgewinne, Platzierungen, Zeiten, Spielergebnisse oder erzielte Tore. Der Vorteil von Ergebniszielen besteht darin, dass man genau überprüfen kann, ob sie erreicht wurden. Handlungsziele sind Vorgaben, die sich darauf beziehen, *wie* man die gewünschten Ergebnisse erzielen will (z. B. kann sich ein Trainer vornehmen, in der kommenden Saison offensiver zu spielen). Bei Handlungszielen ist es schwieriger zu überprüfen, ob sie erreicht wurden.

## Sich auf die eigenen Stärken besinnen

Ein Trainer kann das Selbstvertrauen seiner Mannschaft auch stärken, indem er sie auf ihre Stärken hinweist. Das könnte mit folgenden Worten geschehen:

*Wir wollen dieses Spiel gewinnen. Das gelingt aber nur, wenn ihr euch etwas mehr zutraut. Ihr seid stark genug, traut euch etwas zu und kämpft füreinander. Ihr habt das Können und den notwendigen Kampfgeist, um heute zu gewinnen.*

Eine besondere Übung zur Stärkung des Selbstvertrauens einer Mannschaft findet sich bei Linz (2014). Er schlägt vor, das Selbstvertrauen mittels der Übung „Unsere Stärken" zu verbessern (siehe folgenden Kasten).

> *Übung „Unsere Stärken"* (Linz, 2014, S. 214)
>
> „Hängen Sie ein großes Papier oder Pappe auf. Malen Sie in die Mitte einen großen Kreis. Fordern Sie die Mannschaft auf, nacheinander für jeden Spieler eine herausragende Stärke zu benennen. Schreiben Sie die Stärken jeweils in den Kreis hinein, so dass er sich zunehmend füllt. Wenn das ganze Team sich geäußert hat, dann fragen Sie danach, was spezifische Stärken der ganzen Mannschaft sind. Diese schreiben Sie um den Kreis herum. So ergibt sich ein Bild von individuellen und gemeinschaftlichen Stärken. Es ist eindrücklich zu sehen, wie viele verschiedene Stärken zusammenkommen. Schließen Sie die Übung ab, indem Sie darunter die Formel schreiben: Erfolg ist, wenn wir alle unsere Stärken einsetzen".

## Sich mit einem schwächeren Gegner messen

Für verunsicherte Mannschaften sind, wie jeder Trainer weiß, Erfolgserlebnisse wichtig. Erfolgserlebnisse kann man organisieren. Beispielsweise kann man verunsicherten Mannschaften die Gelegenheit geben, sich mit einem schwächeren Gegner zu messen. Auch ein Sieg über objektiv schwächere Gegner kann dazu beitragen, das Selbstvertrauen einer Mannschaft wiederherzustellen. Diese Intervention empfiehlt sich bei einer Formkrise, die jede Mannschaft irgendwann einmal durchstehen muss. „Von einer Formkrise wird häufig gesprochen, wenn eine Mannschaft nach längerer erfolgreicher Phase ohne äußerlich erkennbare Gründe plötzlich mehrere Niederlagen hinnehmen muss" (Baumann, 2002, S. 82).

## Sachlich über die Stärken und Schwächen des Gegners informieren

Die gute Absicht eines Trainers, seine Mannschaft ausführlich mit Informationen über die Stärke des Gegners zu versorgen, damit sie sich besser auf ihn einstellen kann, bewirkt oft das Gegenteil. Möglicherweise gehen Spieler dann mit zu großem Respekt vor dem Gegner in das Spiel, was sicherlich nicht förderlich für das Selbstvertrauen ist. Linz (2014, S. 136) schreibt dazu: „Häufig machen Trainer den Fehler, dass sie die eigene Mannschaft zu ausführlich vor den Stärken des Gegners warnen. Das ist psychologisch unklug, weil ihre Spieler dann mit einem zu großen Respekt, wenn nicht gar mit ängstlicher Haltung, auf den Platz gehen".

Unter den Sportpsychologen gibt es unterschiedliche Auffassungen darüber, ob man mehr die Stärken oder mehr die Schwächen des Gegners hervorheben sollte. Offensichtlich ist es erforderlich, beide Aspekte zu berücksichtigen. Das wird durch eine möglichst *sachliche* Einschätzung der bisherigen Leistungen des Gegners erreicht, wobei immer auch auf die eigenen Stärken hinzuweisen ist, die es erlauben, den Stärken des Gegners erfolgreich zu begegnen und dessen Schwächen zum eigenen Vorteil zu nutzen. Dass es durchaus problematisch sein kann, die *Schwächen* des Gegners zu sehr herauszustellen, darauf hat Mesut Özil in seinem Buch (2017, S. 198) hingewiesen. Er schreibt:

*Natürlich ist es professionell, sich mit den Schwächen des Gegners zu befassen. (...) Aber wenn ich mich zu sehr auf die Schwächen des Gegners konzentriere, denke ich womöglich zu viel nach, und mir fehlt eine entscheidende Sekunde im Zweikampf. Oder ich besinne mich zu wenig auf meine Stärken, richte meine Spielweise zu sehr auf die des Gegners aus.*

Hinweise des Trainers auf Stärken und Schwächen sowie auf besondere Eigenschaften des Gegners sollten möglichst konkret formuliert werden, wie z. B. „Der Gegner ist kopfballstark und sie haben schnelle Außenstürmer" oder: „Der Spieler X kann nur mit links hart aufs Tor schießen". Unspezifische Hinweise, wie z. B. „Der Gegner ist immer für eine Überraschung gut" sind wenig hilfreich (Baumann, 2002, S. 173).

# 5 Druck und seine Auswirkungen auf das sportliche Handeln

*Ich halte es für extrem wichtig, über das Thema Druck im Fußball zu reden und zu schreiben. Der Druck im Fußball ist enorm und er wird weiter wachsen.*

Stefan Effenberg
(in seiner Kolumne bei t-online vom 20.03.2018)

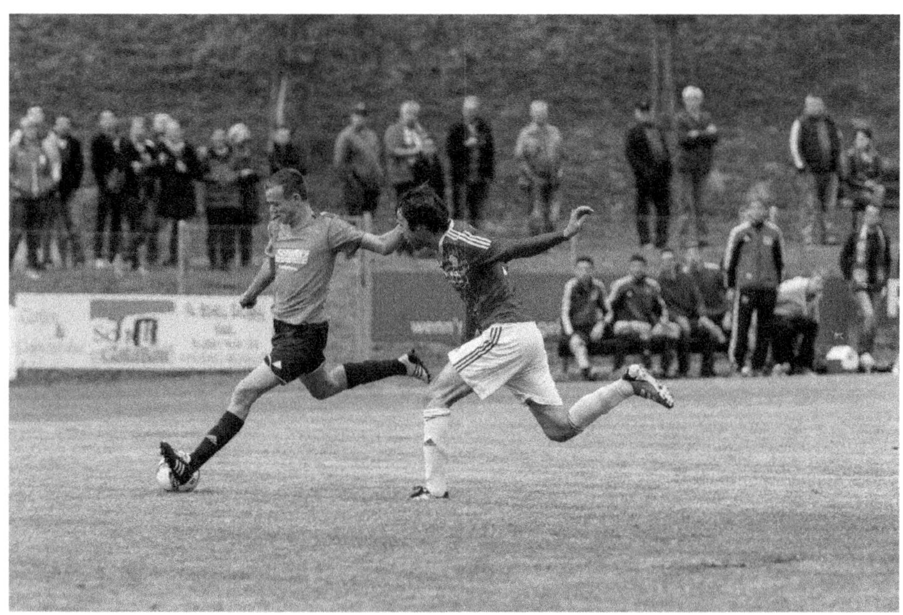

Nicht nur im Spitzensport, auch im Amateurbereich gewinnen psychologische Erkenntnisse über die Auswirkungen von Druck auf die Leistung zunehmend Beachtung. Dennoch monierte der Nationaltorwart Oliver Kahn in einem Interview im ZDF (14.03.2018), dass in Deutschland das Thema Druck im Fußball „immer noch stiefmütterlich behandelt wird". Es ist also durchaus angebracht, sich mit Druck und seinen Auswirkungen auf das sportliche Handeln näher zu beschäftigen, was in diesem Kapitel geschehen soll. Zunächst werde ich erläutern, was unter (Leistungs-)Druck zu verstehen ist, wobei zwischen Druck von außen und Druck, den man sich selbst macht, unterschieden wird. Daran anschließend wird herausgearbeitet, was Druck ausüben von Motivieren unterscheidet. Die weiteren Ausführungen sollen dann klären, wann es angebracht ist, auf Spieler Druck auszuüben, von welchen Personen Druck gewöhnlich ausgeht und mit welchen Auswirkungen auf die Leistung der Spieler zu rechnen ist, wenn sie unter Druck gesetzt werden.

## Was versteht man im Sport unter Druck?

Der Begriff Druck wird in der Sportpraxis extensiv genutzt, wobei nicht immer ganz klar ist, was diejenigen, die den Begriff benutzen, darunter verstehen. Was bedeutet es, wenn gesagt wird: „Der Spieler steht unter Druck" oder „Wir müssen den Gegner unter Druck setzen" oder „Der Druck auf unsere Mannschaft war zu groß". Bei einem Blick in die Literatur zeigen sich unklare Begriffsverwendungen und ein häufig synonymer Gebrauch der Begriffe Druck, Angst oder Stress. Deshalb möchte ich mich zunächst mit der Frage auseinandersetzen, was mit Druck genau gemeint ist.

Das Ausüben von Druck auf Spieler und Mannschaft ist als eine motivationsbezogene Intervention zu betrachten, mit der die sportliche Leistung verbessert werden soll. Wallace et al. (2005) definieren Leistungsdruck (performance pressure) als einen subjektiv erlebten Spannungszustand, der dadurch entsteht, dass eine gute Leistung für den Sportler sehr wichtig wird, um damit ein erwünschtes Ziel zu erreichen. Sie schreiben (p. 430):

*Individuals feel performance pressure to the extent that they care deeply about the outcome of their performance and they perceive that their performance is instrumental for the attainment of the desired goal.*

Leistungsdruck beschreibt hier die hohe Bedeutung, die ein Athlet seiner Leistung in einer Wettkampfsituation zuschreibt. Diese Definition unterscheidet nicht hinreichend zwischen Druck und Motivation, zwischen Druck ausüben und motivieren. Das ist insofern problematisch, als sich Druck und Motivation unterschiedlich auf die Leistung und die Gesundheit von Sportlern auswirken. Ich möchte deshalb die folgende Definition von Druck vorschlagen, die sich am Alltagsverständnis dieses Begriffes orientiert:

*Leistungsdruck empfinden Sportler, wenn sie mit Forderungen an ihr Verhalten konfrontiert werden, die sie momentan oder generell nicht erfüllen wollen. Angedrohte Sanktionen sollen die Sportler veranlassen, den Widerstand gegenüber dem geforderten Verhalten zu überwinden und der Forderung nachzukommen. Die Forderungen können von außen an die Sportler herangetragen werden, sie können aber auch vom Sportler selbst ausgehen. Die körperlichen, kognitiven und emotionalen Reaktionen, die durch Druck ausgelöst werden, sind Grundlage des Druckerlebens. Druck kann auf einzelne Spieler, aber auch auf ganze Mannschaften ausgeübt werden.*

Diese Definition enthält vier Bestimmungsgrößen, die etwas genauer zu besprechen sind:

1. Forderung an das Verhalten eines Sportlers
2. Widerstand gegenüber der Forderung
3. Androhen von Sanktionen, die den Widerstand überwinden sollen
4. Reaktionen auf Druck

*Forderung an das Verhalten eines Sportlers*

Die Entstehung von Druck beginnt damit, dass vom Sportler ein bestimmtes Verhalten gefordert wird. Zum Beispiel sollen Spieler sich mehr anstrengen, keine Fehler machen, die Anweisungen des Trainers genauer befolgen, mannschaftsdienlicher spielen, sich den Mitspielern gegenüber solidarischer verhalten, ihren Lebenswandel ändern. Die Forderungen können von außen an den Spieler herangetragen werden, sie können aber auch vom Spieler selbst ausgehen. Bezieht sich das geforderte Verhalten auf Leistungssteigerungen, wird von Leistungsdruck gesprochen.

*Die Forderungen treffen auf Widerstände beim Athleten*

Ein weiteres Bestimmungsmerkmal von Druck ist, dass Spieler das geforderte Verhalten nicht umsetzen wollen, weil es nicht ihrer momentanen Bedürfnislage entspricht. Zum Beispiel können Widerstände gegen ein gefordertes Verhalten auftreten, weil Sportler eine Gewohnheit nicht aufgeben möchten, müde oder lustlos sind, das Bedürfnis haben, eine Pause zu machen, ihr Selbstvertrauen verloren haben, glauben, ihrer Aufgabe nicht mehr gewachsen zu sein, nach Misserfolgen mutlos geworden sind, einen leistungsabträglichen Lebenswandel nicht ändern wollen, mit ihrer Aufgaben- oder Positionszuweisung unzufrieden sind, der Taktik des Trainers misstrauen, Angst davor haben, sich (wieder) zu verletzen. Der Spieler ist mit dem Problem konfrontiert, Forderungen erfüllen zu sollen, obwohl dagegen innere Widerstände bestehen.

*Die Widerstände sollen durch das Androhen von Sanktionen überwunden werden*

Sportspezifische Sanktionen, mit denen Forderungen durchgesetzt werden können, wurden oben (Kapitel 1) ausführlich beschrieben. Folgt man diesen Ausführungen sind Sanktionen alle negativen Konsequenzen, mit denen der Spieler rechnen muss, wenn er Erwartungen an sein Verhalten nicht gerecht wird (z. B. Entzug von Ressourcen und Privilegien, Vorwürfe, abwertende Kommentare oder der Entzug gewohnter Gratifikationen). Macht sich ein Spieler selbst den Druck, kommen die Sanktionen von ihm selbst (z. B. Selbstvorwürfe, Selbstkritik, sich selbst abwerten, sich als inkompetent erleben, mit sich unzufrieden sein).

*Reaktionen auf Druck*

Führt ein Spieler das geforderte Verhalten gezwungenermaßen aus, werden aggressive Impulse freigesetzt. Zumeist werden diese aber nicht offen gezeigt, um die Beziehung zum Trainer, zu den Mitspielern und zu sich selbst nicht zu gefährden. Erfüllt hingegen ein Sportler die Forderungen an ihn *nicht* und handelt nach seinen eigenen Bedürfnissen, wird eine körperliche und psychische Anspannung ausgelöst, da nun Sanktionen drohen. Betroffene fühlen sich dann ängstlich, angespannt, nervös, unruhig, besorgt. Sportler gestehen sich nicht gerne ein, dass sie unter Druck stehen. Dennoch spüren sie ihn, auch wenn nicht ersichtlich ist, was den Druck ausgelöst hat.

## Was unterscheidet Druck ausüben von Motivieren?

Auf einen Spieler Druck ausüben, um sein Verhalten zu ändern oder seine Leistung zu verbessern, ist etwas anderes, als ihn zu motivieren, dies zu tun. Wie in Kapitel 1 herausgearbeitet, können Sportler zu einer hohen Leistung motiviert werden, indem ihre Bestrebungen, attraktive Gratifikationen zu erlangen und/oder drohende Sanktionen zu vermeiden, verstärkt werden, was durch andere Personen, besondere Wettkampfbedingungen oder durch den Spieler selbst erfolgen kann. Knüpft man an vorhandene Bestrebungen an, müssen keine inneren Widerstände überwunden werden. Genutzt wird eine bestehende Verhaltenstendenz, eine Bedürftigkeit, um Spieler zu einem bestimmten Verhalten bzw. zu besseren Leistungen zu bewegen. Dazu spricht man das angestrebte Ziel des Spielers an (z. B. „Du möchtest Stammspieler werden“ bzw.

„Du möchtest verhindern, wieder Ergänzungsspieler zu werden") und bestätigt, dass dieses ein erstrebenswertes Ziel sei („Das finde ich gut"). Dann weist man darauf hin, dass es möglich ist, diesem Ziel jetzt näher zu kommen (z. B. „Du bekommst heute eine Chance, deinem Ziel näher zu kommen").

Anders ist die Situation, wenn der Sportler das geforderte Verhalten eigentlich gar nicht umsetzen möchte und den Forderungen an sein Verhalten einen Widerstand entgegensetzt. In diesem Fall kann Druck auf Spieler ausgeübt werden, um trotzdem das gewünschte Verhalten zu erreichen. Je größer die Widerstände gegenüber dem geforderten Verhalten, desto größer muss der Druck sein, um sie zu überwinden. Um sportliche Leistungen zu optimieren, ist die Frage, ob ein Spieler eine Leistung bringen *will* oder *muss,* von großer Bedeutung (siehe unten). In der Sportpraxis wird dieser Unterschied aber permanent eingeebnet, so dass es Trainern schwer fällt zu erkennen, ob sie motivieren oder Druck ausüben.

Es gibt Trainer, die der Ansicht sind, dass Druck ausüben geeigneter sei, die Leistungsbereitschaft eines Athleten zu steigern, als die Motivierung durch Belohnung. Angst vor Kritik, Angst, der Konkurrenz nicht gewachsen zu sein, die Sorge, den Stammplatz zu verlieren, oder die Angst vor dem Verlust finanzieller Sicherheiten sollen ihrer Meinung nach effektiver zur Leistung anspornen als die Aussicht auf Anerkennung oder andere Belohnungen.

Dass man Spieler durch Druck zu erwünschten Verhaltensweisen und größerer Anstrengung bewegen kann, basiert auf der Fähigkeit des Menschen, auch entgegen einer aktuell bestehenden Bedürftigkeit zu handeln. Das setzt allerdings voraus, dass die volitionalen Kompetenzen (Willenskraft) ausreichend entwickelt sind, was bei leistungsstarken Sportlern zumeist auch der Fall ist. Doch die permanente Leistungsmobilisierung entgegen der aktuellen Bedürftigkeit, die ständige Überwindung innerer Widerstände ist mit einer erheblichen psychischen und körperlichen Belastung verbunden. In bemerkenswerter Offenheit hat Ex-Nationalspieler Per Mertesacker in einem Spiegel Online Interview vom 12. 3. 2018 beschrieben, wie belastend ständiger Erfolgsdruck sein kann:

*Irgendwann realisierst du, dass alles eine Belastung ist, körperlich und mental. Dass es null mehr um Spaß geht, sondern dass du abliefern musst, ohne Wenn und Aber. Selbst wenn du verletzt bist.*

Ob und in welchem Ausmaß Spieler hohem Druck ausgesetzt sind, ist nicht immer leicht zu beurteilen. Bleibt beispielsweise ein Sportler bei einem internationalen Top-Ereignis weit unter seinen Möglichkeiten und sagt anschließend, er sei an den eigenen und öffentlichen Erwartungen gescheitert, dann spricht das dafür, dass er im Wettkampf einem hohen Druck ausgesetzt war. Auffälliges Verhalten, wie z. B. das Bestreben, eine Aktion schnell auszuführen, um einen unangenehmen Spannungszustand so schnell wie möglich zu beenden, kann ebenfalls als Indikator für Druck angesehen werden. Jordet, Hartmann und Sigmundstad (2009) fanden in ihrer Untersuchung, dass die Schützen, die *sofort* nach Freigabe des Balls durch den Schiedsrichter den Elfer schossen, eine geringere Erfolgsrate hatten, verglichen mit den Schützen, die ein bisschen länger nach Freigabe des Balls warteten. Die Autoren schlossen daraus, dass der Druck bei den erstgenannten Schützen höher war als bei den letztgenannten. Kurze Vorbereitungszeiten sollen den Wunsch reflektieren, die Drucksituation so schnell wie möglich zu beenden.

## Von wem wird Druck ausgeübt?

Im Mannschaftssport üben verschiedene Akteure Druck auf Spieler/Mannschaften aus. Im Folgenden sollen die wichtigsten Akteure aufgeführt werden.

**Trainer:** Wenn Trainer Druck auf Spieler ausüben, geschieht dies zumeist in der Absicht, ihre Spieler zu besseren Leistungen zu „motivieren“. Ob ein Trainer sein Ziel erreicht, hängt primär davon ab, wie sensibel der betroffene Spieler auf Druck reagiert. Nicht selten spielen drucksensible Spieler lieber in einer niedrigeren Liga als sich dem Leistungsdruck der höheren Spielklasse auszusetzen. Druck kann zu guter Leistung führen, die Leistungen aber auch beeinträchtigen (siehe unten). Mit welchen Worten Trainer Druck auf Spieler ausüben können, dazu im folgenden Kasten einige Beispiele.

*Beispiele: Wie Spieler vom Trainer unter Druck gesetzt werden*

- Wenn du dich nicht über das ganze Spiel 100%ig einsetzt, nehme ich dich raus.
- Wenn du weiterhin zu spät zum Training kommst, sitzt du im nächsten Spiel auf der Bank.
- Wenn du nicht mannschaftsdienlicher spielst, kann ich dich nicht mehr fördern.
- Wenn du nicht das tust, was ich dir sagen, werde ich dich nicht spielen lassen.
- Der Verein wird deine Prämie kürzen, wenn du dich nicht mehr anstrengst.
- Ich muss dich als Spielführer absetzen, wenn du mit deinen Leistungen nicht mit gutem Beispiel vorangehst.
- Wenn du dich heute nicht genügend anstrengst, kannst du in der 2. Mannschaft spielen.

**Eltern:** Obwohl die meisten Eltern wissen, wie wichtig Lob und Anerkennung für junge Sportler und Kinder sind, üben viele von ihnen dennoch ständig Kritik an ihrem Nachwuchs, leistet er nicht das, was sie von ihm erwarten. Eltern handeln selten selbstlos, wenn sie ihren Kindern den Einstieg in eine Sportkarriere ermöglichen. Zögen sie keinen eigenen Gewinn daraus, würden sie kaum die große Mühe auf sich nehmen. Ein Vater, der selbst als Fußballtalent gescheitert ist, aber einen talentierten Zögling hat, sieht schnell die Chance, sein Sohn könnte das erreichen, was ihm versagt geblieben ist. Dann neigt er dazu, dem Kind spüren zu lassen, wie enttäuscht er ist, wenn seine Erwartungen nicht erfüllt werden. „Eltern investieren also Gefühle, Mühen, Zeit, Geduld und häufig viel Geld – und der Erfolg ihres Sprösslings belohnt sie für diesen Aufwand. Je positiver sich die sportliche Karriere entwickelt, desto größer werden die Investitionen – entsprechend größer werden aber ebenfalls die erwarteten Gegenleistungen“ (Schweer, 2011, S. 44). Die Studie von Bois, Lalanne und Delforge (2009) zeigte, dass viele Jugendspielerinnen und -spieler vor Wettkämpfen einen signifikant höheren Angstzustand zeigten, wenn beide Elternteile anwesend waren. Schweer (2011) weist auf mögliche Doppelbedeutungen elterlicher Botschaften hin. Mit der Botschaft: „Du machst den Sport nur für dich, wir wollen dich zu nichts zwingen“ wird dem Kind/Jugendlichen vermittelt, dass es/er den Sport aus freien Stücken ausübt. Gleichzeitig wird ihm jedoch über das Verb „zwingen“ verdeutlicht, dass sehr wohl Erwartungen durch das Umfeld bestehen, die nicht enttäuscht werden sollten.

**Zuschauer:** Gewöhnlich wirkt eine unterstützende Zuschauerkulisse in einem Heimspiel anspornend, denn sie erhöht die Möglichkeiten, erhoffte Gratifikationen zu erlangen (z. B. als Spieler bekannt zu werden). Das muss aber nicht immer so sein. Vor einem großen Heimpublikum zu spielen, eröffnet auch die Gefahr, von eigenen Fans ausgepfiffen zu werden, was den Druck auf die Spieler erheblich verstärken kann (Cashmore, 2008; Ponzo & Scoppa, 2014). Haben Zuschauer hohe Erfolgserwartungen an die Heimmannschaft („Gegen diesen Gegner kann man doch gar nicht verlieren“), besteht immer die Gefahr, diese Erwartung als Bedrohung zu erleben. Dann wird der Heimvorteil zum Heimnachteil (Baumeister et al., 1985). „Man selbst erwartet von sich, die Heimspiele zu gewinnen und das Publikum sieht es ebenso“ (Linz, 2014, S. 216).

Dominiert bei Zuschauern die Angst vor einer Niederlage („Wir müssen unbedingt gewinnen, sonst steigen wir ab“), kann sich das auf die Spieler übertragen und einen bereits vorhandenen Druck noch verstärken. Vermutlich hat eine solche Ansteckung dazu beigetragen hat, dass die brasilianische Nationalmannschaft bei der WM 2014 dem übermäßigen Druck nicht standgehalten konnte, und ganz Brasilien in kollektive Trauer versank, als der Traum vom WM-Titel 2014 im eigenen Land zu Ende ging. Der brasilianische Fußballspieler Dante sagte dazu in der Wochenzeitung DIE ZEIT vom 17.01.2019:

*Sicher, der Druck war groß, wir wollten Geschichte schreiben, wollten den Titel holen, für die Menschen in Brasilien. Brasilien ist ein fußballverrücktes Land, auf uns lasteten viele Hoffnungen. Aber wir haben nach dem ersten Gegentor alles nach vorne geworfen, wurden hektisch, wir mussten ja gewinnen, unbedingt.*

Ähnliches gilt für Frankreich bei der Fußball-EM 2016 im eigenen Land. Zur Niederlage gegen Portugal schrieb die spanische Zeitung Marca: „Die Portugiesen waren in der Lage, den Heimvorteil der Franzosen in einen extremen Druck umzuwandeln".

*Beispiel: Erfolgserwartung der Zuschauer beim Elfmeter*

Das Risiko, einen Elfmeter zu verschießen, wird zumeist als gering eingeschätzt. Trainer, Zuschauer, Mitspieler rechnen mit einem erfolgreichen Abschluss, weil sie zu Recht davon ausgehen können, dass der Schütze den Strafstoß erfolgreich abschließt. Dies ist durchaus rational zu begründen: Wird der Ball hart und platziert geschossen, ist der Torwart chancenlos. Die Ballgeschwindigkeit beträgt zwischen 50 und 100 km/h und überquert die Torlinie somit nach ca. 600 ms. Wenn wir die Reaktionszeit des Torwarts und die Zeit, um in eine Ecke zu hechten (500 bis 700 ms), berücksichtigen, wird deutlich, dass der Torwart keine Chance hat, wenn er sich nicht schon vor dem Schuss für eine Ecke entscheidet. Vom sozialen Umfeld wird deshalb mit einiger Berechtigung erwartet, dass Elfer erfolgreich abgeschlossen werden. Der Schütze kennt die Erwartungen des Umfeldes und weiß, dass er wenig gewinnen kann, dafür aber viel zu verlieren hat. Er ist sich dessen bewusst, welcher Schaden entsteht, wenn er verschießt. Auch ist ihm klar, dass der Elfer eine Anforderung ist, die erfolgreich zu bewältigen ist, wenn er keinen Fehler macht. So entsteht vor dem Hintergrund der hohen öffentlichen Erfolgserwartung ein hoher Druck.

**Vereinsführung:** Die Erwartungen der Vereinsführung an einzelne Spieler vermitteln sich über die Trainer, die die Aufgabe haben, die Vereinsvorgaben umzusetzen. Die Vorgaben werden klar formuliert (z. B.: „Wir wollen um jeden Preis einen einstelligen Tabellenplatz erreichen") und implizit oder explizit mit Sanktionen belegt. In der Regel ist das die Entlassung des Trainers. Sobald ein Trainer Erfolg hat, steigt zumeist die Erwartungshaltung der Vereinsführung und der Druck auf Trainer und Mannschaft verstärkt sich (Riedel, 2013).

**Medien:** Den meisten Spielern ist die mediale Aufmerksamkeit sehr wichtig. Eine gute Presse erhöht die Chance, mit überzeugenden Leistungen bekannt zu werden und den eigenen Marktwert zu steigern. Sind Spieler so gut, dass sich die Medien für sie interessieren, werden sie aber bald die Erfahrung machen, dass sich die Wertschätzung schnell in ihr Gegenteil verkehren kann. Medien schreiben die Sportler bei Erfolg „rauf" und bei Erfolglosigkeit „runter". Dazu der Nationalfußballspieler Stefan Effenberg in seiner Kolumne bei t-online:

*Und dann wirst du teilweise noch Woche für Woche von den Medien angeschossen oder an den Pranger gestellt. Daran kann man zerbrechen. Gerade, wenn man den Rückhalt nicht hat, ob aus dem Elternhaus oder dem Verein. Der Grat zwischen Held und Versager wird immer schmaler.*

*Beispiel: Wie Medien Druck ausüben*

Ein gutes Beispiel, wie Medien Druck ausüben, war die mediale Präsentation der deutschen Nationalmannschaft der Frauen im Vorfeld der Fußballweltmeisterschaft 2011 im eigenen Land. Vor der Weltmeisterschaft war eine mächtige Vermarktungsmaschinerie in Gang gekommen, die sowohl für das Team als auch für einzelne Spielerinnen neu war: Das Team als Werbeträger in einer Reihe von Fernseh-Spots, Anzeigen in den Printmedien sowie eine Vielzahl von Berichten und Portraits über Spielerinnen im Fernsehen und in den Zeitungen. Besonders beeindruckend: Auf großen Plakatwänden die vollmundigen Sprüche „Dritte Plätze sind nur was für Männer." und „Jungs, wir rächen euch." (Gemeint waren die Männer der Fußball-Nationalmannschaft). Die Sätze stammten zwar nicht von der Mannschaft, sie wurden der Mannschaft von den Marketingstrategen von ARD und ZDF in den Mund gelegt, um die Aufmerksamkeit für die Übertragung der Spiele zu erhöhen. Solche Aktionen sind Versprechen, sie wecken Erwartungen, erzeugen Druck. War das frühe Ausscheiden gegen Japan die Folge? Die Erklärung aus der Mannschaft war, man sei mit dem Druck nicht klar gekommen und deshalb gescheitert. So sah das auch der Sportpsychologe Riedel: „Die deutschen Spielerinnen waren es nicht gewohnt, permanent im Fokus der Öffentlichkeit zu stehen. Sie gingen als Titelverteidiger und großer Favorit ins Turnier und verloren im Viertelfinale gegen Japan, nachdem sie bereits in den Spielen zuvor gehemmt schienen" (www. Netzathleten Magazin; 20.11.2013).

**Sponsoren:** Auch Sponsoren beeinflussen den Druck, der auf Spieler lastet, indem sie Gelder zur Verfügung stellen, die nur bei Erfolg, wie z. B. einem gewonnenen Titel, ausgeschüttet werden. Hoch dotierte Verträge, die Fußballprofis unterschreiben, sind immer mit Leistungserwartungen verbunden, die Sportler oft nicht erfüllen möchten oder können und dann Druck erzeugen. Ähnliches gilt für Ausrüsterverträge. Großzügige Ausrüsterverträge für junge Sportler können zwar ein großer Leistungsanreiz sein, doch sind an sie verständlicherweise auch Erwartungen geknüpft, die zur Bedrohung werden können.

**Gegner:** Um Gegner unter Druck zu setzen, schicken Trainer ihre Spieler gerne mit der Anweisung in ein Spiel: *Wir müssen die gegnerische Mannschaft ständig unter Druck setzen. Damit zwingen wir sie zu Fehlern, die wir dann ausnutzen.* Im Fußball zum Beispiel erhöht Angriffspressing den Druck auf die gegnerischen Abwehrspieler. Spielaufbau und genaues Abspiel werden schwieriger. Es wächst die Gefahr, dass Abwehrspieler im eigenen Abwehrdrittel den Ball verlieren, was vor dem eigenen Tor unbedingt vermieden werden sollte, da jeder Ballverlust mit großer Wahrscheinlichkeit direkt zur Torgefahr wird.

**Mitspieler:** Spieler setzen sich auch gegenseitig unter Druck, wenn sie von ihren Mitspielern ein anderes Verhalten fordern und dies mit Sanktionen durchzusetzen versuchen („Wenn du mit deinen Alleingängen nicht aufhörst, werde ich dich nicht mehr anspielen"). Auch wenn die Sanktionen nicht immer explizit benannt werden, wissen die Spieler doch zumeist, was ihnen droht.

**Spieler selbst:** Wie oben bereits erwähnt, kann Druck auch vom Spieler selbst ausgehen. „Viele Spieler setzen sich selber einem permanenten Druck aus, um in ihrem Sport erfolgreich zu sein. Dabei erwarten sie von sich selbst teilweise mehr als das Umfeld" (Riedel, 2013; Netzathleten Magazin; 20.11.2013). Ohne sich dessen bewusst zu sein, setzen sich Spieler selbst unter Druck, wenn sie von sich ein Verhalten fordern, das ihnen aufgrund ihrer aktuellen Bedürfnislage zwar widerstrebt, aber dennoch ausführen wollen. Sie möchten ihren hohen Ansprüchen gerecht werden, auch wenn ihnen nicht danach ist, und sie sanktionieren sich dann selbst, wenn sie diesen Ansprüchen nicht genügen. Dazu im folgenden Kasten einige Beispiele.

*Beispiele: Wie Spieler sich selbst unter Druck setzen*

- Wenn ich nicht die Leistung zeige, die ich von mir erwarten kann, zweifle ich wieder an meinen Fähigkeiten.
- Ich muss heute gut spielen, sonst bin ich für den Rest des Tages wieder total unzufrieden.
- Wenn ich heute wieder so viele Fehler mache, werde ich mich bestimmt wieder für einen Versager halten.
- Wenn ich heute schlecht spiele, wird der Trainer von mir enttäuscht sein.
- Wenn ich heute kein Tor schieße, sitze ich vermutlich demnächst wieder auf der Bank.

## Wann ist es angebracht, Druck auf Spieler auszuüben?

Haben Trainer mit ihren Motivationsstrategien keinen Erfolg, greifen sie oft auf die Möglichkeit zurück, mit Druck die Leistungsbereitschaft ihrer Spieler zu erhöhen oder ein gewünschtes Verhalten zu „erzwingen". Das kann unter Umständen durchaus angebracht sein. Manchmal müssen Spieler oder auch ganze Mannschaften dazu gebracht werden, etwas zu tun, was sie generell oder nur momentan nicht wollen. Dazu die folgenden drei Beispiele.

*Beispiel: Favoritenrolle*

Ist eine Mannschaft in der Favoritenrolle, stellt sich dem Trainer die Frage: Wie kann ich verhindern, dass meine Mannschaft mit einer möglicherweise zu selbstsicheren Einstellung ins Spiel geht und verliert? Hier kann der Trainer Sanktionen androhen, falls sich die Spieler nicht hundertprozentig einsetzen. Diese Intervention sorgt für die nötige Vorsicht, verhindert, dass Spieler überheblich oder zu sorglos agieren und fördert die Bereitschaft, sich auf das Spiel gegen den Außenseiter ausreichend vorzubereiten.

*Beispiel: Egozentrische Spieler*

Bei Spielern, die trotz Ermahnungen zu wenig mannschaftsdienlich spielen, kann es durchaus sinnvoll sein, Sanktionen anzudrohen, wenn sie ihre eigennützigen Ziele zu sehr in den Vordergrund stellen. Halten sie sich z. B. nicht an die taktischen Anweisungen, empfehlen Borggrefe et al. (2015) Trainern, mit der Sanktion Auswechslung zu drohen: „Wenn sich heute jemand eigene kleine individuelle Sonderfahrten erlaubt, nehme ich ihn raus".

*Beispiel: Spieler, die ihr Können überschätzen*

Auch bei zu selbstsicheren Spielern, die ihr Können überschätzen und mit riskantem Spiel zu oft den Ball verlieren, kann es durchaus angebracht sein, über Druck ein anderes Verhalten zu erreichen. Diese Spieler neigen dazu, Aufgaben in Angriff zu nehmen, denen sie nicht gewachsen sind, und auch dann nicht zurückzustecken und weniger riskant zu agieren, wenn sie zu viele Fehler machen. Hier kann es durchaus angebracht sein, mit Auswechslung zu drohen, um dieses Verhalten zu beseitigen.

Generell sollten Trainer mit dem Androhen von Sanktionen aber behutsam umgehen, da hier immer die Gefahr besteht, dass Konflikte mit einzelnen Spielern oder gar mit der ganzen Mannschaft entstehen. Bevor sie auf die Möglichkeit, über Druck bessere Leistungen zu erzielen, zurückgreifen, empfiehlt es sich, die Schwierigkeiten und Gefahren dieser Strategie zu bedenken. Druck beschränkt immer die Autonomie des Spielers und damit die intrinsische Motivation. Wer vorzugsweise über Druck Leistungssteigerungen erreichen will, „ruft früher oder später bei den unter Druck gesetzten Spielern offene oder versteckte Abwehr hervor" (Bisanz & Gerisch, 2008, 488). Borggrefe et al. (2015) weisen darauf hin, dass „Druck ausüben" dann kontraindiziert ist, wenn die Leistung, die der Trainer vom Spieler erwartet, nur über *Eigenmotivation* zu erhalten ist, d. h. über eine Einstellung, die über bloße Pflichterfüllung hinausgeht.

Die Sanktion, Spieler im nächsten Spiel nicht einzusetzen, ist für einen Trainer, wenn er auf jeden Spieler angewiesen ist, ein riskantes Unterfangen. Möglicherweise muss er Ernst machen und die Sanktion umsetzen. Doch dies kann er sich nur dann leisten, wenn er über gleichwertigen Ersatz verfügt. Muss er später die angedrohte Sanktion zurücknehmen, macht ihn das unglaubwürdig.

## Leistung unter Druck

Die sportpsychologische Forschung zum Zusammenhang zwischen Druck und Leistung zeigt widersprüchliche Befunde: Mal ergaben sich bessere, mal schlechtere Leistungen. „Wir wissen immer noch nicht, ab wann zuviel an Druck entsteht, der leistungshinderlich ist, aber wir wissen jetzt immerhin, dass zu wenig Druck auch nicht förderlich für eine sportliche Karriere ist" (Alfermann, 2010, S. 181). Trotz der widersprüchlichen Befunde sollten Trainer davon ausgehen, dass bei Druck eher mit Leistungsbeeinträchtigungen als mit Leistungsverbesserungen zu rechnen ist (vgl. Murayama & Sekiya, 2015). Aus einer Studie der Deutschen Sporthochschule im Auftrag der Deutschen Sporthilfe 2013 geht hervor, dass 88,6 Prozent der befragten Athleten hohen Druck für Leistungseinbußen verantwortlich machten (vgl. Markser & Bär, 2019, S. 31). Im Fußball äußern sich druckinduzierte Leistungsbeeinträchtigung in unpräzisem Passspiel, hektischem Abspielen, falschen Entscheidungen, ungünstigen Laufwegen, schlechtem Stellungsspiel, verlorenen Zweikämpfen, verschossenen Elfmetern, unnötigem Foulspiel oder stereotyper Spielweise, bei der Kreativität und Eigeninitiative verloren gehen.

*Beispiel: Leistung unter Druck bei Elfmeter-Schützen im Fußball*

Da ein Tormann bei einem platziert geschossenen Elfmeter keine Chance hat, müssten mindestens 9 von 10 Elfmetern verwandelt werden. Das ist in der Praxis aber nicht der Fall. In der Fußballbundesliga z. B. liegt die Trefferquote beim Elfmeter der letzten 20 Jahren bei circa 74 Prozent, in unteren Ligen sind sie noch deutlich niedriger (Ludwig, 2008). Das bedeutet, dass nur 74 Prozent der Elfmeter verwandelt werden, obwohl man doch 90 bis 95 Prozent erwarten dürfte. Auch im internationalen Fußball, bei Welt- bzw. Europameisterschaften und in der Champions League, scheitern Top-Stars in Elfmetersituationen. Wie ist das zu erklären? Nach Memmert et al. (2013) erhöht „wahrgenommener Druck" die Anspannung und Nervosität des Schützen, was die Leistungsbeeinträchtigungen erklären könnte. Zuweilen glaubt man beim Schützen auf seinem Weg von der Mittellinie zum Elfmeterpunkt den Druck, der auf ihm lastet, an der Körpersprache zu erkennen. Für Druck als Ursache der Leistungsbeeinträchtigungen spricht auch, dass deutlich mehr Elfmeter im Training, verglichen mit Wettkämpfen, erfolgreich sind, und dass Schützen, die beim Elfmeterschießen zuletzt an der Reihe sind, eine höhere Misserfolgsrate haben (64,3 %; Jordet, Hartman, Visscher, & Lemmink, 2007; siehe auch Memmert et al., 2013). Eine Video-Analyse aller Elfmeter beim World Cup, European Championships und der Champions League zwischen 1976 and 2006 zeigte, dass Spieler mit einem hohen Status schlechtere Elfmeter schossen (Jordet, 2009).

Das Konzept „choking under pressure" (Baumeister, 1984) wurde entwickelt, um Leistungsbeeinträchtigungen unter Druck zu erklären. Choking under pressure heißt sinngemäß übersetzt: Leistungsabfall unter Druck (choke = abwürgen). Um von „choking under pressure" sprechen zu können, müssen Mesagno, Marchant und Morris (2008) zufolge drei Voraussetzungen erfüllt sein:

1. Der Athlet besitzt die für den aktuellen Wettkampf erforderliche Leistungsfähigkeit.
2. Unter Druck erhöht sich die ängstliche Anspannung.
3. Die Leistung verringert sich unter ein Niveau, das aufgrund der vorhandenen Leistungsfähigkeit nicht zu erwarten war.

Hill, Hanton, Fleming und Matthews (2009) definieren „choking under pressure" als einen Prozess, in dem Sportler wahrnehmen, dass ihre Ressourcen nicht ausreichen, um ihre Aufgabe zu erfüllen, wodurch es zu einem signifikanten Leistungseinbruch (significant drop in performance bzw. acute performance breakdown) kommt. Diese Definition von choking verweist darauf, dass unter Druck nicht nur Beeinträchtigungen der Leistung, sondern auch signifikante Leistungseinbrüche möglich sind, insbesondere wenn Trainer

Druck ausüben und Leistungen fordern, von denen der Spieler glaubt, dass er zu diesen Leistungen nicht in der Lage ist. In solchen Situationen wird die Mobilisierung vorhandener Leistungspotenziale regelrecht blockiert (Jones, 1995). „Solange der Mensch noch daran glaubt, angstbesetzte oder schwierige Situationen zu kontrollieren, wirkt Angst motivierend auf der Suche nach einer effektiven Strategie. Kommt der Mensch jedoch zu der Überzeugung, dass das befürchtete Ereignis unabwendbar ist, geht jegliche emotionale Motivation verloren“ (Baumann, 2002, S. 77).

Ständiger Leistungsdruck erhöht die Gefahr des *Drop-out*. „Drop-out im Kinder- und Jugendsport beschreibt den vorzeitigen, vor dem Erreichen der sportlichen Leistungsgrenze erfolgten Abbruch der sportlichen Karriere“ (Schober, 2014, S. 41). Nach Kleinert (2014) steigen bis zu einem Fünftel der jugendlichen Athleten vorzeitig aus dem Leistungssport aus. Sicherlich gibt es viele Gründe für einen vorzeitigen Ausstieg, wie z. B. Konflikte mit Trainern, Verletzungen, Mangel an Freizeit, hohe Gesamtbelastung durch Schule und Beruf, fehlende Anerkennung, Eintönigkeit des Trainings oder unzureichende Unterstützung (vgl. Bußmann, 1995; Schober, 2014; Kayer, 2014). Dennoch ist ständiger Leistungsdruck, auch wenn sportliche Erfolge nicht ausbleiben, als eine mögliche ursächliche Bedingung für Drop-out zu betrachten. Für diese Hypothese spricht, dass Dropouts angeben, beim Sporttreiben eher Leistungsdruck zu erleben und ihr Umfeld wenig verständnisvoll reagiert, wenn Erfolge ausbleiben (Bußmann, 1995). Bei jugendlichen Sportlern kommt der Leistungsdruck nicht selten von Eltern, die sich zu sehr einmischen, aber auch von rücksichtslosen Trainern, die unbedingt erfolgreich sein wollen (Loehr, 2010).

# 6 Wie Spieler ihren Umgang mit Druck verbessern können

*Wer im Sport erfolgreich sein möchte,*
*muss auch lernen, mit Druck umzugehen.*

Oliver Kahn (Nationaltorwart)

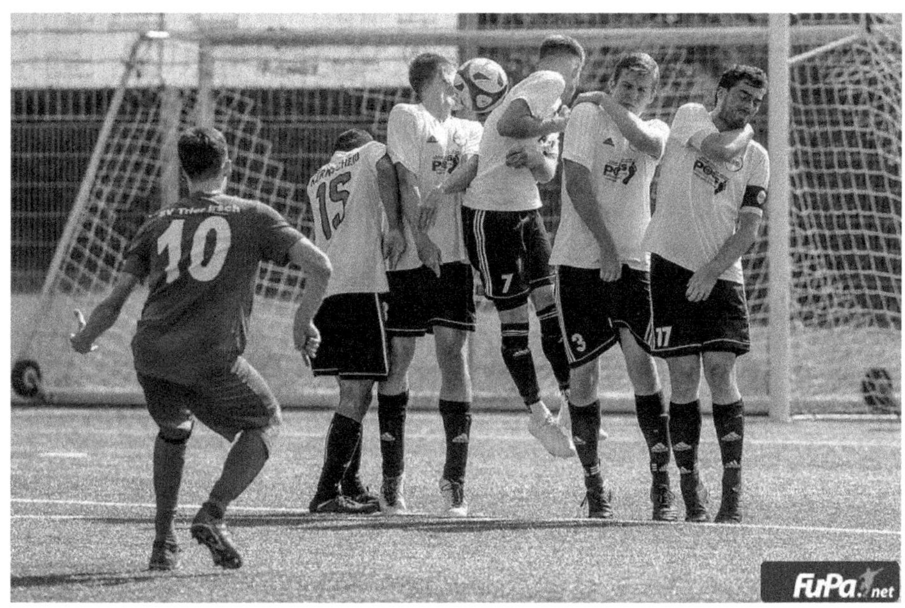


Sportler reagieren unterschiedlich auf Druck. Während die einen unter Druck fast zusammenbrechen, kommen andere gut mit ihm zurecht. Die Fähigkeit, auch unter Druck hervorragende Leistungen zu zeigen, scheint einer der Faktoren zu sein, der gute Athleten von außergewöhnlichen unterscheidet. Von zwei Sportlern, die beide gleich gut trainiert sind, wird stets derjenige erfolgreicher sein, der mit Druck umzugehen weiß (Schweer, 2011). „Die Träume vieler talentierter Spieler bleiben unerfüllt, weil sie nicht in der Lage sind, dem Wettkampfdruck standzuhalten", so die Tennisspielerin Chris Evert. Um in höheren Ligen Fußball, Basketball oder Handball spielen zu können, durchlaufen Spieler einen harten Ausleseprozess hinsichtlich ihrer Druckresistenz. Dabei fällt die Mehrzahl der sensiblen und emotional nicht belastbaren Sportler schon vorher durch das Raster. Die Auslese fängt bereits im

Jugendbereich an. Jeder Spieler kennt Mannschaftskameraden mit ähnlichem oder sogar größerem Talent, die den Weg zum Erfolg nicht geschafft haben, weil sie nicht gelernt haben, mit dem immensen Druck im Spitzensport umzugehen. Aber auch mental starke Spieler können unter dem Druck der Erwartungen nicht immer ihre beste Leistung abrufen (Baumann, 2002).

Eine Möglichkeit zu lernen, mit Druck besser umzugehen, bietet das *wettkampfnahe Training*. Dazu wird ein Teil des Trainings dem Umgang mit Druck gewidmet (Beckmann & Elbe, 2008; Eberspächer, 2012). Erlebt ein Spieler im Training, dass er unter Druck handlungsfähig bleibt, wird ihm das auch im Wettkampf gelingen, so die dem wettkampfnahen Training zugrunde liegende Annahme. Wie wettkampfnahes Training im Feldhockey aussehen könnte, haben Schiel und Linz (2012) beschrieben. Bekannt wurde das wettkampfnahe Training durch einen Ausschnitt im Film *Deutschland – Ein Sommermärchen* von Sönke Wortmann, in dem sich die deutsche Fußballnationalmannschaft vor der WM 2006 mit Hilfe dieses Verfahrens auf ein mögliches Elfmeterschießen in den Hauptrundenspielen vorbereitete (vgl. Hermann & Mayer, 2012).

*Beispiel: Wettkampfnahes Training für Elfmeterschützen im Fußball*

Man teilt zum Ende einer harten Trainingseinheit die teilnehmenden Spieler zum Elfmeterschießen in zwei Teams. Jeder der Spieler zahlt einen finanziellen Einsatz und hat nur einen Schuss. Störungen durch das jeweilige andere Team (z. B. verbaler Art: „Das schaffst du nie!“, „Denk an deinen letzten verschossenen Elfmeter!“) werden zusätzlich eingebaut. Das Team mit den meisten Treffern bekommt seinen finanziellen Einsatz zurück. Das Team mit der geringeren Trefferzahl zahlt seinen finanziellen Einsatz in die Mannschaftskasse ein. Zusätzlich kann man den Weg des Schützen von der Mittellinie zum Elfmeterpunkt in das Training einbauen. Beispielsweise lässt man den Elfmeterschützen 5–10 Minuten warten, bevor er zum entscheidenden Versuch antreten kann.

Mag wettkampfnahes Training auch geeignet sein, Kompetenzen im Umgang mit Druck zu verbessern, wichtiger dafür ist der Wettkampf selbst. Vor, während und nach Wettkämpfen können Spieler sich erfolgreiche Strategien im Umgang mit Druck aneignen und diese dann immer wieder einsetzen (Weinberg, Freysinger, Mellano & Brookhouse; 2016; Flett, Gould, Griffes & Lauer, 2013). Dabei ist eine hohe Eigeninitiative des Athleten anzustreben (Mathesius, 1996).

In diesem Kapitel werde ich mich mit der Frage auseinandersetzen, was Spieler tun können, möglicherweise mit Unterstützung durch Trainer, Eltern oder andere Personen, um ihre Kompetenzen im Umgang mit Druck zu verbessern. Grundsätzlich kommen dazu zwei Strategien in Frage:

1. Spieler können den Druck reduzieren, der von der Umwelt ausgeht, oder den sich Spieler selbst machen.
2. Spieler können die körperlichen, emotionalen, mentalen und sozialen Auswirkungen des Drucks begrenzen.

Die Tabelle 4 gibt einen Überblick über die Interventionen, die dafür in Frage kommen. Die Differenzierung der Interventionen orientiert sich an der Definition von Druck, wie sie in Kapitel 5 entwickelt wurde.

*Tab. 4: Überblick über die Interventionen zum Umgang mit Druck*

| **Den Druck verringern** | **Die Auswirkungen des Drucks begrenzen** |
|---|---|
| *Externen Druck verringern*<br>• Erwartungen akzeptieren und als Ansporn nutzen<br>• Erwartungen ignorieren und mögliche Sanktionen akzeptieren<br>• Erwartungen verändern, um sie erfüllen zu können<br><br>*Selbst erzeugten Druck verringern*<br>• Sich Fehler erlauben<br>• Sich Formkrisen erlauben<br>• Sich von dem Anspruch frei machen, immer gewinnen zu müssen<br>• Vermutungen über externe Erwartungen überprüfen<br>• Vermutungen über drohende Sanktionen überprüfen | *Die körperlichen Auswirkungen des Drucks regulieren*<br>• Die Anspannung selbstregulativ beeinflussen<br>• Die Anspannung als normale Wettkampfbedingung betrachten<br>• Die Anspannung als „Leistungsenergie“ deuten<br><br>*Affektkontrolle verbessern*<br>• Selbstanalyse der emotionalen Überreaktionen<br>• Affektäußerungen unterdrücken<br>• Aggressive Handlungsimpulse kontrollieren<br>• Ereignisse, die emotionale Überreaktionen auslösen, neu bewerten<br><br>*Die Konzentration auf das Spiel verbessern*<br>• Erkennen, dass störende Gedanken die Leistung beeinträchtigen<br>• Selbstanweisungen zur Konzentration auf die anstehenden Aufgaben<br>• Exzessives Monitoring beseitigen |

# Den Druck verringern

Interventionen, die geeignet sind, Druck zu reduzieren, konzentrieren sich darauf, die situativen und personalen Bedingungen, von denen der Druck ausgeht, zu beeinflussen. Zunächst werde ich mich mit dem Druck beschäftigen, der von der Umwelt ausgeht (externer Druck), anschließend mit dem Druck, den sich Spieler selbst machen.

## Externen Druck verringern

Wie im vorangegangenen Kapitel ausgeführt, entsteht Druck u. a. durch Forderungen der Umwelt an das Verhalten eines Spielers. Indem mit Sanktionen gedroht wird, soll das geforderte Verhalten auch gegen Widerstände durchgesetzt werden. Forderungen der Umwelt werden als „Erwartungen" an Spieler herangetragen („Wir erwarten von dir, dass du dich auch gegen Ende des Spiels noch 100 %ig einsetzt, sonst müssen wir dich aus dem Kader streichen"). Sportpsychologen sprechen deshalb auch von „Erwartungsdruck". Die Erwartungen können von Eltern, Trainern, Zuschauern, Vereinen, Medien oder Sponsoren kommen. Um den Druck, der von den Erwartungen dieser Akteure ausgeht, zu verringern, haben Spieler verschiedene Möglichkeiten (vgl. Tab. 4): Sie können die Erwartungen …

- akzeptieren und als Ansporn nutzen
- ignorieren und mögliche Sanktionen akzeptieren
- verändern, um sie erfüllen zu können

Die Sportler müssen sich also entscheiden, ob sie die Erwartungen der Umwelt akzeptieren, ignorieren oder verändern wollen. Je nach Situation und persönlichen Eigenarten kann entweder die eine oder die andere Strategie sinnvoll sein. Welche Möglichkeit der Spieler wählt, ist seine Sache. Im Idealfall wissen Spieler, wann sie welche Option wählen sollten. Im Folgenden werden die drei genannten Möglichkeiten, Druck zu verringern, näher beschrieben.

*Erwartungen akzeptieren und als Ansporn nutzen*

Erwartungen, die an Spieler herangetragen werden, können akzeptiert und als Ansporn für gute Leistungen genutzt werden („Ich sehe ein, dass der Trainer mich nicht mehr aufstellen kann, wenn ich nicht mannschaftsdienlicher spiele. Ich sollte mehr für die Mannschaft tun, auch wenn mir das schwer fällt". oder: „Der Trainer hat recht, wenn er droht, mich auszuwechseln. Ich darf nach einigen misslungenen Aktionen nicht gleich die Lust am Spiel verlieren"). Indem Spieler sich bewusst entscheiden, die externen Erwartungen zu akzeptieren und als Ansporn zu nutzen, wird aus Druck eine leistungsförderliche Motivation, das Sollen wird zum Wollen (siehe die Ausführungen zum Unterschied zwischen Motivation und Druck im vorangegangenen Kapitel 5).

Entscheiden sich Spieler für diese Option, werden sie nicht umhinkommen, die Widerstände zu überwinden, die gegenüber den externen Erwartungen bestehen. Zu überwinden sind Widerstände, die sich aus Lustlosigkeit, Entmutigung, Ermüdung, Erschöpfung, Aufbegehren oder anderen Faktoren ergeben. Hat der Spieler für sich geklärt, ob die Erwartungen an ihn berechtigt und erfüllbar sind, kann er sich bemühen, die mit dem Widerstand verbundenen Handlungsimpulse zu unterdrücken (z. B. der Impuls, die Sporthandlung wegen Lustlosigkeit zu beenden). Mit willentlicher Anstrengung ist das möglich, erfordert aber ein hohes Maß an Selbstkontrolle und Disziplin. Erforderlich sind volitionale Steuerungsprozesse, die darauf gerichtet sind, die Vermeidungsimpulse zu unterdrücken und das Verhalten in Richtung der geforderten Ziele zu unterstützen („Was gewinne ich, wenn ich mich trotz meiner Lustlosigkeit bemühe, die Forderung des Trainers zu erfüllen?"). Gebraucht wird Willenstärke, also die Fähigkeit, trotz Unlust, Hindernissen, Frustration oder Resignation das zu tun, was erwartet wird. Im Sport hört man nicht allzu viel vom Training der Willenskraft, auch wenn oft vom „Willen zum Sieg" die Rede ist. Eine Maxime, die Willenskraft zu stärken, lautet: „Stärke deinen Willen, indem du Zeit in eine Aktivität investierst, die dir am wenigsten gefällt". Dabei können Selbstinstruktionen, wie z. B. „Raff Dich auf! Gib bloß nicht so schnell auf!", durchaus hilfreich sein (Eberspächer, 2012).

### *Erwartungen ignorieren und mögliche Sanktionen akzeptieren*

Kommt ein Spieler zu dem Schluss, dass er Erwartungen nicht erfüllen kann oder will, kann er sich entschließen, sich von ihnen frei zu machen. Der Fußballnationalspieler Mario Götze sagte dazu in einem Interview: „Wenn man gut spielen will, kann man nicht auf den Platz gehen und denken: Ich muss jetzt die Erwartungen der Leute erfüllen. Man muss sich von diesem Druck freimachen".

Eine Möglichkeit, sich von Erwartungen frei zu machen, besteht darin, sie bewusst zu ignorieren, und *nicht* das zu tun, was gefordert wird, sondern das, was man aufgrund seiner momentanen Möglichkeiten und Bedürfnisse für richtig hält. Dabei hilft es, wenn Spieler die Erwartungen kennen, die an sie gerichtet sind, was oft Schwierigkeiten bereitet, da diese nicht immer eindeutig geäußert werden. Kennen sie die Erwartungen, fällt es leichter, sich von ihnen frei zu machen (siehe Baumann, 2009, S. 177). Spieler können externe Erwartungen ignorieren, indem sie ...

- Hinweise auf Erwartungen mehr oder weniger bewusst ausblenden („Ich denke nicht weiter darüber nach, was von mir erwartet wird“).
- bewusst darauf verzichten, Informationen über externe Erwartungen einzuholen („Was die Zuschauer von mir erwarten, will ich gar nicht wissen“).
- Warnungen darüber, was passiert, wenn sie Erwartungen nicht erfüllen, überhören („Mich interessiert es nicht, was passiert, wenn ich den Erwartungen an mich nicht gerecht werde“).
- sich an *eigene* Maßstäbe zur Bewertung von Erfolg und Misserfolg orientieren und nicht an den Gütemaßstäben der Umwelt. Zum Beispiel könnten sie die *kontrollierbaren* Faktoren zum Gradmesser ihrer Erfolgsbewertung machen („Habe ich mich genügend angestrengt? Habe ich die taktischen Anweisungen umgesetzt? Habe ich mein momentan vorhandenes Leistungspotenzial abgerufen?“) und nicht die Faktoren, die sie nicht kontrollieren können, wie z. B. überhöhte Ansprüche von Eltern, Trainern, Medien und Sponsoren (vgl. Schweer, 2011).

Entscheiden sich Spieler, externe Erwartungen zu ignorieren, sollten sie sich dessen bewusst sein, dass sie sich mit den dann möglicherweise eintretenden Sanktionen auseinandersetzen müssen. Sie müssen, ob sie wollen oder nicht, die drohenden Sanktionen akzeptieren („Ich spiele so gut ich kann. Wenn das dem Trainer nicht reicht, soll er mich auf die Bank setzen.“ oder: „Ich spiele so gut wie möglich. Sollen mich die Zuschauer doch auspfeifen, wenn mir etwas nicht gelingt. Ich kann das verschmerzen“).

### *Erwartungen verändern, um sie erfüllen zu können*

Eine weitere Möglichkeit, Druck zu reduzieren, besteht darin, auf die externen Erwartungen aktiv einzuwirken, sie zu verändern, um sie erfüllen zu können. Dazu teilen Spieler den Druckausübenden mit, warum sie die Erwartungen nicht erfüllen möchten oder können, und bitten dafür um Verständnis. Das kann sich auf solche Erwartungen beziehen, die lediglich für eine *aktuelle* Situation gelten („Erwartet heute nicht zuviel von mir, ich bin nicht in Topform, ich war unter der Woche erkältet“) oder *genereller* sind („Ich kann nicht mehr jede Woche auf diesem Niveau spielen, dafür bin ich zu alt“). Im Idealfall kann der Athlet die veränderten Erwartungen problemlos erfüllen, so dass der Druck verringert oder gar beseitigt wird. Entscheidet sich ein Spieler für diese Option, wäre es gut, wenn er realistisch einzuschätzen weiß, ob es Trainern, Mitspielern, Vereinen, Sponsoren überhaupt möglich ist, ihre Erwartungen zu korrigieren („Kann der Trainer, der selbst unter Erfolgsdruck steht, überhaupt darauf verzichten, mich über das ganze Spiel einzusetzen, auch wenn ich nicht in Topform bin?“).

## Selbst erzeugten Druck verringern

„Meine Erwartungen an mich selbst waren das größte Problem“. Mit diesen Worten nahm der Skispringer Sven Hannawld in einem Interview zu seiner Burnout-Erkrankung Stellung. Der portugiesische Nationalfußballspieler André Gomes beschrieb den Druck, den er selbst bei sich erzeugt, mit folgenden Worten (Handelsblatt Online vom 13.03.2018):

*Mit dem Druck von außen kann ich durchaus leben. Womit ich nicht gut leben kann, ist der Druck, den ich mir selbst auferlege. Ich bin zu selbstkritisch und perfektionistisch. Ich kann es nicht hinnehmen, Fehler zu machen.*

Beim selbst erzeugten Druck geht es nicht um *Erwartungen*, die von außen kommen, sondern um …

1. hohe *Ansprüche*, die Spieler an sich selbst stellen, denen sie aber nicht immer gerecht werden können (z. B. Ansprüche, immer fehlerfrei zu spielen, immer gewinnen zu müssen, Formkrisen schnell zu überwinden).
2. unzutreffende Annahmen, die Spieler bezüglich der *Erwartungen*, die aus der Umwelt an sie herangetragen werden, entwickelt haben.
3. unzutreffende Überzeugungen, die sich auf *Sanktionen* beziehen, mit denen Spieler rechnen, wenn sie externen Erwartungen nicht gerecht werden.

Berücksichtigt man diese Auslöser, kommen verschiedene Interventionen in Frage, um den Druck, den sich Spieler selbst machen, zu reduzieren oder gar zu beseitigen.

### *Sich Fehler erlauben*

Im Spielgeschehen ist immer mit einer Fehlerquote zu rechnen. Immer ist es möglich, dass Spieler „einen schlechten Tag erwischen“, auch wenn sie sich noch so sehr anstrengen. Fehler entstehen auf unzählige Arten, so dass es wohl keinem Spieler gelingt, sie gänzlich zu vermeiden. Hat er den Anspruch, unbedingt fehlerfrei spielen zu wollen, setzt er sich unnötig unter Druck. Er wird den Ballast eines Misserfolges in die nächste Aktion oder sogar in das nächste Spiel mitnehmen. Die Fixierung auf Fehler setzt eine gedankliche und gefühlsmäßige Negativspirale in Gang, die weitere Fehler vorprogrammiert (Kogler, 2006). Je mehr Angst ein Sportler vor Fehlern hat, desto mehr wird er welche machen (Loehr, 2010). Bestraft er sich dann noch selbst (z. B. mit Selbstvorwürfen), wenn er Fehler macht und/oder die Leistung nicht bringt, die er von sich erwartet, wird der Druck noch zunehmen.

Um selbst erzeugten Druck zu verringern, sollten Spieler lernen, sich Fehler grundsätzlich zu erlauben. Die Einstellung: „Hoffentlich mache ich keine Fehler" sollte der Einstellung weichen: „Ich akzeptiere es, wenn ich einen Fehler mache" (vgl. Baumann, 2009, S. 187). In dem Workshop von Sulprizio und Kleinert (2015) werden die Athleten dafür sensibilisiert, Fehler als *Entwicklungschance* zu begreifen. Jeder Fehler in einem Spiel soll ein „teaching moment" sein: Was kann ich aus diesem Fehler lernen? Vielleicht mache ich ja immer wieder den gleichen Fehler, weil mich niemand korrigiert? Erfolgreiche Spieler haben ihre Fehler analysiert, daraus Erkenntnisse für die Zukunft gewonnen und sich dadurch weiterentwickelt.

Um Fehler als Chance zur Leistungsverbesserung zu sehen hilft es, wenn der Verein eine so genannte *Fehlerkultur* einführt. Beispielsweise können Trainer oder Mannschaftskollegen Spieler, die sich selbst zu sehr unter Druck setzen, ermuntern, sich nicht ständig selbst zu bestrafen, wenn sie Fehler machen („Mach dir keine Vorwürfe, wenn du einen Fehler machst. Das lähmt den Kampfgeist" oder: „Hör bloß damit auf, dich ständig für kleine Fehler zu verurteilen"). Dabei gilt die Orientierung: Fehler sind kein Problem, solange sie keinen zu großen Schaden anrichten. „Es kommt also darauf an, dafür zu sorgen, dass die Fehler möglichst in Situationen gemacht werden, in denen sie relativ folgenlos bleiben – also in einem Freundschaftsspiel oder einem Trainingswettkampf" (Beckmann & Elbe, 2008, S. 70).

### *Sich Formkrisen erlauben*

Wie bei dem Anspruch, immer fehlerfrei zu spielen, sollten sich Spieler auch zwischenzeitliche Formkrisen grundsätzlich erlauben. Formkrisen entstehen regelmäßig nach *Verletzungen*, die vermutlich bei jedem Spieler in mehr oder weniger starkem Umfang Teil der Karriere sind. Oft ist der Stammplatz gefährdet, vielleicht zeigt der Ersatzmann ja so starke Leistungen, dass er den verletzten Spieler auf Dauer verdrängt. Viele Spieler, die nach Verletzungen endlich wieder fit sind und in das Training einsteigen, sind enttäuscht, dass gewisse Dinge auf dem Platz (noch) nicht so funktionieren wie früher. Sie vergleichen ihre derzeitigen Leistungen immer wieder mit dem Leistungsstand vor der Verletzung und sind enttäuscht, wenn der Fortschritt auf sich warten lässt. Diese Spieler setzen sich dann unter Druck, schnell wieder fit zu werden. So gestatten sie sich die erforderliche Rehabilitationszeit nicht in ausreichendem Maße (Sulprizio & Kleinert, 2015; Podlog, Banham,Wadey & Hannon, 2015).

Um dem entgegenzuwirken, empfiehlt Max Becker (2014) in seinem Blog aus dem Jahr 2014 den Fokus umzudrehen und genau umgekehrt an die Sache heranzugehen. Anstatt sich auf seine frühere Leistung zu konzentrieren, sollte der Spieler sein jetziges Leistungsvermögen erst einmal so annehmen wie es ist und darauf aufbauen. Er beschreibt das wie folgt:

*Akzeptiere es, dass Du noch etwas mehr Zeit benötigst, um wieder an Deine frühere Leistung anzuknüpfen. Hab keine großen Erwartungen an Dich selbst, beginne sozusagen bei 0 und freue Dich über jeden Trainingserfolg, über jede noch so kleine Verbesserung. Wenn man sich in einer Tiefphase befindet, dann bringt es nichts, so zu tun, als wären die Leistungen immer noch so gut wie zuvor. Dieses Verhalten führt früher oder später zum nächsten Misserfolg. Um erfolgreich und auch langfristig aus einem Tief wieder herauszukommen, muss man einen Neustart wagen und wieder von ganz weit unten anfangen.*

### *Sich von dem Anspruch frei machen, immer gewinnen zu müssen*

Es gibt Spieler, die den – zumeist uneingestandenen – Anspruch haben, immer gewinnen zu müssen. Diesem Anspruch können sie aber nur in den seltensten Fällen genügen, da man im Sport immer mal wieder eine Niederlage verkraften muss. Deshalb ist dieser Anspruch eine weitere Ursache selbst erzeugten Drucks. Baumann (2009) schreibt dazu: „Die Einstellung ‚Nur der Sieg zählt, der Gedanke zu verlieren, ist unerträglich!' setzt den Sportler unter eminent hohen psychischen Druck, steigert bei Gefahr einer Niederlage die Erregung, verbraucht unnötig Energie, die für den Erfolg dringend benötigt wird" (S. 179). Betroffene Spieler sollten deshalb frühzeitig lernen, sich von dem Anspruch, immer gewinnen zu müssen, frei zu machen und mit Niederlagen konstruktiv umzugehen. Öfter mal daran denken, dass jeder Sportler viele Misserfolge verkraften muss, bevor sich der Erfolg einstellt, kann helfen, Niederlagen konstruktiv zu verarbeiten.

*Vermutungen über externe Erwartungen überprüfen*

Da Erwartungen nicht immer eindeutig kommuniziert werden, kann es passieren, dass Spieler falsche oder übertriebene Annahmen darüber entwickeln, was von ihnen erwartet wird, die sich bei näherer Überprüfung als völlig haltlos erweisen können. Möglicherweise vermuten sie, dass Trainer, Eltern oder Mitspieler bestimmte Erwartungen an sie haben, obwohl das gar nicht zutrifft (z. B.: „Der Trainer erwartet von mir, dass ich immer Top-Leistungen zeige. Ob ich in Form bin oder nicht, das spielt für ihn keine Rolle". oder: „Meine Eltern wollen mich unbedingt im Kader einer Profimannschaft sehen"). Um selbst erzeugten Druck, der auf fälschliche Vermutungen über externe Erwartungen zurückgeht, zu verringern, ist es hilfreich, wenn Spieler überhaupt die Möglichkeit in Betracht ziehen, dass sie solche Annahmen entwickelt haben. Das ermöglicht es ihnen, zu überprüfen, ob diese Annahmen zutreffend sind. Das Ergebnis sollte dann dazu führen, Annahmen, die sich als unzutreffend herausgestellt haben, zu korrigieren.

*Vermutungen über drohende Sanktionen überprüfen*

Geht es um selbst erzeugten Druck, macht es keinen Unterschied, ob Sanktionen aus der Umwelt tatsächlich drohen, oder ob der Sportler nur davon überzeugt ist. Überzeugungen bezüglich drohender Sanktionen haben die Form von Wenn-Dann-Sätzen (z. B. „Wenn ich den Strafstoß verschieße, hält mich die Mannschaft für einen Versager". oder: „Wenn ich heute eine schlechte Leistung bringe, verliere ich das Vertrauen des Trainers"). Im Wenn-Satz wird ein negatives Leistungsergebnis beschrieben, der Dann-Satz enthält die dadurch zu erwartende Sanktion. Dem Athleten sind solche Überzeugungen selten bewusst. Um Druck zu verringern, ist es auch gar nicht erforderlich, sie sich bewusst zu machen. Was Spieler aber tun können ist, sich darüber zu informieren, was realistischerweise an Unangenehmem passieren kann, wenn es ihnen im Wettkampf nicht gelingt, die erwartete Leistung zu zeigen (z. B.: Welche Folgen hat es für mich als Stürmer, wenn ich einmal kein Tor schieße?). Viele Spieler informieren sich nicht genau darüber, mit welchen Sanktionen tatsächlich zu rechnen ist. Was geschehen könnte, bleibt dann äußerst diffus. Das erschwert es, mögliche Sanktionen realistisch einzuschätzen. Um dem entgegenzuwirken, können Spieler Erfahrungen auswerten, die sie in ihrer bisherigen Karriere gemacht haben, und die sie darüber informieren, mit welchen Konsequenzen *tatsächlich* zu rechnen ist, wenn Leistungserwartungen nicht erfüllt werden („Wie realistisch ist es, dass meine Befürchtungen tatsächlich eintreten?"). Erst dann stellen sich weitergehende Fragen: Will ich die Sanktionen in Kauf nehmen? Kann ich sie verkraften? Kann ich sie vermeiden?

## Die Auswirkungen des Drucks begrenzen

Sind die Ursachen des Drucks nicht bekannt oder nicht zu beeinflussen, können Spieler die körperlichen, emotionalen und mentalen Auswirkungen des Drucks begrenzen, um leistungsfähig zu bleiben. Das ist besonders Spielern mit ausgeprägter Stressreaktivität zu empfehlen. Britton (2018) konnte in einer empirischen Untersuchung nachweisen, dass die psychische Beanspruchung (Bedrohungswahrnehmung, Intensität negativer Emotionen, das Gefühl, die Situation nicht unter Kontrolle zu haben) vor und nach einem Wettkampf bei hoch stressreaktiven Athleten ausgeprägter ist als bei weniger stressreaktiven. Die Stressreaktivität wurde mit der Perceived Stress Reactivity Scale (Schlotz et al., 2011) gemessen, die für Untersuchungen im Sportbereich adaptiert wurde (siehe Britton, 2018). Im Folgenden möchte ich die in der Tabelle 4 aufgeführten Interventionen, die geeignet sind, die Auswirkungen des Drucks in Grenzen zu halten, etwas genauer beschreiben.

### Die körperlichen Auswirkungen des Drucks regulieren

Bei Spielern, die unter Druck stehen, beobachtet man vor, während und nach Wettkämpfen ausgeprägte körperliche Reaktionen, die als ängstliche Anspannung, Nervosität, Unruhe, Bewegungsdrang, Erregung in Erscheinung treten. Unter Druck können viele Spieler diese Reaktionen nicht effektiv regulieren, was zur Folge hat, dass sie (1) zu früh einsetzen (lange vor dem Wettkampf), (2) zu intensiv sind (zu ausgeprägt für die momentanen Anforderungen) und (3) zu lange andauern (noch lange Zeit nach Beendigung des Wettkampfes). Welche Möglichkeiten gibt es, die körperlichen Auswirkungen des Drucks zu begrenzen?

#### *Die Anspannung selbstregulativ beeinflussen*

Spieler können lernen, ihre Anspannung zu regulieren, um in allen Wettkampfphasen optimal aktiviert zu sein. Dazu brauchen sie (1) ein Wissen um die Zusammenhänge zwischen Anspannung und sportlicher Leistung, (2) eine verbesserte Wahrnehmung und Beurteilung ihres momentanen körperlichen Zustandes und (3) die Fähigkeit, die körperliche Anspannung selbstregulativ zu beeinflussen. Letzteres kann durch zielgerichtete *Relaxation* (Entspannung) erfolgen, indem Spieler ihre Wettkampfspannung verringern, aber auch durch zielgerichtete *Mobilisation*, indem Spieler diese erhöhen, wenn die Spielsituation das erfordert. Insbesondere vor einem wichtigen Wettkampf ist es wichtig, sein Erregungs- und Spannungsniveau zeitgerecht auf ein für den Athleten optimales Niveau herauf- oder herunterzuregulieren.

Hauptzielrichtung der Spannungsregulation unter Druck ist die Relaxation. Denn je näher ein Wettkampf rückt, „desto größer dürften bei den beteiligten Akteuren die Anspannung und Nervosität werden, die aus Erwartungen des Siegen-Wollens bzw. des Siegen-Müssens resultieren" (Cachay & Borggrefe, 2015, S. 287). Zur Beruhigung empfehlen Sportpsychologen so genannte „Pre-Performance Routinen". Gemeint sind bestimmte Handlungen, die man vor einem Wettkampf nach immer gleichem Muster ausführt. Beispielsweise kontrollierte Philipp Lahm seine Erregung vor dem Spiel, indem er jeden Handgriff ganz bewusst vollzog, und zwar so, wie er es immer tat: Wie er sich anzieht, die Schuhe schnürt, wie er noch etwas trinkt. Weisinger und Pawliw-Fry (2015) nehmen an, dass solche Routinen zwei Vorteile haben: Die Sportler bleiben auf den bevorstehenden Wettkampf fokussiert und zugleich signalisieren sie ihrem Körper, dass es bald Zeit ist, etwas zu leisten. Nach Schweer (2011) dienen ritualisierte Handlungen vor dem Wettkampf auch dem Stressabbau. Führt der Athlet gewohnte Handlungen aus, erlebt er ein Gefühl der Kontrolle über die Situation, was zur inneren Ruhe beiträgt.

### *Die Anspannung als normale Wettkampfbedingung betrachten*

Sofern die vor Wettkämpfen aufkommende Anspannung nicht übermäßig ausgeprägt ist, sollten Spieler sie nicht als Problem ansehen, sondern als etwas, das zur Wettkampfsituation dazugehört. Der Athlet soll sich aber nicht sagen: *Ich bin ruhig*, weil das nicht mit der Realität übereinstimmt. Das Wort „ruhig" legt nahe, dass man nicht nervös ist, obwohl alle Muskeln angespannt sind. Man sollte sich auch nicht sagen: *Ich bin ängstlich*. Das ist vielleicht richtig, aber eine negative und damit nutzlose Wahrheit, denn Negativität ist schädlich für die Leistung. Besser ist, wenn man sich sagt: *Ich bin erregt* (excited). Dieser Satz ist positiv und zugleich richtig. Um die Anspannung als normale Wettkampfbedingung zu betrachten, ist eine akzeptierende Haltung, kein vorschnelles „Loswerden-Wollen" zu empfehlen. Strengt sich der Spieler an, die Anspannung zu verbannen, wird sie nur noch größer und erreicht womöglich ein Ausmaß, das seine Leistungsfähigkeit beeinträchtigt. Spieler sollten sich sagen: *Was ich gerade erlebe ist eine Nervosität, die man von einem gesun-*

*den Menschen in dieser Situation erwartet. Warum sollte ich nicht nervös sein vor einem Wettkampf, für den ich so lange trainiert habe?*

### *Die Anspannung als „Leistungsenergie" deuten*

Viele Sportpsychologen sind der Ansicht, dass es weniger die hohe Anspannung als solche ist, die die Wettkampfleistung beeinflusst, sondern die *Interpretation* dieser Anspannung durch den Sportler. „Nicht die Erregung selbst ist das beeinträchtigende Moment, sondern das, was die Sportlerin über die Erregung denkt" (Kogler, 2006, S. 77). Eine Studie von Mellalieu, Hanton und Fletcher (2006) zeigte, dass Wettkampfangst in Abhängigkeit davon, wie der Athlet diese wahrnimmt und interpretiert, sowohl leistungsförderliche als auch -hemmende Effekte haben kann. Die Studie von Moore et al. (2015) konnte dies bestätigen. Sie ermunterten Sportler, ihr physiologisches Arousal als Mittel zu betrachten, das helfen kann, Leistungen zu maximieren. Als Folge trug dies zu verbesserten Leistungen im motorischen Bereich bei. Zusammenfassend lässt sich festhalten: Indem ein Sportler die körperliche Anspannung vor und während eines Wettkampfes positiv umdeutet und als einen Faktor betrachtet, der leistungsförderlich ist, kann er sie zur Leistungsmobilisierung nutzen (Jones et al., 2007).

## Affektkontrolle verbessern

„Emotionen sind der ausschlaggebende Faktor im Sport" (Loehr, 2010, S. 21). Sie regen die Zielsetzung an, steuern die Aufmerksamkeit und Wahrnehmung, bereiten auf Handlungen vor und energetisieren diese (Cashmore, 2008). Leistungsförderliche Handlungsbereitschaften können sich ohne emotionale Involviertheit nur unvollständig entwickeln. Neigt ein Spieler dazu, Emotionen zu unterdrücken, wirkt sich das ungünstig auf die Leistungsmobilisierung aus. Zum Beispiel wird einem Spieler die Möglichkeit genommen, die energetisierende Wirkung von Ärger zu nutzen, wenn er diese Emotion nicht empfindet, obwohl das nach Lage der Dinge durchaus angebracht wäre. Andererseits können affektive Reaktionen die Leistung aber auch beeinträchtigen und die vollständige Entfaltung vorhandener Leistungspotenziale verhindern, insbesondere wenn sie negativ sind, sehr intensiv ausfallen und über längere Zeit anhalten (Kuhl & Schulz, 1986; Loehr, 2010). Haben Spieler ihre Affekte nicht ausreichend unter Kontrolle, ist das zumeist mit einer Beeinträchtigung ihrer Leistung, aber auch der Mannschaftsleistung verbunden. Unter anderem bestehen die Beeinträchtigungen darin, dass die Spieler ...

- durch ihre emotionale Erregung vom Spiel abgelenkt werden
- sich nicht mehr so gut auf das Spiel konzentrieren können, da sie damit beschäftigt sind, sich wieder zu beruhigen
- häufiger mit einer gelben/roten Karte bestraft werden
- die Anweisungen des Trainers nicht mehr in ausreichendem Maße befolgen
- unnötige soziale Spannungen im Team auslösen, die den Mannschaftserfolg in Frage stellen
- unbedachte Fouls begehen, die zu gefährlichen Freistößen führen
- Streit mit Mitspielern, Gegnern und/oder dem Schiedsrichter bekommen und dann einige Zeit brauchen, um wieder in das Spiel finden

*Beispiel: Negative Auswirkungen mangelnder Affektkontrolle im Fußball*

Ein Schiedsrichter wird ein Spiel nur selten fehlerfrei leiten. Mit unsachlicher Kritik und lauten Protesten bringen Spieler den Schiedsrichter aber nur gegen sich auf. In der Folge wird der Schiedsrichter in Zweifelsfällen gegen den unbeherrschten Spieler entscheiden. Dazu eine typische Ereigniskette: Ein Spieler einer Fußball-Amateurmannschaft hat wegen einer umstrittenen Schiedsrichterentscheidung einen heftigen Streit mit dem Schiri. Er macht in lauten Worten klar, dass er mit der Entscheidung nicht einverstanden ist. Der Schiri verbittet sich den Ton und verwarnt ihn. Etwas später macht derselbe Spieler ein harmloses Foul, das der Schiri mit gelb bestraft. Noch etwas später macht der Spieler ein weiteres Foul, das so schwerwiegend ist, dass der Schiri dieses mit gelb ahnden muss. Das führt zum Platzverweis des Spielers und letztlich dazu, dass die Mannschaft das Spiel verliert.

Druck begünstigt die Entstehung leistungsabträglicher Emotionen. Das kann auf zwei Wegen erfolgen:

1. Auf Personen, die Druck machen, reagieren Spieler nicht selten mit heftigen und lang andauernden negativen Emotionen. Soll ein Spieler etwas tun, das er eigentlich gar nicht will, sich vielleicht sogar gezwungen fühlt, etwas gegen seinen Willen zu tun, und darüber hinaus Sanktionen fürchten muss, wenn er seinen eigenen Bedürfnissen nachgibt, dann ruft das bei Spielern irgendwann offene oder versteckte Abwehr hervor (Bisanz & Gerisch, 2008). Dann reagieren sie mit negativen Affekten auf die Person, die den Druck erzeugt. Die Person kann auch der Spieler selbst sein, wenn er sich selbst den Druck macht und bei Misserfolgen mit sich selbst unzufrieden ist.

2. Zum anderen neigen Spieler, die unter hohem Druck stehen, dazu, mit heftigen Emotionen zu reagieren, wenn sie während des Spiels mit unerwünschten Ereignissen konfrontiert werden, wie z. B. wenn ein Mannschaftskollege gefoult wird, der Schiedsrichter eine „falsche" Entscheidung trifft, Spieler von Gegenspielern provoziert werden, ein Spieler einen Fehler macht und dadurch ein Tor verursacht, der Trainer die Spielweise eines Spielers bemängelt, Zuschauer feindselig reagieren. Die Emotionen, die in solchen Situationen entstehen, sind umso heftiger, je stärker ein Spieler unter Druck steht. Ausgelöst werden verschiedene Emotionen: Ärger, Wut, Enttäuschung, Hilflosigkeit, Frustration, Scham, Resignation, Aggression, Angst oder Niedergeschlagenheit.

Um Leistungsbeeinträchtigungen vorzubeugen, ist es ratsam, wenn Spieler im Laufe ihrer Karriere lernen, druckinduzierte Affekte zu beherrschen. Effektive Affektkontrolle verlangt die Fähigkeit, Emotionen zwar zuzulassen, diese aber in ihrem Ausdruck, ihrer Intensität, Dauer und Häufigkeit unter Kontrolle zu halten. Gefragt sind Strategien, die es ermöglichen, Abstand zu den Personen und Geschehnissen zu gewinnen, die die Emotionen ausgelöst haben, Affekte herunter zu regulieren, den Affektausdruck zu beherrschen und sich möglichst schnell wieder zu beruhigen. Das Bemühen um Affektkontrolle sollte möglichst früh einsetzen, bevor sich die Emotion voll entfaltet hat, da heftige Affekte sich ab einem bestimmten Punkt nur noch schwer kontrollieren lassen. Welche Interventionsstrategien zur Affektkontrolle empfehlen Sportpsychologen? Einige werde ich im Folgenden beschreiben. Dabei orientiere ich mich an den Ausführungen von Jones (2003) und Cashmore (2008).

### *Selbstanalyse emotionaler Überreaktionen*

Bei der Selbstanalyse reflektiert der Athlet aus eigenem Antrieb seine emotionalen Überreaktionen, wenn ihm auffällt, dass er seine Emotionen nicht unter Kontrolle hat. Der Spieler nimmt sich vor, darauf zu achten, in welchen Situationen er dazu neigt, seine Gefühle unkontrolliert auszuagieren und welche Folgen das hat. Das Ziel ist, ein erhöhtes Problembewusstsein zu fördern. Im Idealfall entsteht ein Problembewusstsein, das dazu beiträgt, dass sich Spieler – möglichst aus eigenem Antrieb – darum bemühen, ihre Affekte besser zu kontrollieren. Wettkämpfe und Training enthalten viele Geschehnisse, die dazu anregen, druckinduzierte Überreaktionen zu analysieren. Insbesondere nach einer Sperre für das nächste Spiel kommen Spieler des Öfteren zu der Einsicht, etwas zur besseren Kontrolle ihrer Affekte zu unternehmen. Doch das ist leichter gesagt als getan. Viele Spieler nehmen sich vor, sich beim nächsten Mal zu beherrschen. Bei den ersten unerwünschten Vorfällen gelingt ihnen das vielleicht auch. Doch dann folgen weitere, und zum aktuellen Problem kommt der unterdrückte Ärger vorangegangener Situationen hinzu. Irgendwann wird es zuviel und bei irgendeiner Kleinigkeit explodieren sie eben doch. Es ist wie bei einer Sprudelflasche – je öfter man schüttelt, desto größer wird der Druck.

Nach neueren Erkenntnissen der Hirnbiologie können emotionale Überreaktionen als *Angewohnheit* betrachtet werden. Unser Hirn legt immer festere Bahnen zwischen Reiz und emotionaler Reaktion an, die sich immer mehr verfestigen, je öfter diese aktiviert werden. Wenn man es sich einmal angewöhnt hat, auf bestimmte Situationen emotional übermäßig zu reagieren, ist es äußerst schwierig, das wieder abzustellen. Aus dieser Sicht betrachtet, ist die Kontrolle emotionaler Überreaktionen nur dadurch möglich, dass man gewohntes Verhalten konsequent über längere Zeit unterlässt. Wie ist das in der Sportpraxis umzusetzen?

### *Affektäußerungen unterdrücken*

Spieler können negative Affekte kontrollieren, indem sie verhaltensbezogene *Affektäußerungen* unterdrücken („Ich kontrolliere meine Emotionen dadurch, dass ich sie nicht zeige"). Dazu müssen sie ihre Gefühle frühzeitig erkennen und die Affektäußerungen aufhalten, bis die Intensität der Gefühle soweit gemindert ist, dass überlegtes Handeln wieder möglich wird. Da der behaviorale und mimische Ausdruck der willkürlichen Regulation unterliegt, können Spieler sich vornehmen, den Emotionsausdruck zu hemmen, um auf diese Weise auch die Intensität des Gefühls abzuschwächen. Zum Beispiel könnte ein Spieler für sich ein gedankliches Stoppschild entwerfen, analog zum Stoppschild im Straßenverkehr. Mit dem Schild hat er einen kognitiven Anker, den er bei Bedarf einsetzen kann. Wenn er im nächsten Spiel emotional stark erregt ist, kann er sein Stoppschild hervorholen und versuchen, die Affektäußerung zu unterlassen.

### *Die Auslöser emotionaler Reaktionen neu bewerten*

Wie oben herausgearbeitet, können leistungsabträgliche Emotionen durch die affektive Bewertung eines unerwünschten Ereignisses ausgelöst werden, das sich im Spielverlauf ergibt (z. B. eine umstrittene Schiedsrichterentscheidung). Zur besseren Kontrolle der Affekte kann dieser Auslöser neu bewertet werden. Um zu verdeutlichen, was damit gemeint ist, sind im folgenden Kasten drei Beispiele angeführt.

*Beispiele: Neubewertung von Ereignissen, die emotionale Überreaktionen auslösen*

(1) Das Erleben von Ärger oder gar Wut, ausgelöst durch ein Foul seines Gegenspielers, kann ein Spieler abschwächen, indem er sich darauf besinnt, dass der Gegenspieler das Foul nicht absichtlich herbeigeführt hat, was er ihm zunächst unterstellt hat. Für den Umgang mit emotionalen Überreaktionen ist es von großer Bedeutung, „ob der gefoulte Spieler hinter der verletzenden Handlung des Gegners eine aggressive Handlung vermutet oder nicht" (Gabler, 2002, S. 117).

(2) Viele emotionale Überreaktionen werden durch umstrittene Entscheidungen des Schiedsrichters ausgelöst. Hier hilft es, wenn sich Spieler in Erinnerung rufen, dass die Anforderungen an den Schiri hoch und Fehler deshalb nicht auszuschließen sind. Kein Schiri kann fehlerfrei pfeifen. Im Verlauf einer Saison gleichen sich strittige Entscheidungen gegen und für Mannschaften aus.

(3) Nachdem sich ein Spieler über das Druck induzierende Verhalten seines Trainers geärgert hat, kann er sich klar machen, dass der Trainer selbst unter hohem Erfolgsdruck steht, was sein Verhalten verständlich macht.

### *Aggressive Handlungsimpulse kontrollieren*

In Spielsportarten stellt die Aggressivität ein besonderes Problem dar. Unter Druck kommt es häufiger zu aggressiven Handlungen, unter anderem auch deshalb, weil druckinduzierte Ängstlichkeit durch Aggression abgebaut werden kann (Schweer, 2011). Dann werden Konkurrenten beleidigt, Gegenspieler und Schiedsrichter beschimpft, Gegenstände zerstört, Gegner in gefährlicher Weise gefoult u. a.m. Da in Spielsportarten Aggressivität vielfach positiv bewertet wird, sieht nicht jeder betroffene Spieler ein, dass es ratsam ist, aggressive Handlungsimpulse ausreichend zu kontrollieren. „Ein gewisses Maß an ‚Aggressivität' wird oftmals erfolgreichen Wettkampfsportlern nachgesagt" (Schweer, 2011, S. 141). Um diesem Problem zu begegnen, wird in der Sportpsychologie eine feindselige von einer instrumentellen Aggressivität unterschieden.

*Feindselige Aggressivität*

Feindselige Aggressivität versucht, dem Gegner irgendwie einen Schaden zuzufügen oder ihn gar zu verletzen (z. B. durch rücksichtsloses Hineingrätschen gegen Füße und Schienbein des den Ball führenden Gegenspielers im Fußball). Obwohl ein „professionelles Foul" einem Team manchmal nützt, ist feindselige Aggressivität in der Regel unproduktiv (Jarvis, 2006). Im Mannschaftssport tritt feindseliges aggressives Verhalten häufig als Reaktion auf Frustrationen auf.

*Instrumentelle Aggressivität*

Instrumentelle Aggressivität verfolgt nicht die Absicht, den Gegner zu schädigen. Passiert das doch, ist das eine nicht beabsichtigte Nebenwirkung (Gabler, 2002). Spieler nutzen ihre erhöhte Aggressionsbereitschaft als Energiequelle bzw. als Kampfgeist. Auch können sie mit der aggressiven Gestimmtheit die ängstliche Anspannung besser bewältigen, die ausgelöst wird, wenn sie unter hohen Druck stehen. Athleten sind bei aggressiver Gestimmtheit weniger auf sich bezogen, wodurch Ängste und Sorgen in den Hintergrund treten. So können sie sich besser auf das Spielgeschehen und den Gegner konzentrieren. Ohne sich dessen bewusst zu sein, nutzen Trainer und Zuschauer diesen Mechanismus, wenn sie mehr Aggressivität fordern oder ihre eigene aggressive Gestimmtheit auf die Spieler übertragen. Wird ein Spieler der eigenen Mannschaft brutal gefoult, kann es passieren, dass nicht nur der gefoulte Spieler, sondern auch die Mitspieler in eine leistungsförderliche aggressive Stimmung versetzt werden, die oft von außen (Trainer, Zuschauer) noch angeheizt wird.

Leider ist Spielern, Trainern und auch anderen Akteuren der Unterschied zwischen feindseliger und instrumenteller Aggression nicht immer klar (Cashmore, 2008), was dazu führt, dass feindselige Aggressivität viel zu oft vom Umfeld toleriert oder sogar belohnt wird. Silva (1983) konnte zeigen, dass Regeln verletzendes Verhalten durch die sporttypische Sozialisation der Athleten gefördert wird.

Da feindselige Aggression die Leistung im Wettkampf beeinträchtigt, sollten Spieler, die zu feindseliger Aggressivität neigen, lernen, diese besser zu kontrollieren. Sie sind ihren aggressiven Impulsen nicht hilflos ausgeliefert. Auch Aggressionen bauen sich auf, so dass es möglich ist, den Prozess der Aggressionsentfaltung zu unterbrechen. Dabei können *Selbstinstruktionen* hilfreich sein. Leistungsstarke Spieler wenden im Wettkampf häufiger Selbstgespräche zur Affektkontrolle an als weniger erfolgreiche (Jones et al., 2007). Die folgenden Selbstinstruktionen können helfen, feindselige Aggressivität besser zu kontrollieren:

- Vorbereitung auf eine belastende Situation („Bleib ganz ruhig, wenn du gefoult wirst. Lass dich nicht aus der Ruhe bringen, wenn der Schiedsrichter falsch entscheidet")
- Konzentration auf die Aufgabe („Bleib ruhig und konzentriere dich auf deine Aufgabe!")
- Identifizieren impulsiver Reaktionen („Ich rege mich schon wieder auf und werde schon wieder aggressiv")
- Hemmung impulsiver Reaktionen („Ich werde wütend. Ehe es noch schlimmer wird, sollte ich die Auseinandersetzung beenden")

- Identifizieren von Kontrollverlust („Ich verliere jetzt schon wieder die Beherrschung – das muss ich verhindern“)
- Selbstbelohnung („Du hast dich nicht provozieren lassen, das hast du gut gemacht“)
- Bewältigung von Misserfolgen („Das war nicht gut – beim nächsten Mal werde ich mich beherrschen“)

## Die Konzentration auf das Spiel verbessern

Die Untersuchungen von Wang, Marchant, Morris und Gibbs (2004; zitiert nach Maurer, 2007) und Mesagno et al. (2008) weisen darauf hin, dass Leistungseinbußen unter Druck das Resultat eines Anstiegs der Angst sind. Angst enthält zwei Komponenten: (1) Eine kognitive, die als „Besorgnis“ (worry), und (2) eine körperliche, die als „Aufgeregtheit“ (emotionality) bezeichnet wird. Empirisch zeigte sich, dass Leistungseinbußen unter Druck vor allem mit einem Anstieg der Besorgniskomponente einhergehen (Maurer, 2007; Rohweder & Jansson; 1998). Unter Druck nehmen sorgenvolle Gedanken über mögliche Misserfolge zu (Mesagno, Harvey & Janell, 2012). Auch Eberspächer (2012) betont diesen Aspekt, wenn er darauf hinweist, dass Athleten unter Druck deshalb oft versagen, weil sie im entscheidenden Augenblick nicht an die Sporthandlung denken, die sie gerade ausführen, sondern an negative Konsequenzen, falls sie nicht gelingt. Spieler, die unter Druck Leistungseinbußen zeigen, berichten häufig, dass sie sich gedanklich zu sehr mit den Folgen von Fehlern beschäftigt haben und damit, wie sie von Trainern, Zuschauern oder der Presse wohl beurteilt werden (ausführlich bei Moran & Toner, 2018). Nach Kogler (2006) gehört es zum Standardproblem von Sportlern, über soeben gemachte Fehler nachzugrübeln, anstatt sich auf die nächsten Aufgaben zu konzentrieren. Ein Spieler, der darüber nachdenkt, was vor fünf Minuten geschehen ist oder in zehn Minuten geschehen könnte, wird nicht in der Lage sein, sein Leistungspotenzial vollständig auszuschöpfen. Dadurch begrenzt der Sportler seine mentalen Ressourcen, die dann für die Ausführung der sportlichen Aufgabe nicht mehr vollständig zur Verfügung stehen (Liao & Masters, 2002; Wörz, 2000).

Im Einzelnen beziehen sich störende Gedanken u. a. auf …

- eine mögliche Niederlage („Wir verlieren schon wieder. Was ist nur mit uns los?“)
- Misserfolge in vergangenen Spielen („Den gleichen Fehler habe ich auch im letzten Spiel gemacht“)
- Misserfolge in vorangegangenen Aktionen („Den verlorenen Zweikampf wird der Trainer bestimmt gesehen haben“)

- die Folgen einer schlechten Leistung („Wenn ich jetzt noch einen Fehler mache, nimmt mich der Trainer bestimmt raus“)
- eigene Unzulänglichkeiten („Bin ich wirklich gut genug für die Mannschaft?“)
- Überlegungen darüber, was andere über mich denken, wie andere meine Leistung beurteilen („Was wird der Trainer sagen, wenn ich schlecht spiele?“)
- die eigene Befindlichkeit („Das Spiel macht keinen Spaß mehr, hoffentlich ist das alles bald vorbei“)
- das Verhalten der Zuschauer („Warum pfeifen uns die Zuschauer aus, wir geben doch unser Bestes?“)

Obwohl es schwierig ist, vom Spielgeschehen ablenkende Gedanken zu stoppen, bedeutet das nicht, dass nichts dagegen getan werden kann. Drei Strategien möchte ich zur Kontrolle störender Gedanken hervorheben:

*Erkennen, dass störende Gedanken die Konzentration beeinträchtigen*

Zuallererst gilt es, überhaupt zu bemerken, dass störende Gedanken die Konzentration beeinträchtigen. Das ist schwieriger als man glaubt, da Bewertungen von Ereignissen im Spielgeschehen reflexartig erfolgen und automatisiert ablenkende Gedanken(ketten) auslösen. Oft drängen sich ablenkende Gedanken sogar ohne besondere Ereignisse auf, da sie nicht nur situations-, sondern auch stimmungsabhängig sind. Zudem besteht bei manchen Sportlern die Neigung, dieselben Gedanken immer wieder neu zu beleben.

*Selbstanweisungen zur Konzentration auf die anstehenden Aufgaben*

Ist sich der Athlet seiner störenden Gedanken(ketten) bewusst und fasst den Entschluss, etwas dagegen zu unternehmen, stellt sich die Frage, was er tun kann. Sich angestrengt darum bemühen, Gedanken zu stoppen, funktioniert nicht, weil man die Aufmerksamkeit ja auf die Gedanken lenken muss, die man verhindern will. Angestrengtes Bemühen, störende Gedanken zu stoppen, führt nicht selten zu *paradoxen Effekten*: Der Versuch, nicht an etwas Bestimmtes zu denken, erhöht die Wahrscheinlichkeit, dass man genau das tut. Deshalb ist es nicht ratsam, krampfhaft zu versuchen, vom Spiel ablenkende Gedanken zu unterdrücken. Erfolgreiche Spieler geben bei Befragungen an, es sei besser, sich auf die anstehenden Aufgaben zu fokussieren bzw. zu re-fokussieren, als zu versuchen, störende Gedanken zu unterdrücken, wie es auch Weisinger and Pawliw-Fry (2015) oder Orlick (2008) empfehlen.

Um die Konzentration auf das Spielgeschehen zu verbessern, nutzen Sportler in erster Linie *Selbstanweisungen*. Das Selbstgespräch ist die von Sportlern am häufigsten eingesetzte kognitive Strategie, um sich optimal auf das Spielgeschehen zu konzentrieren (Hermann & Mayer, 2012). Genutzt werden verdeckte und offene Instruktionen, die sich an die eigene Person richten. Sie instruieren Spieler, was zu tun ist, und motivieren zugleich für anstehende Aufgaben (Moran & Toner, 2018). Geeignet sind kurze, lebhafte und positiv formulierte Ermahnungen, die den Zweck haben, sich auf die anstehende Aufgabe zu fokussieren („Konzentriere dich auf das Spiel! Alles andere ist unwichtig“). Insbesondere nach Misserfolgen (z. B. Fehlpässen, Ballverlusten, Abwehrfehlern, verlorenen Zweikämpfen) können Selbstanweisungen die Konzentration schnell wieder herstellen. Jeder Spieler muss für sich die Anweisung finden, mit der er die besten Erfolge erzielt.

### *Exzessives Monitoring beseitigen*

Nach der Theorie des „exzessiven Monitoring“ kommen druckinduzierte Beeinträchtigungen der sportlichen Leistung dadurch zustande, dass die Aufmerksamkeit zu sehr auf die Ausführung einer Sporthandlung gelenkt wird, was eine Störung der *automatisierten* Bewegungsabläufe zur Folge hat (Baumeister, 1984). Wenn z. B. ein Basketballspieler seine Aufmerksamkeit auf das Abklappen des Handgelenks beim Basketball-Freiwurf richtet, anstatt auf das Ziel der Handlung, ist das eher hinderlich, denn die Ausführung hoch automatisierter Bewegungshandlungen werden durch bewegungsbezogene Aufmerksamkeitsprozesse behindert (Memmert et al., 2013). Hinter diesem Erklärungsansatz steht ein bestimmtes Konzept der Aneignung sportlicher Fertigkeiten, wonach motorische Fertigkeiten so lange trainiert werden, bis sie automatisiert ablaufen und keiner bewussten Kontrolle mehr bedürfen. Das soll zu optimalen Leistungen führen, da Teile des Gehirns auf Autopilot geschaltet sind (Beilock & Carr, 2001). Einstudierte Abläufe geben Sicherheit. Gute Fußballspieler machen ihren Kopf frei und spielen, wie man sagt, intuitiv. Mesut Özil beschreibt das in seinem Buch *Die Magie des Spiels* wie folgt (S. 198):

*Am liebsten spiele ich, ohne nachzudenken. Ich will nicht darüber grübeln, wie ich an meinem Gegner vorbeikommen könnte, sondern einfach weiterdribbeln, wie es mir gerade in den Sinn kommt.*

Sportpsychologen empfehlen, im entscheidenden Moment der Bewegungsausführung vergleichende und bewertende Prozesse, die sich auf die Bewegung selbst beziehen, zu unterlassen. Das darf aber nicht dazu führen, dass

Spieler darauf verzichten, über die Situation, in der sie sich gerade befinden, hinaus zu denken, um neue Entwicklungen abzuschätzen und Handlungsstrategien zu ändern (Eberspächer, 2012).

# 7 Wie Trainer ihre Kompetenzen im Umgang mit Erfolgsdruck verbessern können

*Man kann nur andere coachen,*
*wenn man sich selbst coachen kann.*

Henk Groener (Handball-Bundestrainer)

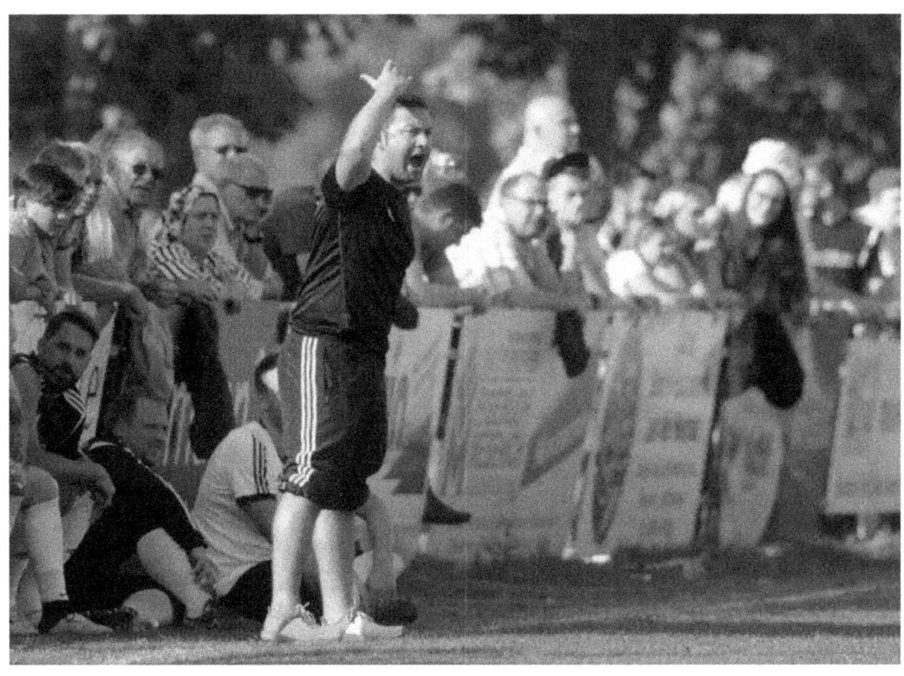

Von Trainern wird erwartet, dass sie ihre Spieler zu Höchstleistungen und ihre Mannschaften zu Siegen führen, das Prestige von Vereinen erhöhen, die taktische Ausrichtung für die anstehenden Spiele vorgeben, Sicherheit und Entschlossenheit vermitteln u. a. m. Diese Erwartungen kommen von Spielern, der Vereinsführung, Spielerberatern, Sponsoren, Medien, Fans, Zuschauern oder Assistenztrainern. Solange ihre Mannschaft siegreich ist und den an sie gestellten Erwartungen gerecht wird, können Trainer problemlos ihre Arbeit machen. Bleiben aber Siege aus, drohen Sanktionen und der Verlust von Ressourcen (Verträge werden nicht verlängert, Unterstützung wird entzogen, Status und Ansehen in der Öffentlichkeit gehen verloren, das Selbstvertrauen wird beschädigt). Doch Trainer können selbst die Siege nicht herbeiführen, sie sind darauf angewiesen, dass ihre Spieler das für sie tun. Spieler verhalten sich aber nicht immer so, wie Trainer sich das vorstellen. Man könnte sagen, sie setzen den Forderungen nach Erfolgen einen „Widerstand" entgegen. Trainer, die sich in einer solchen Situation befinden, stehen unter großem Erfolgsdruck, der ihre Handlungsfähigkeit und sogar ihre Gesundheit erheblich beeinträchtigen kann. Da sie immer damit rechnen müssen, in eine solche Situation zu kommen, ist es für sie wichtig zu lernen, mit Druck umzugehen. Wie ihre Spieler können auch Trainer ihre Kompetenzen im Umgang mit Druck verbessern (siehe Tab. 5). Sie können …

1. den Druck selbst verringern
2. ihre Druckresistenz stärken

*Tab. 5: Interventionen zur Druckminderung und zur Stärkung der Druckresistenz*

| **Trainer können den Druck verringern, indem sie …** | **Trainer können ihre Druckresistenz stärken, indem sie lernen, auch unter Druck …** |
|---|---|
| 1. auf die Herausbildung von Zielvorgaben Einfluss nehmen<br>2. Zielvorgaben korrigieren<br>3. Verantwortung teilen und gemeinsam nach neuen Lösungen suchen<br>4. den eigenen Ehrgeiz beherrschen | 1. richtige Entscheidungen zu treffen<br>2. mit Spielern effektiv zu kommunizieren<br>3. Niederlagen konstruktiv zu verarbeiten<br>4. ihre emotionalen Reaktionen zu kontrollieren<br>5. Belastungen, die die Gesundheit gefährden, zu vermeiden |

## Die Ursachen des Drucks beeinflussen

*Die Anspannung ist vielleicht noch nie so groß gewesen,*
*weil ich weiß, die Hoffnung und die Erwartungen*
*bei uns allen, im DFB, bei den Fans*
*und in der Mannschaft sind groß.*

Oliver Bierhoff
(Manager der Fußballnationalmannschaft, im Interview vor der WM 2018)

Wollen Trainer den Druck, dem sie ausgesetzt sind, reduzieren, können sie an den Ursachen des Drucks ansetzen. Zu den Ursachen zählen in erster Linie anspruchsvolle Zielvorgaben und hohe Ansprüche, die Trainer an sich selbst stellen. Erst wenn es nicht möglich oder nicht gewollt ist, die Ursachen zu beeinflussen, empfiehlt es sich, an den Auswirkungen des Drucks anzusetzen und die Druckresistenz zu stärken. Wie können Trainer auf die Ursachen des Drucks einwirken, um den Erfolgsdruck zu verringern? Ich möchte vier Möglichkeiten anführen (vgl. Tab. 5):

1. Auf die Herausbildung von Zielvorgaben Einfluss nehmen
2. Zielvorgaben korrigieren
3. Verantwortung teilen und gemeinsam nach neuen Lösungen suchen
4. Den eigenen Ehrgeiz beherrschen

## Auf die Herausbildung von Zielvorgaben Einfluss nehmen

Für Trainer besteht eine Möglichkeit, Druck zu verringern oder sogar ganz zu vermeiden, darin, frühzeitig auf die Herausbildung von Zielvorgaben Einfluss zu nehmen. Unrealistische Zielvorgaben erhöhen das Risiko, dass Ziele nicht erreicht werden und in der Folge Druck entsteht. Deshalb können Trainer die Wahrscheinlichkeit, unter Druck zu geraten, verringern, wenn sie so früh wie möglich auf die Herausbildung von Zielvorgaben Einfluss nehmen. Dazu wird es notwendig, bereits vor Beginn der Pflichtspiele realistische Vorstellungen darüber zu entwickeln, was aufgrund der Leistungsstärke ihrer Spieler maximal erzielt werden kann, wenn alles gut läuft. Erst dann sollten sie sich auf konkrete und damit überprüfbare Ziele festlegen. Zur Frage, zu welchem Zeitpunkt Zielvorgaben vereinbart werden sollten, äußert sich Linz (2014) wie folgt: „Ohne dass es dafür eine generelle Regel gibt, würde ich doch sagen, etwa 3–4 Wochen vor Saisonbeginn ist ein guter Zeitpunkt. Dann haben die Spieler schon einige Zeit gehabt, sich zu beschnuppern und zusammenzuwachsen. Zugleich ist es noch früh genug, dass sie das Ziel verankern können (...), bevor die Saison startet" (S. 101/102).

## Zielvorgaben korrigieren

Eine weitere Möglichkeit, Druck zu verringern, besteht darin, vereinbarte Zielvorgaben zu korrigieren. Aus dem Ziel aufzusteigen, kann das Ziel Klassenerhalt, aus dem Klassenerhalt kann ein Sich-Abfinden mit dem Abstieg werden. Doch Zielkorrekturen sind immer problematisch, besonders in höheren Ligen. Vereinsfunktionäre, Sponsoren und auch die Spieler selbst akzeptieren Zielkorrekturen nur ungern. Deshalb gehen viele Trainer einer Diskussion über Zielkorrekturen aus dem Wege und bemühen sich lieber, den vereinbarten Zielvorgaben doch noch irgendwie gerecht zu werden. Dabei kommt es häufig zu einem typischen Problem: Obwohl der Trainer spürt, oder vielleicht sogar erkennt, dass eine Zielkorrektur unausweichlich ist, hält er dennoch nach außen an dem vereinbarten Ziel fest, weil er nicht den Mut findet, seinen Misserfolg nach außen einzugestehen. Für Trainer, die diesen Konflikt nicht lösen, wird es schwierig, die vereinbarten Ziele vor der Mannschaft noch glaubwürdig zu vertreten und ihre Spieler erfolgreich zu motivieren. In unteren Ligen und insbesondere im Kinder- und Jugendbereich ist es leichter, Zielvorgaben zu korrigieren.

## Verantwortung teilen und gemeinsam nach neuen Lösungen suchen

Sind Zielvorgaben nicht zu ändern oder sollten sie aus Sicht des Trainers beibehalten werden, bleibt die Möglichkeit, die Verantwortung für weitere Erfolge/Misserfolge zu teilen und gemeinsam mit der Mannschaft und/oder dem Verein nach neuen Lösungen zu suchen. Das ist deshalb eine Option, weil Erfolge eines Trainers nur über die Leistung der Mannschaft bzw. einzelner Spieler möglich sind. Dies spricht dafür, die Verantwortung für zukünftige Erfolge/Misserfolge mit der Mannschaft zu teilen, und gemeinsam nach neuen Wegen zu suchen, die es vielleicht ermöglichen, die Zielvorgaben doch noch zu erfüllen. In einem Interview in der ZEIT fragte der Interviewer den Bundesliga-Trainer Dieter Hecking:

*Welches ist der größte Fehler nach einem Misserfolg? Die Antwort: Nicht mehr miteinander reden, weil man Angst davor hat, kritisiert zu werden. Weil man glaubt, allein die richtige Lösung für die Krise zu finden.*

Gefragt sind Maßnahmen, die eine Niederlagenserie beenden könnten, wie z. B. die Taktik anders ausrichten, andere Spieler einsetzen, eine andere Aufstellung wählen, Konflikte mit bestimmten Spielern riskieren, anders mit Spielern kommunizieren, disziplinierende Maßnahmen ergreifen, Spieler effektiver kontrollieren, Spieler besser motivieren. Diese Maßnahmen können Trainer mit der Mannschaft erarbeiten, um dann gemeinsam Lösungsvorschläge und Erfolgswahrscheinlichkeiten kritisch abzuwägen. Doch am Ende muss der Trainer entscheiden, was zu tun ist, und diese Entscheidung gut begründen. Letztlich wird er mit dieser Strategie aber nur Erfolg haben, wenn er von den Maßnahmen, die man gemeinsam entwickelt hat, auch überzeugt ist.

## Den eigenen Ehrgeiz beherrschen

Zur Trainertätigkeit gehört eine Portion Ehrgeiz dazu. Nur wer ehrgeizig genug ist, arbeitet so intensiv, dass er irgendwann daran denken kann, Trainer in einer höheren Liga zu werden. Doch sehr ehrgeizige Trainer geraten schnell unter Druck, wenn Erfolge ausbleiben. Deshalb neigen sie in solchen Situationen zu „harten", oft auch ungeeigneten Maßnahmen, die sie wieder auf die Erfolgsspur bringen sollen. Im Einzelnen tendieren sie dazu, ...

- ihre Spieler zu überfordern
- mit harten Sanktionen zu reagieren, wenn Spieler nicht die erwarteten Leistungen zeigen
- die Trainingsbelastung noch weiter zu intensivieren
- ihren besten Spielern zu wenig Regenerationszeit nach schweren Spielen einzuräumen
- Spielern, die für den Erfolg „gebraucht" werden, nach Verletzungen zu wenig Zeit zur vollständigen Rekonvaleszenz zu geben
- nur ihre starken Spieler einzusetzen, was oft zu Konflikten mit Eltern und/oder den weniger leistungsstarken Spielern führt

Zumeist sind diese Maßnahmen nicht geeignet, wieder Siege zu erringen. Im Gegenteil: Bleiben Erfolge weiter aus, verstärkt sich der Druck auf den Trainer noch, insbesondere wenn die Spieler mit den Maßnahmen nicht einverstanden sind und es zu Konflikten kommt. Wenn Trainer in dieser Situation den Druck reduzieren wollen, bleibt ihnen nichts anderes übrig, als ihren Ehrgeiz zu beherrschen und ihr hohes Anspruchsniveau zu korrigieren. Zu empfehlen ist, dass sie zunächst einmal die Aversion gegenüber Sanktionen abmildern, die ihnen bei weiterer Erfolglosigkeit drohen. Eine Vertragsauflösung ist kein persönliches Versagen, erzeugt auch kein bleibendes Stigma. Trainer, die nicht die Erwartungen ihres Vereins erfüllen konnten, finden meist wieder einen neuen Job. Zusätzlich sollten sie sich öfter mal in Erinnerung rufen, dass auch andere Trainer nicht immer erfolgreich sind. Ehrgeizigen Trainern, die im Kinder- und Jugendbereich arbeiten, schadet es nicht, wenn sie sich des Öfteren daran erinnern, dass ...

- man nicht immer gewinnen kann
- es für das Klima in der Mannschaft wichtig ist, alle Spieler einzusetzen
- ohne Spaß am Spiel keine konstant guten Leistungen möglich sind
- Kinder und Jugendlichen bald die Lust am Sport verlieren, wenn sie nicht eingesetzt werden

# Die Druckresistenz stärken

Interventionen zur Stärkung der Druckresistenz sollen verhindern, dass hoher Erfolgsdruck die Handlungsfähigkeit von Trainern beeinträchtigt. Das ist besonders im leistungsorientierten Teamsport eine Option, wenn finanzielle Aspekte im Vordergrund stehen und Trainer glauben, „keine Alternativen zu haben, als sich dem kurzfristigen Erfolgsdruck unterzuordnen" (Blumhoff, 2010, S. 270). Eine ausreichend hohe Druckresistenz ist das Ergebnis erfolgreicher Anpassungsprozesse, die Trainer in die Lage versetzt, ihre Aufgaben auch in Drucksituationen effektiv zu erledigen (siehe Tab. 5).

Um ihre Druckresistenz zu stärken, sollten Trainer lernen, auch unter Druck ...

- richtige Entscheidungen zu treffen
- mit Spielern effektiv zu kommunizieren
- Niederlagen konstruktiv zu verarbeiten
- ihre Emotionen zu kontrollieren
- körperliche Stressbelastungen zu vermeiden, die ihre Gesundheit gefährden

## Auch unter Druck richtige Entscheidungen treffen

Vor einem Spiel, in Halbzeitbesprechungen und während eines Wettkampfes müssen Trainer ständig Entscheidungen treffen (z. B.: Muss ich meine Taktik ändern? Sollte ich Spieler auswechseln? Wenn ja, welchen Spieler sollte ich einwechseln?). Die Entscheidungen erfolgen im Wettkampf fast immer unter Zeitnot. Jede falsche Entscheidung wird sofort wirksam und gefährdet den Erfolg. Sind Trainer einem hohen Erfolgsdruck ausgesetzt, steigt das Risiko, dass ...

- Entscheidungen zu schnell getroffen werden, wodurch nur wenige der zur Verfügung stehenden Informationen zur Entscheidungsfindung berücksichtigt werden.
- Rückmeldungen über den Erfolg/Misserfolg von Entscheidungen unvollständig oder gar nicht verarbeitet werden.
- konsensorientierte Entscheidungen bevorzugt werden, wodurch sich Trainer Konflikte mit Spielern, Vereinsfunktionären etc. ersparen wollen.
- Entscheidungsregeln, falls es sie gibt, nicht erinnert, missachtet oder gar verletzt werden.

Wollen Trainer ihre Druckresistenz stärken, müssen sie lernen, diese Beeinträchtigungen möglichst gering zu halten oder ganz zu vermeiden. In der sportpsychologischen Literatur werden verschiedene Strategien empfohlen, wie sie das erreichen können.

### *Sich bei der Entscheidungsfindung Zeit lassen*

Während eines Wettkampfes reicht es nicht immer aus, wenn Trainer sich auf ihre Erfahrungen verlassen und ihre Entscheidungen intuitiv treffen. Im Unterschied zu ihren Spielern, deren Entscheidungen während eines Spiels zumeist intuitiv, durch einfache, aber zumeist erfolgreiche Heuristiken zustande kommen, genügt das bei Trainerentscheidungen nicht. Denn intuitive Entscheidungen sind anfällig für die Wiederholung systematischer Fehler (Schweizer, Plessner & Brand, 2014). Von Trainern werden reflektierte, gut überlegte Entscheidungen erwartet. Deshalb sollten sie sich, wenn das irgendwie möglich ist, auch in Drucksituationen etwas Zeit für die Entscheidungsfindung nehmen. Nach Weisinger und Pawliw-Fry (2015) neigen Trainer unter Druck aber dazu, Entscheidungen viel zu schnell und damit zu wenig überlegt zu treffen. Als Lösung empfehlen die Autoren, bei der Entscheidungsfindung langsamer zu werden (slow down). Slow down beschreiben sie mit folgenden Worten:

*When you're in a high-pressure situation, it's natural to speed up your thinking. Don't do it! Moving too fast often leads you to act before you're ready. You don't think as clearly as you normally would. Give yourself a second to breathe and formulate a plan. You'll think more flexibly, creatively, and attentively, and your work will be all the better for it.*

### *Feedback nutzen*

Um richtige Entscheidungen zu treffen, werden Erfolgs-Rückmeldungen gebraucht. In Drucksituationen erhöht sich aber die Wahrscheinlichkeit, dass Trainer Rückmeldungen über den Erfolg/Misserfolg ihrer Entscheidungen nicht ausreichend verarbeiten oder gar nicht zur Kenntnis nehmen. Sicherlich bieten viele Wettkampfsituationen nur unklares oder verzögertes Feedback. Wenn aber andere Personen oder der Wettkampfverlauf Rückmeldungen zur Verfügung stellen, sollten diese zur Entscheidungsfindung und -korrektur genutzt werden. Des Weiteren kommt es der Entscheidungsfindung zugute, wenn sich Trainer aktiv um Feedback bemühen, gerade wenn sie unter hohem Erfolgsdruck stehen. Sie können nicht erwarten, dass sie ohne eigenes Zutun ausreichendes Feedback von der Umwelt erhalten.

*Entscheidungen nicht ausschließlich nach ihren Ergebnissen beurteilen*

Unter hohem Erfolgsdruck tendieren Trainer dazu, ihre Entscheidungen ausschließlich danach zu beurteilen, welche Ergebnisse kurzfristig erzielt wurden, was dazu führt, dass Entscheidungen bei Misserfolgen vorschnell wieder rückgängig gemacht werden. Nach Dobelli (2011) ist es aber nicht angebracht, Entscheidungen ausschließlich nach ihren unmittelbar erzielten Ergebnissen zu beurteilen. „Ein schlechtes Ergebnis bedeutet nicht automatisch, dass die Entscheidung schlecht getroffen wurde – und umgekehrt. Statt also mit einer Entscheidung zu hadern, die sich als falsch erwiesen hat, oder sich für eine Entscheidung auf die Schulter zu klopfen, die vielleicht rein zufällig zum Erfolg führte, sollten Sie sich besser noch einmal vor Augen halten, warum Sie so entschieden haben. Aus vernünftigen, nachvollziehbaren Gründen? Dann tun Sie gut daran, nächstes Mal wieder so zu handeln“ (S. 83).

*Mut haben zu „unpopulären“ Entscheidungen*

In Drucksituationen neigen Trainer zu konsensorientierten Entscheidungen, also zu Entscheidungen, von denen sie annehmen, dass sie von vielen Spielern geteilt werden. Doch Trainer müssen, ob sie wollen oder nicht, Entscheidungen treffen, die nicht jedem Spieler gefallen. Es gehört zu ihren Aufgaben, darüber zu entscheiden, welche Spieler im Kader sind, wer in der Startaufstellung stehen darf, welche Spieler einen neuen Vertrag erhalten sollen und wer den Verein zur nächsten Saison verlassen muss. Trainer müssen Spieler auf die Bank setzen, obwohl diese auf Einsätze angewiesen sind, um ihre sportlichen Ziele zu erreichen.

„Unpopuläre“ Entscheidungen enthalten immer ein hohes Konfliktpotenzial. Deshalb brauchen Trainer Mut, unbeliebte Entscheidungen zu treffen, und die Bereitschaft, die Verantwortung dafür zu tragen. Trotz Erfolgsdruck müssen sie, ob sie wollen oder nicht, die sozialen Spannungen aushalten, die sich aus ihren Entscheidungen ergeben. Wer eine Mannschaft erfolgreich trainieren will, wird niemals everybody’s darling sein. Für Trainer, die soziale Spannungen nicht aushalten können oder wollen, wird es schwierig, die richtigen personellen Entscheidungen zu treffen. Beispielsweise werden sie sich möglichst nicht gegen Spieler entscheiden, die in der Hierarchie oben stehen, auch wenn das geboten erscheint. Insofern sollten Trainer nicht zu enge Bindungen an ihre Spieler aufbauen und eine gewisse Distanz wahren, sonst wird es schwierig, unpopuläre Entscheidungen zu treffen.

### *Regeln für wiederkehrende Entscheidungen aufstellen und einhalten*

Eine Entscheidungsregel legt fest, wie aus einer Menge von Handlungsalternativen eine ausgewählt wird. So legt beispielsweise die Regel „Wer nicht zum Training kommt, wird nicht aufgestellt“ fest, dass Spieler X nicht in der Startelf steht, weil er nicht im Training war.

Um in Drucksituationen die Entscheidungsfindung zu erleichtern, ist Trainern zu empfehlen, explizite Regeln für wiederkehrende Entscheidungen zu entwickeln, auf die sie sich in kritischen Situationen beziehen können. „Solche Regeln müssen eindeutig und transparent sein, Sanktionen bei Regelüberschreitungen müssen klar formuliert und entsprechend konsequent durchgesetzt werden“ (Schweer, 2011, S. 74). Die Durchsetzung der Regeln muss nicht unbedingt durch den Trainer allein geschehen. Auch die Mannschaft kann darauf achten, dass Regeln eingehalten werden (Linz, 2014). Allerdings geraten Trainer durch vereinbarte Entscheidungsregeln immer wieder in ein Dilemma: Halten sie sich an vereinbarte Regeln und verlieren ein Spiel, wird ihnen das, besonders wenn der Erfolgsdruck hoch ist, mit Verweis auf eine falsche Entscheidung höchstwahrscheinlich vorgehalten. Setzt beispielsweise ein Trainer seinen Star wegen Disziplinlosigkeit nicht auf die Bank, ist die Disziplin in der Mannschaft in Frage gestellt. Bestraft er ihn, indem er ihn aus dem Kader streicht, läuft er bei hohem Erfolgsdruck Gefahr, dass ihm das vorgehalten wird, sollte die Mannschaft verlieren.

## Auch in Drucksituationen mit Spielern effektiv kommunizieren

Zur Arbeit von Trainern gehört es, nicht nur richtige Entscheidungen zu treffen, sie müssen diese auch verständlich kommunizieren. Auch wenn sie unter Druck stehen, sehr angespannt sind und wenig Zeit haben, gilt es, die richtigen Worte zu finden. Das betrifft Vorbesprechungen unmittelbar vor einem Spiel, Anweisungen an einzelne Spieler während des Spiels, Auszeiten und Halbzeitbesprechungen. Spieler achten nicht nur auf die Worte, sondern auch auf die Art und Weise, wie das geschieht. Man kann sogar sagen, dass die Wirkung auf die Spieler weniger davon abhängt, *was* der Trainer sagt, sondern *wie* er es sagt. Probleme beim Coachen sind selten das Resultat eines Mangels an fachlichem Wissen. Viel öfter liegt der Grund in der Art, wie Trainer ihre Absichten kommunizieren (Orlick, 2008). Geraten Trainer unter Druck, berücksichtigen sie zu wenig, dass Spieler in Wettkampfsituationen Informationen nur begrenzt aufnehmen können. Das gilt besonders für Anweisungen *während* des Spiels. „Versuche von Trainern (v. a. im Fußball) vom Spielfeldrand aus ins Spielgeschehen einzugreifen, erweisen sich (...)

zumeist als wirkungslos, da die Spieler die verbalen Informationen kaum aufnehmen können, somit sind sie eher ein Mittel, um eigene innere Spannungen abzureagieren“ (Gabler, 1999, S. 18).

Wie Trainer ihre Kommunikationskompetenzen verbessern können, haben Cachay und Borggrefe (2015) sowie Orlick (2008) beschrieben: Kurz vor einem Spiel sollten Trainer möglichst darauf verzichten, eine taktische Ausrichtung sowie gut etablierte Routinen zu ändern oder *komplizierte* Instruktionen zur Verbesserung der Spielweise zu vermitteln. Bei der Vorbesprechung in der Kabine unmittelbar vor einem Spiel ist es günstig, die Anfangsformation am Ende der Besprechung bekannt zu geben. Nicht zu empfehlen ist, die *Emotionalisierung* (emotionale Aufmunterung, Appell an den Kampfgeist, Motivierung für die zweite Halbzeit etc.) zu Beginn einer Besprechung zu platzieren. Diese sollte kurz bevor die Spieler aufs Feld gehen erfolgen. In der Halbzeitpause sollten Trainer bereits auf dem Weg in die Kabine gemeinsam mit ihren Co-Trainern die Themen festlegen, die angesprochen werden sollen. Bedenkt man die Zeitnot und die begrenzte Aufnahmefähigkeit der Spieler, ist es sinnvoll, die Besprechung auf zwei Hauptthemen zu reduzieren. Dies bedeutet, dass die Trainer eine inhaltliche Auswahl treffen und sich auf die inhaltliche Strukturierung ihrer Besprechung vorbereiten müssen. Die wichtigsten Informationen sollten am Schluss gegeben werden. Bei *kollektiver Kritik*, die viele Trainer bevorzugen, muss der einzelne Spieler erst einmal für sich klären, wer denn jetzt überhaupt angesprochen wurde. Spieler erleben es daher eher als positiv, wenn der Trainer sie persönlich anspricht. Das hat u. a. den Vorteil, dass die angesprochenen Spieler aufmerksamer werden.

Grundsätzlich ist zu empfehlen, dass Trainer ihre Ansprachen *aufgaben-* statt *fehlerorientiert* gestalten. Unbedingt vermieden werden sollte eine destruktive Haltung, indem man hervorhebt, was alles nicht umgesetzt wurde. In Verbindung mit aggressiver Modulation und entsprechender Wortwahl fühlen sich Spieler durch diese Form der Ansprache eher entmutigt. Die Ansprache darf nicht zu lang, die übermittelten Informationen dürfen nicht zu komplex sein. Denn die Aufnahmekapazität der Spieler ist nicht nur durch die vorangegangene physische Belastung, sondern auch durch die Umstände in der Kabine (Physiotherapeut behandelt Spieler, Betreuer versorgt die Spieler mit Getränken) begrenzt. Bei langen Ansprachen schweifen die Gedanken der Spieler ab. Meist sind längere Ausführungen auch gar nicht erforderlich. Vieles ist bekannt, nur wenige Informationen haben Neuigkeitswert. Durchschnittlich 80 % der Gesamtwortzahl einer Halbzeitbesprechung entfallen auf taktische Hinweise. Hier erwarten Spieler *konkrete* Aussagen, die ihnen in kommenden Spielsituationen helfen. Einerseits begrüßen es die Spieler, wenn sie sich an der Besprechung beteiligen können. Andererseits erwarten sie aber auch, dass die Spielerbeteiligung durch den Trainer strikt reguliert wird.

## Niederlagen auch bei Erfolgsdruck konstruktiv verarbeiten

*Man soll die Dinge nicht*
*so tragisch nehmen, wie sie sind.*

Karl Valentin (Komödiant)

Für Niederlagen werden in erster Linie die Trainer verantwortlich gemacht. Da sich Niederlagen aber nicht vermeiden lassen, jede Mannschaft früher oder später verlieren wird, sollten Trainer in der Lage sein, Niederlagen konstruktiv zu verarbeiten, was bei hohem Erfolgsdruck bestimmt nicht immer leicht fällt. „Spiele, um zu gewinnen, und akzeptiere eine Niederlage mit Würde" – so lautet eine der goldenen Regeln im FIFA-Fairplay-Kodex. Konstruktiv werden Niederlagen verarbeitet, wenn sie (1) akzeptiert werden, (2) positive Erkenntnisse aus ihnen gewonnen werden und (3) neue Handlungsorientierungen eröffnen, um beim nächsten Spiel besser gerüstet zu sein. „Verlieren hilft uns, Misserfolge auszuwerten, die richtigen Schlüsse zu ziehen und dann wieder eine positive Einstellung für das nächste Spiel, Zuversicht und Handlungsfähigkeit zu gewinnen. Aus dem Scheitern von heute ziehen wir die Lehren und die Kraft für den Sieg von morgen" (Linz, 2014, S. 84).

Ob Trainer Niederlagen konstruktiv verarbeiten, ist zum großen Teil davon abhängig, was als Ursache der Niederlage angesehen wird. Generell ist davon abzuraten, für eine Niederlage Allerweltserklärungen (z. B. „Die Einstellung hat nicht gestimmt") heranzuziehen, die keine weiterführenden Begründungen für den Misserfolg bieten und nur die Funktion haben, das Selbstwertgefühl nicht zu gefährden. Trainer sollten dem Drang widerstehen, sich mit solchen Erklärungen zufrieden zu geben. Auch das „Schönreden" von Niederlagen („Die Niederlage haben wir gebraucht, um wieder wach zu werden") ist zumeist unangebracht. Das mag zwar gut für die Außendarstellung sein, intern sollte aber eine realistische Analyse das weitere Vorgehen bestimmen.

Erfolge routinemäßig durch eigene Fähigkeiten verursacht zu erklären, Misserfolge dagegen durch externe Faktoren (Witterungsbedingungen, unfairer Gegner, vermeintlich falsche Schiedsrichterentscheidungen), kann zwar durchaus hilfreich sein, um ein positives Selbstwertgefühl aufrechtzuerhalten. Der Nachteil liegt aber darin, dass dann aus Fehlern, vor denen auch erfolgreiche Trainer nicht gefeit sind, wenig gelernt wird (Beckmann & Elbe, 2008). Andererseits werden aber auch Trainer, die dazu neigen, Niederlagen als persönliches Versagen zu betrachten, Schwierigkeiten haben, mit Niederlagen konstruktiv umzugehen. Man kann alles richtig machen und trotzdem verlieren. Vielfach sind nun einmal unkontrollierbare Faktoren, wie z. B. Glück, die unerwartete Stärke des Gegners oder der frühe Platzverweis eines Spielers, Ursache für ein verlorenes Spiel.

## Affekte unter Kontrolle halten

Unter hohem Erfolgsdruck reagieren Trainer verständlicherweise mit heftigen Affekten, wenn sie während des Spiels mit unerwünschten Ereignissen konfrontiert werden, wie z. B. wenn ein Spieler seiner Mannschaft grob gefoult wird, die eigene Mannschaft in Rückstand gerät, ein Spieler einen Fehler macht und dadurch ein Tor verursacht. Dabei handelt es sich um Emotionen wie Angst, Ärger, Wut, Enttäuschung, Hilflosigkeit, Frustration, Resignation, Aggression oder Niedergeschlagenheit. Manche Trainer haben sich so wenig unter Kontrolle, dass sie ihre Emotionen hemmungslos ausagieren, indem sie sich z. B. demonstrativ an den Kopf fassen oder sich verbal laut und negativ äußern. Insbesondere emotionale Überreaktionen, die durch strittige Schiedsrichterentscheidungen ausgelöst werden, stellen ein Problem dar. Dann verlieren viele Trainer ihre Beherrschung. Manche brauchen lange, bis sie sich wieder voll auf das Spiel konzentrieren können.

Gerade bei ausbleibenden Erfolgen achten Vereinsfunktionäre, Zuschauer, Sportredakteure und Spieler darauf, ob Trainer einen beruhigenden Einfluss ausüben, ob sie ihre Affekte unter Kontrolle haben, ob sie mit dem hohen Druck, dem sie ausgesetzt sind, zurechtkommen. „Man kann nicht erwarten, dass die Spieler ruhig und konzentriert bleiben, während der Trainer wie ein HB-Männchen an der Seitenlinie herumspringt und sich über die Schiris aufregt – ganz abgesehen davon, dass er vor lauter Ärger den Überblick über das Spielgeschehen und die Leistungen seiner eigenen Spieler verliert“ (Brand, 2002, S. 2). Trainer, die ihre Affekte nicht unter Kontrolle haben, übertragen ihre Anspannung auf die Spieler, wenn sie aufgeregt herumlaufen, hektisch gestikulieren, herumschreien, ständig die gleichen Sachverhalte wiederholen, nach misslungenen Aktionen den Dialog mit Spielern abbrechen, ständig über Fehler diskutieren oder in Problemsituationen hilflos erscheinen (Frester, 2000).

Haben Trainer ihre Emotionen nicht ausreichend unter Kontrolle, hat das erhebliche Nachteile, die wie folgt zusammengefasst werden können:

- Sie bekommen Streit mit Spielern, Gegnern, Zuschauern oder Schiedsrichtern.
- Planung und Änderung taktischer Maßnahmen werden beeinträchtigt.
- Sie werden ihre Spieler nicht mehr effektiv anleiten können.
- Sie bekommen Schwierigkeiten, sich auf das Spiel zu konzentrieren, so dass sie auf Geschehnisse im Spiel nicht adäquat reagieren können.
- Sie werden in kommenden Spielen bei ähnlichen Ereignissen wieder mit exzessivem Gefühlsausdruck reagieren, da sie es sich mit der Zeit angewöhnen, ihren Affekten freien Lauf zu lassen.
- Möglicherweise werden sich Schiedsrichter die Vorkommnisse merken und die Mannschaft des Trainers benachteiligen.

Diese Nachteile können die Arbeit von Trainern ganz erheblich beeinträchtigen, so dass die Affektkontrolle für Trainer, die unter Erfolgsdruck stehen, große Bedeutung hat, insbesondere wenn sie während des Spiels vom Spielfeldrand aus in ein Spiel eingreifen. Um ihre Handlungsfähigkeit in hoch emotionalen Situationen zu bewahren, sollten Trainer zumindest zweierlei lernen:

1. ihre Emotionen auch in Drucksituationen kontrolliert, situative Erfordernisse berücksichtigend, auszudrücken
2. sich nach einem Emotionsausbruch trotz Erfolgsdruck möglichst schnell wieder zu beruhigen.

*Emotionen kontrolliert ausdrücken*

Die Expression von Emotionen zeigt sich nicht nur in verbalen Mitteilungen, sondern insbesondere in der Mimik, Gestik, im Klang der Stimme, im Blickverhalten und im Berühren beteiligter Personen. Um ihre Spieler erfolgreich zu coachen, können Trainer den Gefühlsausdruck nicht gänzlich unterdrücken und keine Emotionen zeigen. Sie sind erfolgreicher, wenn sie ihre Spieler *gefühlsbetont* coachen, z. B. wenn sie ihren Ärger über nachlässige Leistungen ausdrücken oder sich mit der Mannschaft freuen. Doch sollten Trainer wissen, wann es gut ist, sich zurückzuhalten. Erfolgreiches Coachen verlangt, die Emotionsexpression auf die situativen Gegebenheiten und normativen Forderungen abzustimmen. Der Handball-Bundestrainer Henk Groener sagte dazu: „Emotionen müssen gezielt eingesetzt werden. Wäre ich zu emotional, könnte ich keine klaren Entscheidungen treffen. Ich muss in der Lage sein zu erkennen, was die Mannschaft braucht" (Spiegel-online vom 06.12.2019).

Trainer können lernen, negative und positive Gefühle kontrolliert zum Ausdruck zu bringen, da der Emotionsausdruck einer bewertenden Kontrolle durch funktionell übergeordnete Systeme des Präfrontalkortex unterworfen ist. Ob Spieler, Schiedsrichter oder Zuschauer positiv auf Gefühlsäußerungen des Trainers eingehen oder mit Ablehnung reagieren, hängt von einer angemessenen Affektäußerung ab. Trainer sollten deshalb in der Lage sein, trotz Erfolgsdruck ihre Emotionsexpression situationsgerecht zu verstärken, abzuschwächen oder ganz zu unterdrücken. Welche Kompetenzen werden dazu gebraucht?

- Fertigkeiten, die *Stärke* des Gefühlsausdrucks zu variieren. Trainer sollten nicht glauben, dass man umso eher Aufmerksamkeit und Unterstützung erhält, je intensiver man Emotionen ausdrückt. Oft ist das Gegenteil der Fall. Spieler, Mannschaften und Schiedsrichter reagieren nicht selten reaktant, wenn Kritik mit übermäßigem Gefühlsausdruck verbunden wird. Möglicherweise fühlen sie sich durch die Überreaktion legitimiert, Anweisungen nicht zu befolgen. Hier verkehrt sich die Intention des intensiven Emotionsausdrucks in ihr Gegenteil.
- Die Fähigkeit, die eigene emotionale Befindlichkeit sprachlich und/oder nonverbal so mitzuteilen, dass dies auch *verstanden* wird. Spieler sollten so wenig wie möglich interpretieren oder erraten müssen, was Trainer mit ihren Affektäußerungen mitteilen möchten.
- Die Bereitschaft, den richtigen *Zeitpunkt* für eine Gefühlsmitteilung abwarten zu können. Geschieht sie zur rechten Zeit, ist die Wahrscheinlichkeit größer, dass sie positiv beantwortet wird.
- Die Fähigkeit und Bereitschaft, bei der Emotionsexpression die körperliche und psychische Verfassung der Spieler/der Mannschaft zu berücksichtigen.

Einfache Regeln zur Beantwortung der Frage, ob und wann man negative Gefühle eher ausdrücken oder die Expression eher unterdrücken sollte, gibt es nicht. In manchen Situationen kann es für den Trainer durchaus sinnvoll sein, Emotionen freien Lauf zu lassen, während es in anderen Situationen notwendig sein kann, Affektäußerungen vollständig zu unterdrücken. Beispielsweise ist es einem Trainer nicht zu verdenken, wenn er über eine Niederlage enttäuscht ist. Wichtig ist aber, diese Enttäuschung nicht zu deutlich nach außen zu zeigen, da dies dem Selbstvertrauen der Mannschaft abträglich ist.

Bemüht sich ein Trainer, seine Emotionen zu unterdrücken, kommt es vor, dass dies nur unvollständig gelingt. Obwohl er nichts von sich preisgeben möchte, wirkt er nach außen angespannt, niedergeschlagen, ängstlich, enttäuscht. Er will seine Emotionen verbergen, aber seine Mimik spricht eine andere Sprache.

### *Heftige Emotionen möglichst schnell wieder beruhigen*

Nicht immer gelingt es Trainern, in der Dramatik des Spielgeschehens heftige Affekte unter Kontrolle zu halten, insbesondere wenn der Erfolgsdruck sehr ausgeprägt ist. Deshalb sollten sie lernen, wie sie sich so schnell wie möglich wieder beruhigen können. Nach Beckman und Elbe (2008) braucht man ca. 10–20 Minuten, um den Hormonhaushalt und das Herz-Kreislauf-System wieder ins Lot zu bringen, wenn man seinem Ärger freien Lauf gelassen hat.

Negative Emotionen können durch „kognitive Neubewertung" beruhigt werden, also durch die Neubewertung der Ereignisse, die die Emotion ausgelöst haben. Wenn z. B. ein Schiedsrichter durch eine strittige Entscheidung beim Trainer Ärger auslöst, kann sich der Trainer bewusst machen, dass der Schiedsrichter sein Bestes gibt und nicht alles richtig sehen kann. Die Situation erscheint dann in einem anderen Licht. Zur Neubewertung ist es in einem ersten Schritt erforderlich herauszufinden, welches Ereignis das Gefühl ausgelöst hat (Was hat mich so geärgert? War es die Abseitsentscheidung des Schiedsrichters oder die häufige Abseitsposition meines Angreifers?). In einem zweiten Schritt wird der Emotions*auslöser* dann neu bewertet. Wichtig ist dabei, dass der Trainer die Perspektive wechselt, sich in andere hineinversetzt und ihren Standpunkt versteht. Nach John und Gross (2004) ist die kognitive Neubewertung eine ausgesprochen erfolgreiche Strategie zur Beruhigung von Emotionen.

## Die körperliche Belastung trotz Erfolgsdruck in Grenzen halten

Die Möglichkeiten des Trainers, die Leistungen einzelner Spieler bzw. der Mannschaft *während* eines Spiels zu beeinflussen, sind ziemlich begrenzt. Unter anderem ist dies ein Grund, weshalb Trainer, insbesondere wenn sie unter hohem Erfolgsdruck stehen, im Laufe eines Spiels einer erheblichen körperlichen Belastung ausgesetzt sind. In einer Befragung (Thelwell, Weston, Greenlees & Hutchings, 2008) gaben zehn von elf Trainern an, dass sie es als stressend empfinden, die sportliche Leistung ihrer Athleten während eines Wettkampfes nicht kontrollieren zu können.

Die körperliche Belastung eines Trainers im Verlauf eines Spiels ist durch zwei Merkmale gekennzeichnet:

1. *Sie ist intensiv.* „Herzfrequenzmessungen bei Meisterschaftsspielen dokumentieren die hohen Anspannungen, denen Trainer im Laufe eines Spiels unterworfen sind. Vor allem leichtsinnige Fehler, Torchancen auf beiden

Seiten, Fehlentscheidungen des Schiedsrichters, das Kippen eines Spiels führen zu großer Anspannung und zu einem Hochschnellen der Pulswerte" (Bisanz & Gerisch, 2008, S. 468). In einer Studie von Kugler et al. (1996) wurden 17 Fußballtrainer der ersten und zweiten Bundesliga vor, während und nach einem Punktspiel untersucht. Es zeigte sich, dass die psychophysische Belastung der Trainer unabhängig vom Spielstand kurz vor der Halbzeit am stärksten war. Das Stresshormon Kortisol erhöhte sich in dieser Phase um das 2,5-fache. Erklärt wird dieser Befund damit, dass der Trainer zu diesem Zeitpunkt weiß, dass die nahende Spielpause seine letzte Chance ist, noch Einfluss auf das Spiel zu nehmen.

2. *Sie ist von langer Dauer.* Trainer sind nicht nur während des Wettkampfes körperlich stark belastet. Stressreaktionen zeigen sich oft lange vor und zum Teil noch lange nach dem Spiel. Die Dauer der Nachwirkung einer Stressreaktion, also die Zeit, die benötigt wird, um wieder auf ein normales Niveau zurückzufinden, hat sich als sensibler Indikator für Stress erwiesen.

Man kann davon ausgehen, dass es den meisten Trainern bei Erfolgsdruck nicht möglich ist, die körperliche Belastung in Wettkampfsituationen zu reduzieren. Deshalb bleibt ihnen nichts anderes übrig, als sich in der Zeit zwischen den Spielen ausreichend lange Erholungsphasen zuzugestehen, um eine Gesundheitsgefährdung zu vermeiden. Allerdings brauchen sie dazu die Fähigkeit, Erholungsphasen effektiv zu nutzen. Im Folgenden werde ich mich mit der Frage auseinandersetzen, wie Trainer ihre Erholungs*bereitschaft* fördern und ihre Erholungs*kompetenzen* verbessern können. Hervorzuheben sind fünf Interventionen (vgl. Schulz, 2012):

1. Erholungsbedürftigkeit akzeptieren
2. Erholungsbereitschaft entwickeln
3. Erholung planen
4. Erholungsfähigkeit verbessern
5. Belastungsausgleich als Erholungsmöglichkeit nutzen

### *Erholungsbedürftigkeit akzeptieren*

Auch wenn es in bestimmten Situationen wichtig sein kann, Ermüdungssymptome für kurze Zeit zu ignorieren, ist Trainern zu empfehlen, ihrer Erholungsbedürftigkeit ausreichend Beachtung zu schenken. Wird sie unterschätzt, kommt die Erholung zu kurz. Gründe dafür, die Erholungsbedürftigkeit zu unterschätzen, gibt es viele. Ein Grund ist, dass sie nicht oder zu spät wahrgenommen wird. Deshalb ist es gut, wenn Trainer lernen, Anzeichen von körperlicher Erschöpfung möglichst frühzeitig wahrzunehmen. „Die eigene Bewusstheit zu erweitern bedeutet, offener und aufmerksamer für die Botschaften zu werden, die uns der eigene Körper ununterbrochen übermittelt" (Loehr, 2010, S. 103). Ein weiterer Grund, die Erholungsbedürftigkeit zu unterschätzen, ist ein unrealistisches Bild von der eigenen hohen Belastbarkeit, von der man sich nicht verabschieden möchte.

*Erholungsbereitschaft entwickeln*

Sicherlich setzt die Erholungsbereitschaft in erster Linie Zeit für Erholung voraus, die nicht immer zur Verfügung steht. Deshalb nützen auch Appelle, wie z. B. „Achte auf ausreichende Erholung", zumeist nicht viel. Von anderen darauf hingewiesen werden, dass die Gesundheit eine wichtige Ressource darstellt, die aber nur bei ausreichender Erholung erhalten bleibt, wird die Erholungsbereitschaft nur selten positiv beeinflussen. Dennoch gilt: Um Gesundheit und Leistungsfähigkeit möglichst lange zu erhalten, sollten Trainer solche Ratschläge nicht ignorieren.

*Erholung planen*

Nach den Vorstellungen der meisten Menschen stellt sich Erholung schon von alleine ein, wenn die Arbeit beendet ist und man seine Freizeit antritt. Wissenschaftliche Erkenntnisse sprechen aber dafür, Erholung, die ihren Zweck erfüllen soll, vorausschauend zu planen (Allmer, 1996). Plant man Erholungsphasen verbindlich in den Alltag ein, hängt die Bereitschaft zur Erholung nicht ausschließlich davon ab, ob eine Erholungsbedürftigkeit wahrgenommen wird oder nicht. Trainern ist deshalb zu empfehlen, sich feste Zeiten für die Erholung frei zu halten.

*Erholungsfähigkeit verbessern*

In Erholungsphasen geht es darum, das Aktivierungs- und Spannungsniveau zu senken und zur Ruhe zu kommen, damit sich beanspruchte Organsysteme regenerieren können. Zur effektiven Erholung müssen ergotrope Funktionen (den Organismus im Sinne einer Energiemobilisierung beeinflussend) gehemmt und trophotrope Funktionen (den Organismus im Sinne einer Regeneration beeinflussend) angeregt werden. Effektive Erholung in Ruhephasen verlangt ausgeprägte und ausreichend lange trophotrope Reaktionslagen

(Tab. 6). Die Regeneration ist umso besser, je reibungsloser der Wechsel von einer ausgeprägten Ergotropie zu einer ebenso ausgeprägten Trophotropie erfolgt.

Damit der Körper diesen Wechsel möglichst schnell vollzieht, sollten Trainer sich emotional und gedanklich von den Problemen, die im Zusammenhang mit Wettkämpfen entstanden sind, frei machen. Grübeleien über die Ursache einer Niederlage müssen aus dem Kopf gedrängt, das emotionale Eingebunden-Sein in (un)erledigte Aufgaben aufgelöst werden. Kurz gesagt: Trainer müssen „abschalten" können. Um das Abschalten zu erleichtern, kann man z. B. das, was man nicht geschafft hat, schriftlich festhalten und einen Plan für den nächsten Tag aufstellen. Unerledigtes lässt sich dann leichter aus dem Kopf verbannen. Auch so genannte „Übergangsrituale", wie z. B. ein Spaziergang vor dem Schlafengehen, erleichtern den Übergang von Beanspruchungs- zu Erholungsphasen.

*Tabelle 6: Trophotrope Reaktionslage*

| **Trophotropes Reaktionsmuster** |
| --- |
| • Verringertes Herzminutenvolumen |
| • Verringerung der Herzfrequenz |
| • Blutdruckabfall |
| • Durchblutung der arbeitenden Muskulatur ist verringert |
| • Durchblutungssteigerung der Verdauungsorgane |
| • Verminderte Durchblutung der Koronararterien |
| • erhöhte Durchblutung der Haut und der Schleimhäute |
| • Senkung des Atemvolumens und der Atemfrequenz |
| • Verengung der Bronchien |
| • erhöhte Bronchialdrüsensekretion |
| • verringerte Durchblutung der Lunge |
| • Steigerung der Magen- und Darmmotilität |
| • erhöhte Sekretion von Mukus |
| • Förderung der Blasen- und Darmentleerung |
| • Muskeltonus ist reduziert |
| • Hemmung der Freisetzung von Adrenalin, Noradrenalin und Cortisol |
| • Förderung der Insulinproduktion |
| • Reduzierung des Gesamtstoffwechsels |

Bekannt ist, dass der körperliche Gesamtzustand eines Menschen die Regenerationsprozesse beeinflusst. Je besser der Zustand, desto effektiver die Regeneration in Ruhephasen. Das bedeutet: Auch Trainer sollten auf einen guten körperlichen Zustand achten, was am besten gelingt, wenn sie selbst ausreichend Sport treiben. Während ein Gelegenheitssportler 48 Stunden und mehr für eine ausreichende Regeneration benötigt, gelingt das einem gut trainierten Ausdauersportler innerhalb von 24 Stunden oder weniger. Die Fähigkeit zur effektiven Regeneration lässt sich mit der „Erholungs-Herzfrequenz" bestimmen. Diese beschreibt den Pulswert, der ein bis fünf Minuten nach einer körperlichen Beanspruchung gemessen wird. Je stärker der Pulswert in der Ruhephase absinkt, desto besser soll die Regenerationsfähigkeit sein. Als Richtwert für eine *gute* Regenerationsfähigkeit gilt: Der Puls muss innerhalb einer Minute nach der sportlichen Belastung um 25–30 Schläge pro Minute zurückgehen.

### *Belastungsausgleich als Erholungsmöglichkeit nutzen*

Mit Erholung verbinden die meisten Menschen Inaktivität, Ausruhen und Schlaf. Diese Vorstellung entspricht aber nicht dem Stand der Erholungsforschung. Bereits vor längerer Zeit wurde die Frage aufgeworfen, ob Erholung nicht auch mit erholsamen Tätigkeiten zu erreichen ist, also mit einem Belastungsausgleich. Beim Belastungsausgleich geht es darum, einseitig beanspruchte Organfunktionen zu entlasten und zu wenig beanspruchte zu belasten. Erreicht wird dies durch einen Wechsel hin zu einer Tätigkeit, die der vorangegangenen möglichst unähnlich ist. Dazu muss man aber wissen, welche ausgleichende Tätigkeit aktuell sinnvoll ist, und in der Lage sein, sich gedanklich und emotional ganz auf die neue Tätigkeit einzulassen.

# 8 Psychologische Interventionen zur Verbesserung der Schiedsrichterleistung

*Ich bin der Ruhepol,*
*der alles zusammenhält.*

Bibiana Steinhaus
(Schiedsrichterin der Bundesliga)

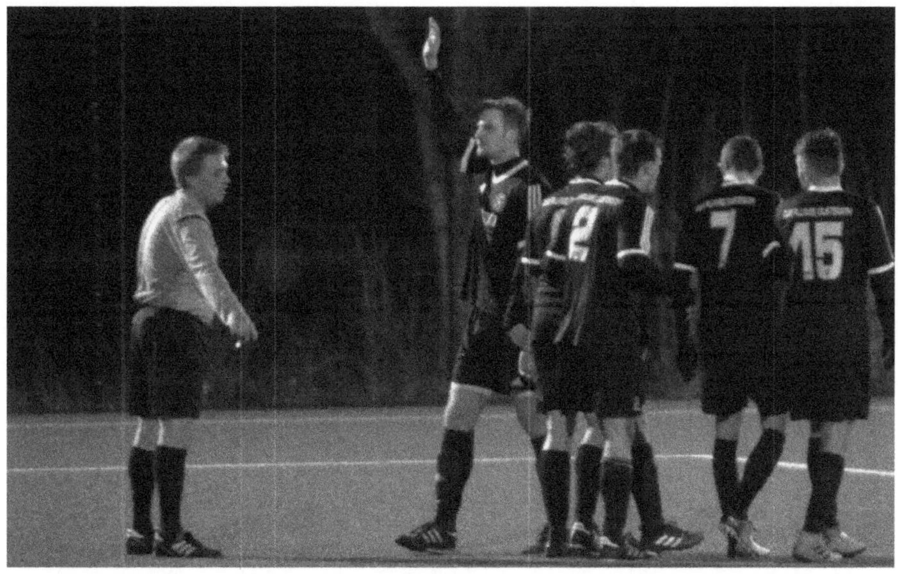


Die Aufgabe eines Schiedsrichters besteht darin, ein Spiel zu leiten. Er trägt die Verantwortung für den reibungslosen Spielverlauf. Über die ganze Länge eines Spiels muss er möglichst richtige und schnelle Entscheidungen treffen, „die von einer sinngerechten Auslegung des Regelsystems zeugen und den professionalisiert-leistungssportlichen Kontextbedingungen angemessen sind“ (Brand, 2002, S. 29). Seine Entscheidungen haben einen großen Einfluss auf Verlauf und Ausgang von Wettkämpfen. Doch nicht jeder Schiedsrichter kann den hohen Anforderungen gerecht werden, insbesondere wenn sie während der Spielleitung hohem Stress ausgesetzt sind.

Erfolgreiche Schiedsrichter, das konnten Hill, Matthews und Senior (2016) zeigen, sind in der Lage, auch bei großem Stress hohe Leistungsstandards aufrechtzuerhalten, indem sie proaktiv und reaktiv geeignete Bewältigungsstrategien einsetzen. Um herauszufinden, wie das gelingen kann, muss man eine Vorstellung davon haben, wodurch die Schiedsrichterleistungen beeinträchtigt werden. Aus meiner Sicht sind das im Wesentlichen drei Faktoren: (1) Versuche von Spielbeteiligten, die Entscheidungen der Spielleiter zu beeinflussen, (2) fehlendes Vertrauen in die eigenen Kompetenzen als Schiedsrichter sowie (3) mangelhafte Kontrolle eigener Stressreaktionen in Konfliktsituationen.

Diese drei Faktoren erhöhen die Wahrscheinlichkeit, dass Spielleiter falsche, inadäquate, zu harte oder parteiische Entscheidungen treffen, Entscheidungen verzögern oder ganz unterlassen, inkonsistente Entscheidungen treffen (auf gleiche Situationen nicht mit gleichen Entscheidungen reagieren) und in Konfliktsituationen unangemessen reagieren. Um diese Leistungsbeeinträchtigungen in Grenzen zu halten oder gar gänzlich zu vermeiden, können Schiedsrichter an den genannten drei Faktoren ansetzen und Kompetenzen erwerben, die es ihnen ermöglichen, ...

- Beeinflussungsversuchen zu widerstehen
- erfolgszuversichtlich in ein Spiel zu gehen
- eigene Stress-Reaktionen in Konfliktsituationen besser zu kontrollieren

## Beeinflussungsversuchen widerstehen

In so gut wie jedem Spiel versuchen Spieler, Trainer oder Zuschauer, die Entscheidungen der Spielleiter zu beeinflussen. Da Schiedsrichter aber unparteiisch sein müssen, sind sie bestrebt, diesen Beeinflussungsversuchen zu widerstehen, was aber nicht immer gelingt. Im Folgenden möchte ich etwas ausführlicher beschreiben, wie Beeinflussungsversuche Schiedsrichter verunsichern und dann ihre Leistung beeinträchtigen. Daran anschließend werden Möglichkeiten aufgezeigt, wie Schiedsrichter den Versuchen zur Beeinflussung ihrer Entscheidungen standhalten können.

### Beeinflussungsversuche und Schiedsrichterleistung

Durch Forderungen, Entscheidungen zurückzunehmen, das Spiel endlich zu beenden, die Nachspielzeit zu kürzen, einen Zweikampf als Foul zu pfeifen, bestimmte Entscheidungen zu unterlassen oder den Gegner bei der nächsten Aktion stärker zu bestrafen u. a. m., versuchen Spieler, Trainer und Zuschauer die Schiedsrichter-Entscheidungen in ihrem Sinne zu beeinflussen. Nicht selten geschieht das durch kalkulierte Inszenierungen im richtigen Moment. Ist der Druck bei Trainern und Spielern groß, unbedingt gewinnen zu wollen, häufen sich derartige Beeinflussungsversuche, die oft bereits in den ersten 5 bis 10 Minuten eines Spiels erfolgen, um jetzt schon auf spätere Entscheidungen einzuwirken (Tielker, 2010).

Da Spielleiter unparteiisch sein müssen, widersetzen sie sich der Beeinflussung. Deshalb werden Spieler, Trainer oder auch Zuschauer versuchen, ihre Forderungen durch mehr oder weniger offenes Androhen von Sanktionen durchzusetzen, d. h. sie üben Druck auf den Schiedsrichter aus. Spielleiter müssen davon ausgehen, dass sie mit unangenehmen Konsequenzen zu rechnen haben, wenn sie Entscheidungen treffen, die nicht im Sinne der Druckausübenden sind. Welche Konsequenzen sind das im Einzelnen?

*Beschimpfungen:* Beschimpfungen sind die am meisten gefürchtete Konsequenz kontroverser Entscheidungen. In der Untersuchung von Brand (2002) zeigte sich, dass Beschimpfungen, die von Trainern kommen, von Schiedsrichtern unterschiedlicher Ligen unter den am meisten belastenden Situationen genannt wurde. In der Studie von Teipel, Kemper und Heinemann (2014), die Spielleiter aus unteren Ligen befragten, waren es Missfallenskundgebungen von Zuschauern sowie Vorwürfe der Parteilichkeit, die hohen Stress auslösten.

*Proteste:* Dass Spieler, Trainer, Vereinsfunktionäre und Zuschauer nicht alle Schiedsrichter-Entscheidungen kommentarlos hinnehmen, ist verständlich, insbesondere wenn sie unter Erfolgsdruck stehen. Bestimmte Entscheidungen sorgen nahezu unvermeidlich für Widerspruch: Strafstöße, Feldverweise, Freistöße in Tornähe, nicht gegebene Tore und knappe Abseitsentscheidungen. Protestierend bedrängen Zuschauer, Trainer oder Spieler den Schiedsrichter, eine Strafe zu verhängen oder zurückzunehmen.

*Einschüchtern und Provozieren:* Weitere Mittel, Schiedsrichter zu beeinflussen, sind Einschüchtern und Provozieren. Der Schiedsrichterwart beim Deutschen Handball-Bund Peter Rauchfuß ist der Ansicht, dass bereits wenige Zuschauer in der Lage sind, Schiedsrichter durch Einschüchtern massiv in ihren Entscheidungen zu beeinflussen. Im Interview äußert er sich dazu wie folgt: „Es ist ein Riesenunterschied, ob 10000 Zuschauer die Schiedsrichter auspfeifen oder ob ein Spiel vor zwölf Eltern stattfindet und ein Einzelner die Schiedsrichter lange schlecht macht. Das bringt sie eher von ihrer Linie ab, weil sie möglicherweise auf die Zurufe reagieren und dabei vergessen, dass sie eigentlich eine ganz andere Aufgabe haben“ (www. handballsr.de).

*Aggression:* Fußball-Schiedsrichter im Amateurbereich sind regelmäßig Aggressionen ausgesetzt. Eine Studie von Adrian Sigel (www.muk.uni-frankfurt.de), die auf einer Befragung von über 900 Spielleitern beruht, bestätigt diesen Tatbestand. Der Autor schreibt: „Schiedsrichter sind im Fußballamateurbereich regelmäßig Aggressionen ausgesetzt. Diese lassen sich in Beleidigungen, Gewaltandrohungen und tatsächlich erfolgte tätliche Angriffe differenzieren. (...). Weit mehr als der Hälfte der Unparteiischen ist demnach auf dem Feld schon mal Gewalt angedroht worden – und fast 80 Prozent der Schiris beobachten, dass die Aggression zunimmt".

*Negative Leistungsbewertungen:* Die Leistungen der Spielleiter werden ständig beobachtet und evaluiert, vom Publikum, von Trainern, von Spielern und von Schiedsrichter-Beobachtern. Bei fast allen knappen Entscheidungen fragen sich die Beobachter: War die Entscheidung richtig? Öffentliche Bewertungen enthalten für Schiedsrichter ein hohes Stresspotenzial. Dazu der Sportpsychologe H.-D. Hermann in der ZEIT vom 04.04.2019: „Öffentlich bewertet, im negativen Fall bloßgestellt oder infragegestellt werden, das schafft enormen Stress". Teipel et al. (2014) befragten 260 männliche Schiedsrichter, die in Juniorenligen bis hin zur Bundesliga tätig waren. Die Befragten führten den während eines Spiels erlebten Stress in erster Linie darauf zurück, dass sie ständig beobachtet werden, verbunden mit Medienberichten, die ihre Entscheidungen diskutieren. Von Schiedsrichtern in höheren Ligen werden Fehlentscheidungen, die Schiedsrichterbeobachter feststellen und womöglich in der Öffentlichkeit besprochen werden, als hoch belastend erlebt (vgl. Brand, 2002). Mit jeder schlechten Leistung verringern sich die Aufstiegsmöglichkeiten des Schiedsrichters, da seine Karriereentwicklung in entscheidendem Maße davon abhängt, wie seine Leistungen bewertet werden. Die Schiedsrichterin Bibiana Steinhaus sagte dazu in einem Interview (Handelsblatt, Mai 2018): „Wir werden nach jedem Spiel benotet und dann wird wie im Ligabetrieb eine Rangliste erstellt und sortiert, wer in der nächsten Saison auf- oder absteigen muss".

Diese Konsequenzen von strittigen Entscheidungen erzeugen einen erheblichen Druck, sich den Forderungen der Spieler, der Trainer oder der Zuschauer zu beugen, der bei Schiedsrichtern zumeist Angst vor Versagen auslöst. Taylor, Leith und Burke (1990) befragten 529 lizenzierte, in Amateurligen tätige Fußball-Schiedsrichter. Neben anderen Variablen war in dieser Untersuchung die *Angst vor Versagen* ein starker Prädiktor für Burnout und für die Absicht der befragten Schiedsrichter, ihre Tätigkeit als Spielleiter zu beenden. Auch andere Studien fanden heraus, dass Angst vor Versagen von den Schiedsrichtern als der am meisten belastende Faktor erlebt wird (im Überblick Brand, 2002). Mit der Versagensangst erhöht sich die Wahrscheinlichkeit, dass Spielleiter falsche, inadäquate, inkonsistente oder parteiische Entscheidungen treffen, Entscheidungen verzögern oder ganz unterlassen und in Konfliktsituationen unangemessen reagieren. Das Ausmaß der Leistungsbeeinträchtigung hängt u. a. davon ab, welche Bedeutung die befürchteten Folgen strittiger Entscheidungen für den Schiedsrichter haben. Je aversiver diese für ihn sind, desto größer werden die Leistungsbeeinträchtigungen ausfallen.

Mögliche Aussichten auf attraktive Gratifikationen können den Stress, den Schiedsrichter Woche für Woche erleben, nicht kompensieren. Wie auf der Webseite des DFB zu lesen ist, ist es für einen Schiedsrichter „meist die größte Anerkennung seiner Leistung, wenn nach einem Spiel nicht über ihn gesprochen wird. Für gewöhnlich bedeutet Schweigen über seine Leistung: Der Schiedsrichter hat alles richtig gemacht. Das stille Lob der Öffentlichkeit ist damit oft das Beste, was für einen Spielleiter zu holen ist". Welcher Fußball-Fan würdigt schon adäquate Foul-Pfiffe oder schwierig zu erkennende, aber richtige Abseits-Stellungen? Über Schiedsrichter im Fußball und ihre Assistenten wird meist nur berichtet, wenn ihnen spektakuläre Fehlentscheidungen unterlaufen sind, ansonsten werden sie kaum beachtet (Schweizer, 2010).

## Wie können Schiedsrichter den Beeinflussungsversuchen standhalten?

Ich möchte drei Möglichkeiten anführen, die geeignet sind, den Beeinflussungsversuchen durch Trainer, Spieler oder Zuschauer zu widerstehen, um Leistungsbeeinträchtigungen in Grenzen zu halten oder womöglich ganz zu vermeiden.

### *Beeinflussungsversuche ignorieren*

Mit abfälligen Bemerkungen, abwertenden Gesten, Protesten oder sogar Beschimpfungen vermitteln Trainer, Spieler und Zuschauer den Schiedsrichtern die unausgesprochene Botschaft: „Wenn du nicht in unserem Sinne entscheidest, dann wirst du (noch mehr) Probleme bekommen". Wollen Schiedsrichter Beeinflussungsversuchen widerstehen, sollten sie lernen, derartige Botschaften zu ignorieren. Dass dies möglich ist, zeigen Aussagen von erfahrenen Spielleitern aus der Interviewstudie von Brand (2002): *Das Lamentieren eines Spielers kümmert mich nicht weiter. Sekunden später habe ich das schon wieder vergessen. Ich achte nicht auf die Reaktionen des Publikums.* Doch vielen Schiris gelingt das nicht in ausreichendem Maße.

Ohne es zu bemerken, ohne es sich einzugestehen, lassen sie sich in ihren Entscheidungen beeinflussen. Was können sie dagegen tun?

- Sich immer wieder vornehmen, Beeinflussungsversuche aus der Wahrnehmung auszublenden, Proteste von Spielern gar nicht zur Kenntnis nehmen.
- Darauf verzichten, nähere Details über mögliche Beeinflussungsversuche zu erfahren.
- Nicht darüber nachdenken, was passiert, wenn man Beeinflussungsverhalten einfach ignoriert.
- Nicht zuhören, wenn sich Spieler oder Trainer zu bestimmten Entscheidungen äußern.
- Sich in kritischen Situationen selbst instruieren, sich nicht beeinflussen zu lassen („Lass dich nicht beeinflussen, pfeif deine Linie, bleib unparteiisch. Die Spieler beruhigen sich schon wieder").
- Sich von Spielern und Trainern abwenden, wenn diese versuchen, meine Entscheidungen zu beeinflussen.
- Gedanken an mögliche unangenehme Folgen von Entscheidungen unterdrücken („Ich denke nicht daran, welche Folgen meine Entscheidungen haben könnten. Es wird schon alles nicht so schlimm werden").

Sicherlich fällt es schwer, Beeinflussungsversuche der Umwelt zu ignorieren, wenn die unangenehmen Folgen strittiger Entscheidungen vom Schiedsrichter als gravierender eingeschätzt werden, als sie tatsächlich sind, und/oder das Eintreten der befürchteten Folgen als wahrscheinlicher angenommen wird, als realistischerweise zu erwarten ist. Um dem entgegenzuwirken, sollten Spielleiter darauf achten, was tatsächlich passiert, wenn sie Beeinflussungsversuche ignorieren. Stellt sich heraus, dass die befürchteten Ereignisse wenig wahrscheinlich und möglicherweise durchaus tolerierbar sind, fällt es leichter, Versuche zur Beeinflussung ihrer Entscheidungen zu widerstehen.

### *Unrealistische Ansprüche an sich selbst korrigieren*

Die Anforderungen an Schiedsrichter sind hoch. Von ihnen wird erwartet, dass sie klare und richtige Entscheidungen treffen, Regeln einheitlich auslegen, unparteiisch pfeifen, Konfliktsituationen im Spielgeschehen erfolgreich bewältigen, Simulanten bestrafen, Ruhe und Gelassenheit auch in schwierigen Situationen ausstrahlen, sachlich, aber bestimmt auftreten, für die Chancengleichheit beider Mannschaften sorgen, in Sekundenbruchteilen komplizierte und oft auch harte Entscheidungen treffen und diese überzeugend vermitteln. Als Schlichter zwischen den Spielbeteiligten sollen sie die Spieler zu einem regelkonformen und fairen Verhalten bewegen. Das alles soll möglichst sinngerecht erfolgen, denn eine wortwörtliche Regelauslegung würde bei Spielern und Trainern auf Unverständnis stoßen (Tielker, 2010). Auch wird von Spielleitern erwartet, dass sie *eindeutige* Entscheidungen treffen, obwohl die Grenze zwischen Regelwidrigkeit und Erlaubtem oft äußerst unscharf ist. Regelungen in Spielsportarten sind vielfach so uneindeutig, dass sogar versierte Schiedsrichter zu gravierend voneinander abweichenden Urteilen kommen, wenn sie Entscheidungen beurteilen, die sie auf Videoaufnahmen unter Verwendung der Zeitlupenfunktion betrachten (Brand, 2002). Deshalb muss dem Schiedsrichter ein *Ermessensspielraum* bei der Bewertung der Ereignisse im Spiel eingeräumt werden, wie z. B. „von welchem Punkt an er Disziplinlosigkeiten von Spielern und Trainern ahnden möchte" (Freimuth, 2006, S. 8). Schließlich wird erwartet, dass der Spielleiter immer kalkulierbar und berechenbar bleibt: Auf gleiche Situationen muss mit gleichen Entscheidungen reagiert werden. Konzessionsentscheidungen sollte es nicht geben. Trotz all dieser Schwierigkeiten dürfen Schiedsrichter nicht davor zurückschrecken, Entscheidungen zu treffen, wenn diese erforderlich sind. „Schlimmer als eine falsche Entscheidung ist keine Entscheidung" – so Lutz Wagner, Schiedsrichter-Ausbilder des DFB.

All diesen Anforderungen gerecht zu werden, ist kaum möglich, wie Brand (2002) hervorhebt: „Die Schiedsrichter-Rolle stellt eine Reihe von Anforderungen an den Spielleiter, denen dieser überhaupt nicht gerecht werden kann" (S. 37). Das gilt umso mehr, als Spielleiter in den Kreisligen keine intensive Betreuung durch den DFB bekommen, was logistisch wie organisatorisch auch nur bedingt möglich wäre. Wenn aber Schiedsrichter den hohen Anforderungen nicht immer gerecht werden können, ist ihnen zu empfehlen, ihre Fehlbarkeit zu akzeptieren, wie es nicht nur Freimuth et al. (2006) vorschlagen. „Der Umgang mit Fehlern gehört bei Schiedsrichtern gewissermaßen zur Jobbeschreibung" konstatierte auch die Schiedsrichterin Steinhaus im Interview (ZEIT vom 10.08.2018). Folgerichtig stellte der Sportpsychologe Carsten Schiel auf einer Seminar-Tagung zur Schiedsrichter-Ausbildung heraus: „Ein Spiel kann nicht fehlerfrei geleitet werden". „Die Verarbeitung von Fehlern, der Umgang mit Kritik können den Unterschied zwischen einem guten und einem schlechten Schiedsrichter ausmachen", so der Bundesliga-Schiedsrichter Patrick Ittrich in der ZEIT vom 04.04.2019. Zur Fehlerverarbeitung empfiehlt er, strittige Entscheidungen mit Kollegen zu besprechen.

Zusammenfassend kann gesagt werden: Schiris sollten ihre Fehlbarkeit annehmen, aber daran arbeiten, diese zu verringern. Akzeptiert man seine Fehlbarkeit, fällt es leichter, Beeinflussungsversuchen zu widerstehen. Diesen Zusammenhang beschreibt ein erfahrener Schiedsrichter, den Brand

(2002) im Rahmen seiner Interviewstudie befragte, wie folgt: *Eine gewisse Freiheit entsteht, wenn man sich seine Fehlbarkeit eingesteht.* Doch leider denken viele Schiedsrichter, dass sie sich selbst schwächen, wenn sie sich ihre Fehlbarkeit eingestehen. Diesen Schiedsrichtern ist dringend davon abzuraten, auf ihrer „Unfehlbarkeit" zu bestehen und diese womöglich noch öffentlich zu äußern. Mit solchem Verhalten verlieren sie nur an Akzeptanz und bieten darüber hinaus anderen die Möglichkeit, sie zu kritisieren.

#### *Individuelle Empfindlichkeiten verringern*

Manche Schiedsrichter reagieren ausgesprochen empfindlich auf Proteste, Beschimpfungen, Kritik, Beschuldigungen oder missbilligende Äußerungen. Diese Schiedsrichter werden es schwer haben, mit der Verunsicherung, die durch Beeinflussungsversuche ausgelöst wird, klarzukommen. Individuelle Empfindlichkeiten zu verringern ist zwar schwierig, aber nicht unmöglich. Schiedsrichter, die gelernt haben, gelassen auf Beeinflussungsversuche zu reagieren, werden nicht jede Reklamation als Angriff auf ihre Person begreifen oder Proteste als Hinweis auf eigene Unzulänglichkeiten deuten. In Trainings zur Stressbewältigung, in denen man lernt, negative Bewertungen zu tolerieren, werden akzeptanzfördernde Um- oder Neubewertungen im Sinne von *Ich kann sowieso nichts gegen ungerechte Bewertungen meiner Entscheidungen tun, also muss ich das aushalten* empfohlen. Diesbezügliche Übungen zielen darauf ab, sich mit Dingen, die man nicht ändern kann, abzufinden.

## Erfolgszuversicht stärken

Die Leistung eines Schiedsrichters hängt nicht nur davon ab, ob sie in der Lage sind, Beeinflussungsversuchen standzuhalten, sondern auch davon, wie erfolgszuversichtlich er in ein Spiel geht. Gemeint ist die Zuversicht, auch in schwierigen Spielsituationen die richtigen Entscheidungen zu treffen und Konfliktsituationen im Spiel erfolgreich meistern zu können.

### Erfolgszuversicht und Schiedsrichterleistung

In Kapitel 3 haben wir den Zusammenhang zwischen Erfolgszuversicht und Leistung herausgearbeitet. Was für Spieler gilt, sollte auch für Spielleiter gelten: Je zuversichtlicher der Schiedsrichter ist, das Spiel erfolgreich leiten zu können, umso besser wird seine Leistung sein. Ein Schiedsrichter, der weiß, was er kann, und seinen Fähigkeiten vertraut, wird weniger schnell verunsichert, wenn er in schwierigen Situationen schnell möglichst richtige Entscheidungen treffen muss oder Beeinflussungsversuchen ausgesetzt ist. Allerdings sollte diese Zuversicht eine realistische Basis haben. Die ist gegeben, wenn Schiedsrichter wissen, in welchen Situationen welche Fähigkeiten und/oder Eigenschaften benötigt werden, und möglichst realistisch einschätzen können, ob sie über diese Fähigkeiten verfügen.

## Wie können Schiedsrichter ihre Erfolgszuversicht stärken?

Die Zuversicht eines Schiedsrichters, ein anstehendes Spiel erfolgreich zu leiten, basiert im Wesentlichen darauf, dass sie ihren Entscheidungsfähigkeiten vertrauen, sich auf ihre Kompetenzen zur Bewältigbarkeit von Konfliktsituationen verlassen können und sich gut auf das nächste Spiel vorbereiten. Zur Stärkung der Erfolgszuversicht kommen deshalb drei Interventionen in Frage:

1. Vertrauen in die Entscheidungsfähigkeit stärken
2. Vertrauen in die Bewältigbarkeit von Konfliktsituationen stärken
3. Sich auf das nächste Spiel gut vorbereiten

### *Vertrauen in die Entscheidungsfähigkeit stärken*

Vertrauen in die eigene Entscheidungsfähigkeit bezieht sich auf die Zuversicht des Spielleiters, auch in schwierigen Spielsituationen *korrekte* und *adäquate* Entscheidungen zu treffen. Dieses Vertrauen stellt sich nur allmählich ein, wenn Schiedsrichter in ihrer Laufbahn viele Spiele erfolgreich leiten und positives Feedback bekommen. Sie müssen die Erfahrung machen, dass sie aufgrund ihrer Ausbildung, ihrer Regelkenntnisse und -sicherheit, ihres guten Stellungsspiels, ihrer Zusammenarbeit mit Assistenten, ihrer Kenntnis der Ermessensspielräume und ihrer körperlichen Fitness (Schiedsrichter, die körperlich nicht fit sind, laufen Gefahr, sich häufiger in einer ungünstigen Position beim Pfiff zu befinden) zumeist richtige Entscheidungen treffen. Dadurch bekommen sie hinreichendes Vertrauen in ihre Entscheidungssicherheit und -fähigkeit. Ein von Brandt (2002, S. 162) interviewter Schiedsrichter beschreibt dieses Vertrauen so: *Ich weiß, dass ich ein guter Schiedsrichter bin und ich pfeif meine Linie hier durch.*

*Unterschied zwischen korrekten und adäquaten Entscheidungen*

Den Unterschied zwischen korrekten und adäquaten Entscheidungen erläutern Schweizer et al. (2014, S. 214) wie folgt: „Korrekt sind Entscheidungen, die laut Regelwerk bei ausschließlicher Betrachtung des jeweiligen Vorfalls richtig sind. (...). Adäquat sind Entscheidungen, die unter Berücksichtigung des Spielverlaufs sowie situativer Gegebenheiten angemessen sind (...). Ein Beispiel für adäquates Entscheiden ist ein Schiedsrichter im Fußball, der die Härte seiner Entscheidungen der Härte des Spiels anpasst – also in einem von zahlreichen Fouls geprägten Spiel eher eine gelbe Karte zeigt als in einem Spiel, in dem bislang kaum Fouls vorkamen. Ein anderes Beispiel ist ein Schiedsrichter im Basketball, der sich in einem spielentscheidenden Spielzug dagegen entscheidet, einen Schrittfehler zu pfeifen".

Im Unterschied zu Spielern, die mehrmals pro Woche trainieren können, gibt es für Schiedsrichter nicht die Möglichkeit, Spiele nur zu dem Zweck anzusetzen, um ihre Entscheidungssicherheit zu üben. Deshalb wurde das *Schiedsrichter-Entscheidungs-Training* (SET, Schweizer, 2010) entwickelt. Es handelt sich, wie Schweizer schreibt, um ein videobasiertes Online-Trainingsprogramm. Die Schiedsrichter erhalten einen Zugang zur Online-Plattform und können sich dann ortsunabhängig einloggen. Kernstück des SET ist eine Datenbank, die mehrere hundert Videos enthält. Diese Videos sind sortiert nach ihrer Herkunft (z. B. Bundesliga), nach Foulart (z. B. rempeln oder treten) und nach zu treffender Entscheidung (z. B. Foul oder gelbe Karte). Im Laufe einer Sitzung werden Schiedsrichtern eine Reihe von Videos gezeigt, die potenzielle Fouls enthalten. Direkt nach dem Kontakt zweier Spieler wird das Video gestoppt und die Teilnehmer müssen per Mausklick ihre Entscheidung fällen: Foul oder kein Foul? Wenn sie Foul entscheiden, müssen sie eine Wahl treffen zwischen Freistoß, Gelbe Karte oder Rote Karte. Bei diesen Entscheidungen stehen die Schiedsrichter unter Zeitdruck, um die Trainingssituation so gut es geht der Situation auf dem Platz anzupassen. Direkt nach jeder Entscheidung erhalten die Schiedsrichter ein Feedback. Dieses besagt entweder „Richtig" oder „Falsch". Über dieses Feedback hinaus bekommen die Trainings-Teilnehmer keine weiteren Begründungen, Erklärungen oder Analysen geliefert. Begründungen werden für nicht erforderlich gehalten, da die Teilnehmer Spielleiter sind, die die Regeln und Entscheidungsgrundlagen gut kennen.

*Vertrauen in die Bewältigbarkeit von Konfliktsituationen stärken*

Schiedsrichter werden im Spielverlauf immer wieder Entscheidungen treffen, die von einer Partei nicht akzeptiert werden und dann zu Konfliktsituationen mit Rudelbildung führen. Spieler bedrängen den Schiedsrichter, eine Strafe zu verhängen oder zurückzunehmen. Je länger die Auseinandersetzung mit Trainern und/oder Spielern dauert, desto schwerer wird es, sie zu beenden. Manchmal gerät ein Spiel sogar ganz außer Kontrolle. Das ist der Fall, wenn ein Spiel von heftigen Emotionen geprägt ist, eine oder beide Mannschaften wiederholt ausgesprochen unfair spielen und Feindseligkeiten gegenüber der gegnerischen Mannschaft oder dem Schiedsrichter offen ausgetragen werden (Brand, 2002).

Um ein Spiel erfolgreich zu leiten, müssen sich Schiedsrichter auf ihre Fähigkeit verlassen können, Konfliktsituationen in den Griff zu bekommen. Diese Fähigkeit wird schon deshalb erforderlich, weil sich Konfliktsituationen im Spielverlauf nie ganz vermeiden lassen, auch wenn der Unparteiische alles richtig macht. Werden des Öfteren kritische Situationen erfolgreich gemeistert, wächst das Vertrauen, diese auch in zukünftigen Spielen bewältigen zu können. Dazu benötigen Spielleiter spezifische Fähigkeiten. Insbesondere sollten sie in der Lage sein, ...

- Proteste, Beschimpfungen, Einschüchterungen zu ignorieren, wenn dies die Situation erfordert
- aufgebrachte Spieler, aber auch emotionalisierte Trainer zu beruhigen
- Spieler und manchmal auch Trainer mit den richtigen Worten zum richtigen Zeitpunkt zu verwarnen
- Spieler mit angemessenen Sanktionen (gelbe Karte, Platzverweis etc.) zu bestrafen
- Streit-Eskalationen auf dem Platz zu beenden
- auf Auseinandersetzungen zwischen Spielern de-eskalierend einzuwirken
- die Körpersprache der Spieler richtig zu „lesen" und, darauf aufbauend, angemessen zu reagieren

Bei der Deeskalation von Konflikten spielt das Auftreten der Schiedsrichter eine große Rolle. Gefragt ist sicheres und bestimmtes Auftreten. Spieler brauchen Klarheit darüber, welches Verhalten ihnen erlaubt ist und welches auf jeden Fall bestraft wird. Ein freundliches, verbindliches Auftreten, guter Augenkontakt und deutliche Sprache sind der Schlüssel für die Bewältigung kritischer Situationen. Auf keinen Fall darf der Unparteiische eine harte Entscheidung mit einem Lächeln verbinden. In der Regel wissen Spielleiter um die Bedeutung und Wirkung der richtigen Körpersprache, die als Botschaft oft viel mehr ausdrückt als die sprachliche Mitteilung. An einer Botschaft machen Worte nur ca.10 % aus. Der größte Teil einer Mitteilung wird über Körpersprache vermittelt. Um Distanz zu den Spielern zu wahren, können Schiedsrichter mit ausgestrecktem Arm eine Zone schaffen, in die kein Spieler eindringen darf. Stehen Spielleiter zu nah an einem Spieler, können sie in aufgeheizter Atmosphäre nicht beruhigend wirken. Werden sie bedrängt, sollten sie zwei, drei Schritte zurückgehen, dort eine feste Position finden und den Spielern klarmachen: *Wer jetzt noch in meinen Bereich eindringt, bekommt die Konsequenzen zu spüren.* Die Anweisungen an die Spieler sollten nicht mit lauter, sondern kräftiger Stimme gegeben werden.

Um Spieler in individuell angepasster Weise (Humor oder Strenge) anzusprechen, ist es hilfreich, wenn Schiedsrichter in der Lage sind, den Charakter der Spieler einzuschätzen. Jeder Spieler ist anders und benötigt je nach Charakter eine andere Ansprache (vgl. Freimuth et al., 2006). Spielleiter brauchen somit auch Einfühlungsvermögen und gute Kommunikationsfähigkeiten, die auch nach dem Spiel gefragt sind, wenn es nach dem Abpfiff zu Diskussionen mit den Spielern kommt (Schweizer et al., 2014).

Das Unangenehmste für einen Spielleiter ist, dass er in Stresssituationen nach außen unsicher wirkt und Außenstehende den Eindruck bekommen, er sei überfordert. Dazu äußerte sich ein erfolgreicher Schiedsrichter, der von Brand (2002, 168) zu diesem Problem interviewt wurde, wie folgt: *Aber was mich ärgern würde, wenn die Zuschauer sagen: Der ist ja völlig überfordert und wirkt unsicher!* Dem können Schiedsrichter entgegenwirken, indem sie Sicherheit ausstrahlen, was aber nur gelingt, wenn sie ihren Fähigkeiten vertrauen, Konfliktsituationen bewältigen zu können. Da der Respekt vor Spielleitern in letzter Zeit deutlich nachgelassen hat, haben die Fußballverbände in Deutschland 2020 beschlossen, bis in die Kreisligen hinein noch konsequenter gegen Disziplin- und Respektlosigkeiten vorzugehen.

Um selbstbewusstes und sicheres Auftreten in Konfliktsituationen zu verbessern, werden *Videoanalysen* eingesetzt. Schiedsrichtern wird ihr Verhalten in kritischen Situationen vorgespielt und mit anderen erfahrenen Schiedsrichtern besprochen. Das eigene Auftreten gespiegelt zu bekommen, ist äußerst hilfreich in der Schiedsrichterausbildung. Schiedsrichter, die zum ersten Mal gefilmt werden, wenn sie ein Spiel leiten, sind meist selbst überrascht, wie gewisse Gesten wirken. In Lehrgängen im Saarländischen Fußballverband üben Schiedsrichter, wie man „Opfer" aus einer Bedrohungs-Situation holt, wie man „Rudel" auflöst und wie man zielsicher durch eine Menge aggressiver Personen vom Platz in die Kabine geht (vgl. Webseite des DFB zur Schiedsrichter-Schulung).

*Sich auf das nächste Spiel gut vorbereiten*

Wollen Schiedsrichter erfolgszuversichtlich in ein Spiel gehen, sollten sie sich auf schwierige Spiele mental und körperlich gut vorbereiten, auch wenn sie im Einzelnen nicht genau vorhersehen können, wie sich ein Spiel entwickeln wird. Die Spielleitung beginnt damit, sich auf das anstehende Spiel vorzubereiten (Freimuth et al., 2006). Die Schiedsrichterin Bibiana Steinhaus äußert sich dazu im Interview wie folgt:

*So wie die Spieler immer bestmöglich trainieren müssen, um so viele Punkte wie möglich zu erzielen, ist doch auch der Anspruch an den Schiri gerechtfertigt, dass er genauso seine Leistungen abruft und sich entsprechend vorbereitet.*

Spiele unterscheiden sich darin, dass sie unterschiedliche Schwierigkeitsgrade in Hinblick auf eine erfolgreiche Spielleitung aufweisen. Stellt sich der Schiedsrichter vor der Begegnung auf antizipierte Schwierigkeiten ein, ist er in der Hektik des Spiels eher in der Lage, angemessen zu reagieren. Immer gibt es Anhaltspunkte dafür, wie schwierig die bevorstehende Spielleitung sein wird. Beispielsweise gilt es zu berücksichtigen, auf welchem Platz das Spiel stattfindet. Auf kleinen Plätzen gibt es mehr Zweikämpfe, Zuschauer stehen unmittelbar am Spielfeldrand, Emotionen übertragen sich schneller auf die Spieler (siehe Freimuth et al., 2006). Der Schiedsrichterlehrwart Alexander Feuerherdt empfiehlt, sich bei der Vorbereitung auf ein Fußballspiel auf folgende Fragen zu konzentrieren (www.ubbo-voss-sr-lehrarbeit.de):

- Handelt es sich um ein Lokalderby?
- Wie ist die Tabellensituation beider Mannschaften?
- Wie sind die Platzverhältnisse?
- Gab es Vorkommnisse bei früheren Spielen?
- Mit welchen Spielertypen bzw. -charakteren werde ich es zu tun bekommen?
- Gibt es Schlüsselspieler?
- Welche Spieler waren bisher auffällig?
- Welche taktischen Systeme bevorzugen die Mannschaften?
- Spielt ein Team von hinten raus oder schlägt es lange Bälle auf einen Stürmer?
- Wird eine brisante Pärchenbildung zu erwarten sein?
- Mit welcher Atmosphäre ist zu rechnen?
- Gibt es andere Besonderheiten?

Für Schiedsrichter, die in hohen Ligen eingesetzt werden, ist die *körperliche* Vorbereitung wichtiger als für ihre Kollegen aus den unteren Spielklassen. Sie müssen deshalb mehr auf eine gesunde und erholsame Lebensführung im Alltag achten. Auch fühlen sie sich stärker beeinträchtigt, wenn sie bei ihrer mentalen Vorbereitung gestört werden, verglichen mit Schiedsrichtern aus unteren Ligen (vgl. Teipel et al., 2014). Die Vorbereitung auf ein Spiel sollte nicht zu einer unnötigen Belastung werden. Das betonte die Schiedsrichterin Bibiana Steinhaus in einem SPORT 1 – Interview mit den Worten: *Es geht nicht nur um körperliche Fitness, sondern auch um die Vorbereitung auf Mannschaften und Schlüsselspieler. Ich sage deutlich vorbereiten, nicht vorbelasten.* Nach dem Spiel sollten sich Schiris immer Zeit nehmen, ihre Spielleitung zu analysieren, um herauszufinden, ob sie sich richtig und ausreichend auf das Spiel vorbereitet haben.

## Eigene Stressreaktionen kontrollieren

Die Leistung eines Schiedsrichters hängt schließlich davon ab, ob sie in der Lage sind, ihre eigenen Stressreaktionen ausreichend zu kontrollieren. Gemeint ist die Fähigkeit des Unparteiischen, auch in schwierigen Spielsituationen die eigenen, oft recht intensiven Stressreaktionen soweit unter Kontrolle zu halten, dass seine Handlungsfähigkeit nicht beeinträchtigt wird.

### Stressreaktionen und Schiedsrichterleistung

Schiedsrichter sind im Spielverlauf einer hohen körperlichen und psychischen Belastung ausgesetzt, die Schweizer (2010) mit folgenden Worten beschreibt:

*Höchste körperliche Anstrengung seit beinahe anderthalb Stunden, 35 000 schreiende Menschen auf engstem Raum, und jetzt muss eine Entscheidung gefällt werden, die hunderttausende Menschen in Freudentaumel und ebenso viele in abgrundtiefe Traurigkeit versetzen wird. In solch einer Situation finden sich Fußball-Schiedsrichter jedes Wochenende. In Sekundenbruchteilen treffen sie folgenschwere Entscheidungen und stehen dabei unter größtem körperlichem und psychischem Stress.*

Dieses Zitat verdeutlicht, wie stark Schiedsrichter belastet sind, wenn sie in aufgeheizten Situationen schnelle Entscheidungen treffen müssen, zumal sie diese nicht zurücknehmen können, ohne ihre Autorität zu beschädigen (Videobeweise gibt es bislang nur in der 1. und 2. Liga). Einen empirischen Hinweis auf die hohe Belastung von Spielleitern liefern Daten der Deutschen Sporthochschule Köln. Untersucht wurden Schiedsrichter in 24 Basketball-Bundesligaspielen (Schmidt, Zimmermann & Lange, 1987; zitiert nach

Brand, 2002). Die Ergebnisse bezüglich des Belastungsindikators Pulsfrequenzen fasst Brand (2002, S. 3) wie folgt zusammen:

*Die Pulsfrequenzen sind beeindruckend hoch. Schon bei Spielbeginn liegen diese durchschnittlich zwischen 127,6 und 144,9 Schlägen pro Minute, die sich im Laufe des Spiels noch steigern. Spitzenwerte erreichen die Schiedsrichter, die Männerspiele mit einer Endstands-Differenz von weniger als fünf Punkten leiten. In der Endphase solcher Spiele erreichen sie eine durchschnittliche Pulsfrequenz von 147,2 Schlägen pro Minute.*

„Wenn ein Schiedsrichter selbst von Emotionen gepackt ist, kann er kaum ruhig bleiben und einen kühlen Kopf bewahren“ erklärte die Psychologin Christine Telser in einem Interview mit der FAZ Online vom Januar, 2003. „Der Pulsschlag steigt, die Atmung wird schneller, Schweißausbrüche kommen, der Kopf wird nur noch schlecht durchblutet. Die Folge: Das Denken funktioniert nur noch eingeschränkt“, so beschreibt Telser die typischen Symptome, die zu beobachten sind, wenn Spielleiter ihre Emotionen nicht im Griff haben.

Zu intensiven Stressreaktionen kommt es insbesondere in Konfliktsituationen, die Schiedsrichter auch bei guter Spielleitung kaum vermeiden können. Auch erfahrene Schiedsrichter werden nicht ganz verhindern können, dass sie beschimpft und beleidigt werden, dass Spieler protestieren, dass Konflikte eskalieren, dass es zu Tätlichkeiten kommt. Immer mal wieder werden sie falsche, umstrittene, zu harte, keine oder nicht akzeptierte Entscheidungen treffen, die dann zu Auseinandersetzungen mit Spielern und Trainern führen. „Ebenso übereinstimmend mit den Befunden aus anderen Untersuchungen kann festgehalten werden, dass dabei vor allem Situationen, in denen Schiedsrichter falsche oder zumindest kontroverse Entscheidungen treffen oder in denen sie sich in mit Trainern oder Spielern auszutragenden (sozialen) Konfliktsituationen ‚verfangen‘, von den Schiedsrichtern selbst als am meisten beanspruchend erlebt werden“ (Brand, 2002, S. 184/185).

Wie andere Menschen auch, haben Schiedsrichter ein „Toleranzfenster“, in dem verschiedene Intensitäten körperlicher und emotionaler Erregung verarbeitet werden können, ohne dass ihre Funktionstüchtigkeit gestört ist. Wenn sich jedoch der „Erregungsspiegel“ aus dem Toleranzfenster hinausbewegt, ist die Funktionstüchtigkeit beeinträchtigt. Durch intensive Stressreaktionen werden die Zugriffsmöglichkeiten auf verfügbare körperliche und psychische Funktionen sowie der Wirkungsgrad beanspruchter Funktionen gestört. Dann sind Schiedsrichter nur noch bedingt in der Lage, ihre Kompetenzen vollständig zu nutzen. Durch die desorganisierenden Auswirkungen der Stressreaktionen werden sie mehr oder weniger funktionsuntüchtig. Dann werden

Schiedsrichter nervös, können nicht mehr klar denken, beschäftigen sich gedanklich zu sehr mit den Folgen ihrer Entscheidungen, wodurch ihre Konzentration auf das Spielgeschehen beeinträchtigt wird.

## Wie können Schiedsrichter ihre Stressreaktionen kontrollieren?

Um ihre Funktionstüchtigkeit über die ganze Länge eines Spiels zu erhalten, müssen Schiedsrichter ihre Stressreaktionen irgendwie unter Kontrolle bringen. Stressreaktionen treten auf drei Ebenen in Erscheinung: körperliche, emotionale und kognitive Reaktionen. Diese drei Ebenen berücksichtigend, werden in der Literatur drei Bewältigungsstrategien empfohlen (vgl. Brand, 2002; Schweizer et al., 2014):

1. durch äußere Ruhe auch innerlich ruhig bleiben
2. eigene Emotionen unter Kontrolle halten
3. störende, vom Spielgeschehen ablenkende Gedanken unterbinden

### *Durch äußere Ruhe auch innerlich ruhig bleiben*

Erfolgreiche Schiedsrichter bemühen sich um äußere Ruhe, um auch innerlich ruhig zu bleiben. Indem sie sich ruhig geben, gewinnen sie auch innerlich Ruhe. Diese Strategie beschrieben erfahrene Schiedsrichter, die der Sportpsychologe Ralf Brand befragt hat, mit den folgenden Worten (vgl. Brand, 2002, S. 155 und 168):

- *Mir ist das sozusagen egal wie ich mich innerlich fühle. Für mich ist es erst mal wichtig, wie wirke ich nach außen. Das ist für mich das A und O.*
- *Cool, Cool, Cool! Einfach nur cool. Ganz ruhig über den Dingen stehen und nicht Emotionen zeigen.*
- *Man versucht eben zumindest ich will nicht sagen, unbeteiligt darauf zu wirken. Also auch nicht arrogant, also das gar nicht. Aber eben einfach ruhig.*

### *Eigene Emotionen unter Kontrolle halten*

Auch Schiedsrichter reagieren mit Enttäuschung, Ärger, Unmut oder Angst, wenn sie ungerecht beurteilt werden, wenn ihnen von Spielern, aber auch Trainern unterstellt wird, einseitig für den Gegner Partei zu ergreifen, wenn sie beschimpft werden, wenn Zuschauer sie beleidigen, wenn Trainer ihre

Kompetenzen anzweifeln, wenn Spieler ihre Entscheidungen kritisieren oder wenn ihre Leistung und ihr Engagement nicht anerkannt werden. Doch ihre Aufgabe verlangt es, die emotionalen Reaktionen auf diese Belastungen zu beherrschen. Das gelingt Schiedsrichtern nicht immer in ausreichendem Maße. Wie alle Menschen tendieren auch Schiedsrichter dazu, bei emotionaler Belastung auf vorhandene und vertraute Muster der Bewältigung zurückzugreifen, die nicht immer angebracht sind. „So wird z. B. auf aufkommende lautstarke Kritik eines Trainers im selben Tonfall mit derselben Wortwahl und Lautstärke reagiert, weil uns dieses Verhalten seit unserer Kindheit vertraut ist" (Freimuth et al., 2006, S. 9).

Während eines Spiels bekommen Schiedsrichter keine Hilfe von anderen Personen, die sie bei der Affektkontrolle unterstützen könnten. Sie müssen allein mit ihren emotionalen Reaktionen fertig werden. Lediglich das emotionale *Ausdrucksverhalten* willentlich zu hemmen, reicht da zumeist nicht aus. Besser ist, negative Emotionen möglichst gar nicht erst entstehen zu lassen. Das ist möglich, wenn Kontrollstrategien früh einsetzen, bevor sich der Emotionsprozess voll entfaltet hat. Dies kann möglicherweise erreicht werden, indem Schiedsrichter die belastenden Ereignisse, die ihre Stressreaktionen ausgelöst haben, anders bewerten. Zum Beispiel können sie sich in Erinnerung rufen, dass Spieler und Trainer unter hohem Erfolgsdruck stehen, der ihre Reaktionen verständlich macht.

Manche Schiedsrichter haben vielleicht die Vorstellung, dass Spieler, Trainer und Zuschauer wissen müssten, wie schwierig es ist, immer die richtigen Entscheidungen zu treffen. Folglich müssten sie auch dafür Verständnis haben, wenn das nicht immer gelingt. Doch in den meisten Fällen sind solche Erwartungen unrealistisch. Die Praxis zeigt, dass Schiris nur selten mit Verständnis für strittige Entscheidungen rechnen können. Hat ein Schiedsrichter dennoch unrealistische Erwartungen, was das Verhalten von Spielern, Trainern oder Zuschauern betrifft, sollte er diese korrigieren. Es bleibt ihm nichts weiter übrig, er muss die heftigen Proteste der Trainer in gewissen Grenzen hinnehmen, er darf die Reklamationen von Spielern nicht auf die Goldwaage legen. So gelingt es ihm eher, Gefühle der Enttäuschung und des Ärgers zu unterdrücken. Sicherlich sind sich alle Schiedsrichter dessen bewusst, dass sie von Spielern, Trainern und Zuschauern zumeist kein Verständnis für ihre Entscheidungen erwarten können. Trotzdem sind viele Spielleiter enttäuscht, wenn Außenstehende sich negativ über ihre Leistungen äußern, was zeigt, dass sie doch Verständnis für ihre Entscheidungen und Würdigung ihres Engagements erwarten. Und das mit Recht, wenn man bedenkt, wie schwierig ihre Aufgaben sind und mit welchem Engagement viele Schiedsrichter ihre Tätigkeit ausüben.

*Störende, vom Spielgeschehen ablenkende Gedanken unterbinden*

Zu den Stressreaktionen gehören auch störende, vom Spielgeschehen ablenkende Gedanken. Zumeist handelt es sich um Gedanken, die durch die Folgen strittiger Entscheidungen ausgelöst werden (z. B. „Ich denke darüber nach, ob ich alles richtig gemacht habe“ oder: „Nach einem schwierigen Foulpfiff denke ich darüber nach, ob mein Kollege auch so entschieden hätte“). In der Untersuchung von Brand (2002) äußerte sich dazu ein Schiedsrichter wie folgt (S. 162):

*Man hat irgendwann mal ,ne Phase erreicht, wo man zuviel nachgedacht hat. Dann hört man gar nicht mehr auf darüber nachzudenken. Das ist das Schlimmste was passieren kann: Wenn Du nicht mehr aufhörst zu denken. Du bist nicht mehr hundertprozentig beim Spiel und versuchst irgendwas, das irgendwie wieder hinzubekommen. Und das klappt dann meistens nicht. (...) Weil, wenn Du darüber nachdenkst, was im Augenblick abläuft in Deinem Kopf, wenn Du Fehler gemacht hast, dann hast Du eigentlich schon verloren.*

Dieses Zitat zeigt, wie wichtig es ist, im Spielverlauf auftretende, störende Gedanken zu unterbinden oder wenigstens zu begrenzen. Die Fähigkeit, vergangenheitsbezogene Gedanken in kritischen Spielphasen zu kontrollieren, ist erlernbar. Aus den Interviewaussagen zu der Frage, wie Schiedsrichter mit störenden Gedanken während eines Spiels umgehen (Brand, 2002), ergaben sich Hinweise auf spezielle Bewältigungsstrategien (siehe folgender Kasten).

*Wie Schiedsrichter versuchen, störende Gedanken während eines Spiels zu unterdrücken*

Ich versuche, mich zu konzentrieren. Oder eigentlich, was noch viel wichtiger ist, die Gedanken abzuschalten. Denk‘ nicht drüber nach!

Ich hake das Thema vollkommen ab.

Ich sage mir: Du musst Dich weiter auf die nächste Situation konzentrieren.

Ich denke nicht darüber nach, welche andere Entscheidung besser gewesen wäre.

Es bringt nichts, noch einmal über die Entscheidung nachzudenken.

# Literatur


Affolter, B. (2019). *Engagement und Beanspruchung von Lehrpersonal in der Phase des Berufseintritts: Bedeutung von Zielorientierungen, Selbstwirksamkeitserwartungen und Persönlichkeitsmerkmalen im JD-R Modell.* Bad Heilbrunn: Klinkhardt.

Alfermann, D. (2010). Karriereentwicklung, Karriereübergänge und Karrierebeendigung im Leistungssport. In O. Stoll, I. Pfeffer & D. Alfermann (Eds.). *Lehrbuch der Sportpsychologie* (S. 173–195). Göttingen: Hogrefe.

Allmer, H. (1996). *Erholung und Gesundheit.* Göttingen: Hogrefe.

Amorose, A. J., Anderson-Butcher, D., Newman, T. J., Fraina, M. & Iachini, A, (2016). High school athletes' self-determined motivation: The independent and interactive effects of coach, father, and mother autonomy support. *Psychology of Sport and Exercise, 26,* 1–8.

Bar-Eli, M. & Azar, O. H. (2009). Penalty kicks in soccer: An empirical analysis of shooting strategies and goalkeepers' preferences. *Soccer and Society, 10,* 183–191.

Baumann, S. (2009). *Psychologie im Sport: Psychische Belastungen, Mental trainieren, Konzentration und Motivation* (5. Auflage). Aachen: Meyer & Meyer.

Baumann, S. (2002). *Mannschaftspsychologie. Methoden und Techniken.* Aachen: Meyer & Meyer.

Baumeister, R. F. (1984). Choking under pressure: Self-consciousness and paradoxical effects of incentives on skillful performance. *Journal of Personality and Social Psychology, 46,* 610-620.

Baumeister, R.F., Hamilton, J. C. & Tice, D. M. (1985). Public versus private expectancy of success: Confidence booster or performance pressure? *Journal of Personality and Social Psychology, 48,* 1447–1457.

Baumeister, R. F. & Showers, C. J. (1986). A review of paradoxical performance effects: Choking under pressure in sports and mental tests. *Journal of Social Psychology, 16,* 361–383.

Becker, M. (2014). *Fußball Verletzung – Wieder zur gewohnten Leistung finden.* Online verfügbar unter: http://www.erfolgsfussballer.de/nach-verletzung-gewohnte-leistung-finden/

Beckmann, J. & Elbe, A. (2008). *Praxis der Sportpsychologie in Wettkampf- und Leistungssport.* Balingen: Spitta.

Beier, G. (1999). Die Wettkampfführung des Sportlers und deren Steuerung (Coaching). In G. Thieß & P. Tschiene (Eds.), *Handbuch zur Wettkampflehre* (S. 351–361). Aachen: Meyer & Meyer.

Beilock, S. L. & Carr, T. H. (2001). On the fragility of skilled performance: What governs choking under pressure? *Journal of Experimental Psychology: General, 130,* 701–725.

Bernhart, I. (2009). Die Ursprünge der Motivation: Das Persönlichkeitsinstrument Reiss Profile im Leistungssport. *Leistungssport, 4,* 35–39.

Beswick, B. (2016). *One goal: The mindset of winning soccer teams.* Champaign: Human Kinetics Publishers.

Beswick, B. (2007). *Understanding players psychology: Workbook 2: Confidence is the key.* Online verfügbar unter: http://assets.ngin.com/attachments/document/0021/8170/Vol_2_WKBK2_Confidence_Is_the_Key_January_07.pdf

Bisanz, G. & Gerisch, G. (2008). *Fußball: Kondition – Technik – Taktik und Coaching.* Aachen: Meyer & Meyer.

Blumhoff, G. (2010). Soziale Kompetenzen von Fußballtrainern. In H. Lange & L. Nordmann (Eds.), *Spitzensport: Training – Ethik – Trainerbildung* (S. 261–272). Göttingen: Curvieller.

Bois, J. E., Lalanne, J. & Delforge, C. (2009). The influence of parenting practices and parental presence on children's and adolescents' pre-competitive anxiety. *Journal of Sports Sciences, 27,* 995–1005.

Borggrefe, C., Cachay, K. & Dölling, R. (2015). Zwischen Macht und Vertrauen – Zum Problem der Steuerung. In C. Borggrefe & K. Cachay (Eds.), *Kommunikation als Herausforderung: Eine theoretisch-empirische Studie zur Trainer-Athlet-Kommunikation im Spitzensport* (S. 131–194). Schorndorf: Hofmann.

Brand, R. (2002). *Schiedsrichter und Stress: Stress und Stressbewältigung von Spielleitern im Sport.* Schorndorf: Hofmann.

Briki, W. (2019). Active exercisers with a higher orientation toward task-approach goal might experience higher happiness: the mediating role of dispositional self-control. *International Journal of Sport and Exercise Psychology.* DOI: 10.1080/1612197X.2019.1570534

Britton, D. (2018). *Individual differences in stress reactivity: Implications for adolescent athletes' performance and well being.* Doctoral Thesis: Bournemouth University.

Brooks, P. & Zank, H. (2005). Loss and aversive behavior. *Journal of Risk and Uncertainty, 31,* 302–325.

Buchkremer, H. (1972). *Ehrgeiz.* Stuttgart: Kohlhammer.

Buschmann, R. & Wulzinger, M. (2017). *Football Leaks: Die schmutzigen Geschäfte im Profifußball.* München: Deutsche Verlags-Anstalt.

Bußmann, G. (1995). *Dropout-Problematik in der Frauenleichtathletik: Eine Ursachenanalyse bei C-Kader-Athletinnen* (Berichte und Materialien des Bundesinstituts für Sportwissenschaft. Band 15). Köln: Sport und Buch Strauß.

Cachay, K. & Borggrefe, C. (2015). Kommunikation unter Druck: Anforderungen und Strategien wettkampfbezogener Trainer-Athlet-Kommunikation. In C. Borggrefe & K. Cachay (Eds.), *Kommunikation als Herausforderung: Eine theoretisch-empirische Studie zur Trainer-Athlet-Kommunikation im Spitzensport* (S. 287–383). Schorndorf: Hofmann.

Cashmore, E. (2008). *Sport and exercise psychology: The key concepts* (2. Aufl.). New York: Routledge.

Cox, R. H. (2012). *Sport Psychology: Concepts and applications* (7. Aufl.). New York: McGraw-Hill.

Deci, E. L. & Ryan, R. M. (1993). Die Selbstbestimmungstheorie der Motivation und ihre Bedeutung für die Pädagogik. *Zeitschrift für Pädagogik, 39,* 223–238.

Dobelli, R. (2011). *Die Kunst des klaren Denkens.* München: Hanser.

Eberspächer, H. (2012). *Mentales Training: Das Handbuch für Trainer und Sportler* (8. Aufl.). München: Copress.

Ede, A., Sullivan, P. J. & Feltz, D. L. (2017). Self-doubt: Uncertainty as a motivating factor on effort in an exercise endurance task. *Psychology of Sport and Exercise,* 31–36.

Elliot, A. J. & Conroy, D. E. (2005). Beyond the dichotomous model of achievement goals. *Sport and Exercise Psychology Review, 1,* 17–25.

Ericsson, K. A., Krampe, R. & Tesch-Römer, C. (1993). The role of deliberate practise in the acquisition of expert performance. *Psychological Review, 100,* 363–406.

Fagunde, L., Noce, F., Albuquerque, M. & Andrade, A. G. (2019). Can motivation and overtraining predict burnout in professional soccer athletes in different periods of the season? *International Journal of Sport and Exercise Psychology.* DOI: 10:1080/1612197X.2019. 1655778

Flett, M. R., Gould, D., Griffes, K. R. & Lauer, L. (2013). Tough love for underserved youth: A comparison of more and less effective coaching. *The Sport Psychologist, 27,* 325–337.

Flett, G. L. & Hewitt, P. L. (2014). The perils of perfectionism in sports revisited: Toward a broader understanding of the pressure to be perfect and its impact on athletes and dancers. *International Journal of Sport Psychology, 45,* 395–407.

Förster, J. & Denzler, M. (2009). Theorie des regulatorischen Fokus. In V. Brandstätter & J. H. Otto (Eds.), *Handbuch der Allgemeinen Psychologie – Motivation und Emotion. Handbuch der Psychologie, Band 11* (S. 189–196). Göttingen: Hogrefe.

Freimuth, J., Imhof, M., März, C., Teller, R. & Unsleber, P. (2006). *Neue Wege in der Schiedsrichterausbildung: Ein Konzept.* Online verfügbar unter: http://www.sr-da.de/Vereinigung/Inhalt/Lehrwesen/Fortbildung/Downloads/NeueWegeV1.1.pdf

Frester, R. (2000). Mentale Fitness für junge Sportler. In T. Wörz & H.-W. von Schleinitz (Eds.), *Neue Tendenzen zur Leistungsoptimierung* (S. 28–36). Lengerich: Pabst.

Frester, R. (2012). Wege zur höheren psychischen Belastbarkeit im Nachwuchsleistungssport. In Th. Wörz & J. Lecheler (Eds.), *Nachwuchsleistungssport: Heute eine Überforderung?* (S. 49–54). Lengerich: Pabst.

Frey, B. & Osterloh, M. (1997). Sanktionen oder Seelenmassage? Motivationale Grundlagen der Unternehmensführung. *Der Betriebswirt, 57,* 307–322.

Fritzsche, Th., Fürst, A. & Rathsfeld, E. (2014). *Die Impact Strategie: Führen für Fortgeschrittene.* Bern: Hans Huber.

Gabler, H. (1999). Coaching als Betreuung im Wettkampf. In G. Thieß & P. Tschiene (Eds.), *Handbuch zur Wettkampflehre* (S. 111–122). Aachen: Meyer & Meyer.

Gabler, H. (2002). *Motive im Sport: Motivationspsychologische Analysen und empirische Studien.* Schorndorf: Hofmann.

Gaudreau, P., Morinville, A., Gareau, A., Verner-Filion, J., Green-Demers, I. & Franche, V. (2016). Autonomy support from parents and coaches: Synergistic or compensatory effects on sport-related outcomes of adolescent-athletes? *Psychology of Sport and Exercise, 25,* 89–99.

Geukes, K., Mesagno, Ch., Hanrahan, S. J. & Kellmann, M. (2003). Activation of self-focus and self-presentation traits under private, mixed, and public pressure. *Journal of Sport & Exercise Psychology, 35,* 50–59.

Gotwals, J., Stoeber, J., Dunn, J. & Stoll, O. (2012). Are perfectionistic strivings in sport adaptive? A systematic review of confirmatory contradictory and mixed evidence. *Canadian Psychology, 53,* 263–279.

Gröpel, P. (2014). *Unbewusstes nutzen – Mehr Willenskraft durch innere Motivation.* Online verfügbar unter: https://www.academics.de/wissenschaft/unbewusstes_nutzen_57128.html

Hamidi, S. & Besharat, M. A. (2010). Perfectionism and competitive anxiety in athletes. *Procedia – Social and Behavioral Sciences, 5,* 813–817.

Handow, O. (2003). *Coaching in Leistungssport und Wirtschaft.* Universität der Bundeswehr München: Dissertation.

Hanin, Y. L. (2000). Successful and poor performance and emotions. In Y. L. Hanin (Ed.), *Emotions in sport* (S. 157–187). Leeds: Human Kinetics.

Hermann, H.-D. & Mayer, J. (2012). Fußball. In D. Beckmann-Waldenmayer & J. Beckmann (Eds.), *Handbuch sportpsychologischer Praxis: Mentales Training in den olympischen Sportarten* (S. 221–230). Balingen: Spitta.

Higgins, E. T. (1998). Promoting and prevention: Regulatory focus as a motivational principle. *Advances in Experimental Social Psychology, 30,* 1–46.

Higgins, E. T., Sha, J. & Friedman, R. (1997). Emotional response to goal attainment: Strength of regulatory focus as moderator. *Journal of Personality and Social Psychology, 72,* 515–525.

Hill, D. M., Matthews, N. & Senior, R. (2016). The psychological characteristics of performance under pressure in professional Rugby Union referees. *The Sport Psychologist, 30,* 376–387.

Hill, D. M., Hanton, S., Fleming, S. & Matthews, N. (2009). A re-examination of choking in sport. *European Journal of Sport Science, 9,* 203–212.

Hirschmann, F. (2017). *Chronischer Stress im Nachwuchsleistungssport. Eine empirische Studie an Bayrischen Eliteschulen des Sports.* Passau: Dissertation, University of Passau.

Hoffmann, K. & Sallen, J. (2012). Spezifische Normierung des Trierer Inventars zum chronischen Stress (TICS) zur diagnostischen Anwendung im Spitzensport. *Zeitschrift für Sportpsychologie, 19,* 95–109.

Hotz, A. (1997). Die Wettkampfdurchführung. In G. Thieß, P. Tschiene & H. Nickel (Eds.), *Trainer Bibliothek. Der sportliche Wettkampf. Vorbereitung – Durchführung – Auswertung* (S. 112–143). Münster: Philippka.

Isen, A. M., Nygren, T. E. & Ashby, F. C. (1988). Influence of positive affect on the subjective utility of gains and losses: It is just not worth to risk. *Journal of Personality and Social Psychology, 55,* 710–717.

Iso-Ahola, S. E. & Dotson, C. O. (2014). Psychological momentum: Why success breeds success. *Review of General Psychology, 18,* 19–33.

Jarvis, M. (2006). *Sport Psychology: A student's handbook.* New York: Routledge.

John, O. P. & Gross, J. J. (2004). Healthy and unhealthy emotion regulation: Personality processes, individual differences, and life span development. *Journal of Personality, 72,* 1301–1333.

Jones, M. V. (2003). Controlling emotions in sport. *The Sport Psychologist, 17,* 471–486.

Jones, G. (1995). More then just a game: Research development and issues in competitive anxiety in sport. *British Journal of Psychology, 86,* 449–478.

Jones, G., Hanton, S. & Swain, A. (1994). Intensity and interpretation of anxiety symptoms in elite and non-elite sports performers. *Personality and Individual Differences, 17,* 657–663.

Jones, G., Hanton, S. & Connaughton, D. (2007). A framework of mental toughness in the world's best performers. *The Sport Psychologist, 21,* 243–264.

Jones, B. D., Woodman, T. & Barlow, M. (2017). The darker side of personality: Narcissism and antisocial behavior in sport. *The Sport Psychologist, 31,* 109–116.

Jordet, G. (2009). When superstars flop: Public status and 'choking under pressure' in international soccer penalty shoot-outs. *Journal of Applied Sport Psychology, 21,* 125–130.

Jordet, G., Hartman, E. Visscher, C. & Lemmink, K. A. (2007). Kicks from the penalty mark in soccer: The role of stress, skill, and fatigue for kick outcomes. *Journal of Sports Science, 25,* 121–129.

Jordet, G., Hartman, E. & Sigmundstad, E. (2009). Temporal links to performing under pressure in international soccer penalty shot-outs. *Psychology of Sport and Exercise, 10,* 621–627.

Kayer, T. (2014). Im Spannungsfeld des Sportsystems – ein praxisbezogener Blickwinkel auf das Thema Drop-out im Nachwuchsleistungssport. In T. Wörz & J. Lecheler (Eds.), *Coaching im Nachwuchsleistungssport: Stärken stärken, Defizite beheben und Drop-outs reduzieren* (S. 79–93). Lengerich: Pabst.

Kleinert, J. (2014). *Zwischen Sieg und Niederlage: Zur psychischen Gesundheit im Profifußball.* Online verfügbar unter: http://www.bpb.de/gesellschaft/sport/bundesliga/160751/profifussball-und-psychische-gesundheit?p=all

Kogler, A. (2006). *Die Kunst der Höchstleistung: Sportpsychologie, Coaching, Selbstmanagement.* Wien: Springer.

Kremer, J., Moran, G. W. & Craig, C. (2012). *Key concepts in sport psychology.* Los Angeles: SAGE Publications.

Kuhl, U. (1987). Psychologische Interventionsmöglichkeiten im Mannschaftssport. In G. Bäumler & J. C. Brengelmann (Eds.), *Verhalten und Verhaltensmodifikation im Sport* (S. 113–128). München: Röttger.

Kuhl, U. & Schulz, P. (1986). *Emotionale Belastungen im Sport.* Köln: bsp.

Krug, J. S. & Kuhl, U. (2006). *Macht, Leistung, Freundschaft: Motive als Erfolgsfaktoren in Wirtschaft, Politik und Spitzensport.* Stuttgart: Kohlhammer.

Kugler, J. Reintjes, F., Tewes, U. & Schedlowski, M. (1996). Psychological stress increases salivary cortisol and immunoglobulin A concentrations in soccer trainer during match. *Journal of Sports Medicine and Physical Fitness, 36,* 117–120.

Kuhl, U., Krug, J. S. & Eichholz, A. (2010). Alles nur Herausforderung? Herausforderung und Bedrohung als leistungsbestimmende Faktoren im Spitzensport. *Leistungssport, 5,* 8–13.

Kuhl, U. & Schulz, P. (2014). Das Spiel als Bedrohung und Herausforderung: Psychische Belastungen im Profisport. *Report Psychologie, 5,* 194–196.

Lahm, P. (2011). *Der feine Unterschied: Wie man heute Spitzenfußballer wird.* München: Verlag Antje Kunstmann.

Lemyre, P.-N., Roberts, G. C. & Stray-Gundersen, J. (2007). Motivation, overtraining, and burnout: Can self-determined motivation predict overtraining and burnout in elite athletes? *European Journal of Sport Science, 7,* 115–126.

Liao, C. & Masters, R. S. W. (2002). Self-focused attention and performance failure under psychological stress. *Journal of Sport & Exercise Psychology, 24,* 289–305.

Linz, L. (2014). *Erfolgreiches Teamcoaching: Ein Team bilden, Ziele definieren, Konflikte lösen* (4. Aufl.). Aachen: Meyer & Meyer.

Loehr, J. E. (2010). *Die neue mentale Stärke: Sportliche Bestleistung durch mentale, emotionale und physische Konditionierung* (6. Aufl.). München: BLV Buchverlag.

Ludwig, M. (2008). *Mathematik und Sport: Olympische Disziplinen im mathematischen Blick.* Wiesbaden: Vieweg und Teubner.

Madigan, D. J., Stoeber, J. & Passfield, L. (2017). Perfectionism and achievement goal revisited: The 3x2 achievement goal framework. *Psychology of Sport and Exercise, 28,* 120–124.

Markser, V. A. & Bär, K. J. (2019). *Seelische Gesundheit im Leistungssport.* Stuttgart: Schattauer.

Mathesius, R. (1996). Prinzipien und Aufgaben des psychologischen Trainings. In E. Hahn (Ed.), *Psychologisches Training im Wettkampfsport* (S. 29–126). Schorndorf: Hofmann.

Maurer, M. (2011). *Wie Journalisten mit Ungewissheit umgehen.* Online verfügbar unter: http://doi.org/10.5771/1615-634x-2011-1-60

Maurer, H. (2007). *Psychischer Druck, Aufmerksamkeitslenkung und sportliche Leistung.* Justus-Liebig-Universität Gießen: Dissertation.

McKay, B., Lewthwaite, R. & Wulf, G. (2012). Enhanced expectancies improve performance under pressure. *Frontiers in Psychology.* Published online: doi: 10.3389/fpsyg.2012.00008

Mellalieu, S. D., Hanton, S. & Fletcher, D. (2006). A competitive anxiety review: Recent directions in sport psychology research. In S. Hanton & S. D. Mellalieu (Eds.), *Literature reviews in sport psychology* (S. 1–45). New York: Nova Science Publishers.

Memmert, D., Hüttermann, S., Hagemann, N., Loffing, F. & Strauss, B. (2013). Dueling in the penalty box: Evidence-based recommendations on how shooters and goalkeepers can win penalty shootouts in soccer. *International Review of Sport and Exercise Psychology, 6,* 209–229.

Mesagno, C., Marchant, D. & Morris, T. (2008). A pre-performance routine to alleviate choking in "choking-susceptible" athletes. *The Sport Psychologist, 22,* 439–457.

Mesagno, C., Harvey, J. T. & Janell, C. M. (2012). Choking under pressure: The role of fear of negative evaluation. *Psychology of Sport and Exercise, 13,* 60–68.

Miller, B. W., Roberts, G. C. & Ommundsen, Y. (2004). Effect of motivational climate on sportsponsorship among competitive youth male and female football players. *Scandinavian Journal of Medicine and Science in Sports, 14,* 193–202.

Moore, L. J., Vine, S. J., Wilson, M. R. & Freeman, P. (2015). Reappraising threat: How to optimize performance under pressure. *Journal of Sport & Exercise Psychology, 37,* 339–343.

Moran, A. & Toner, J. (2018). *Attentional processes in sport and performance.* Online verfügbar unter: DOI:10.1093/acrefore/9780190236557.013.156

Murayama, T. & Sekiya, H. (2015). *Factors related to choking under pressure in sports and the relationships among them.* Online verfügbar unter: http://dspace.lib.kanazawa-u.ac.jp/dspace/bitstream/2297/45495/1/GS-PR-MURAYAMA-T-1.pdf

Nicholls, A. R., Levy, A. R., Carson, F., Thompson, M. A. & Perry, J. L. (2016). The applicability of self-regulation theories in sport: Goal adjustment capacities, stress appraisals, coping, and well-being among athletes. *Psychology of Sport & Exercise, 27,* 47–55.

Orlick, T. (2008). *In pursuit of excellence: How to win in sport and life through mental training* (4. Aufl.). Champaign: Human Kinetics.

Özil, M. (2017). *Die Magie des Spiels.* Köln: Bastei Lübbe.

Otten, M. (2009). Choking vs. clutch performance: A study of sport performance under pressure. *Journal of Sport & Exercise Psychology, 31,* 583–601.

Podlog, L., Banham, S. M., Wadey, R. & Hannon, J. C. (2015). Psychological readiness to return to competitive sport following injury: A qualitative study. *The Sport Psychologist, 29,* 1–14.

Podolski, L. (2014). *Dranbleiben! Warum Talent nur der Anfang ist.* Köln: Bastei Lübbe.

Ponzo, M., Scoppa V. (2014). *Does the home advantage depend on crowd support? Evidence from same-stadium derbies. Institute for the Study of Labor: Arbeitsbericht.* Online verfügbar unter: http://ftp.iza.org/dp8105.pdf

Raabe, J., Schmidt, K. & Carl, J. (2019). The effectiveness of autonomy support interventions with physical education teachers and youth sport coaches: A systematic review. *Journal of Sport and Exercise Psychology, 4,* 345–355.

Rheinberg, F. (2017). Motivationale Kompetenz und Flow-Erleben. In M. C. Brohn-Badry, J. M. Peifer & W. Greve (Eds.), *Positiv-Psychologische Forschung im deutschsprachigen Raum – State of the Art* (S. 190–224). Lengerich: Pabst.

Rheinberg, F., Vollmeyer, R. & Engeser, S. (2003). Die Erfassung des Flow-Erlebens. In J. Stiensmeier-Pelster & F. Rheinberg (Eds.), *Diagnostik von Motivation und Selbstkonzept* (S. 61–279). Göttingen: Hogrefe.

Riedel, Ch. (2013). *Zum Erfolg verdammt – Erwartungsdruck im Sport.* Netzathleten Magazin, 20.11.2013. Online verfügbar unter: https://www.netzathleten.de/lifestyle/body-soul/item/3881-zum-erfolg-verdammt-erwartungsdruck-im-sport

Rohweder, N. & Jansson, J. (1998). Gedanken im Spiel. Eine Untersuchung zur Eigenschafts- und Zustandsangsttheorie im Fußballsport. *Psychologie und Sport, 5,* 4–15.

Roskies, M., Elliot, A. J. & Nigstad, B. A. (2013). Time pressure undermines performance more under avoidance than approach motivation. *Personality and Social Psychology Bulletin.* Online veröffentlicht am 02.04.2013. doi: 10.1177/0146167213482984

Rottensteiner, C., Happonen, L. & Konttinen, N. (2015). The interplay of autonomous and controlled motivation in youth team sports. *International Journal of Sport Psychology, 46,* 225–243.

Scanlan, T. K., Carpenter, P. J., Schmidt, G. W., Simons, J. P. & Keeler, B. (1993). An introduction to the Sport Commitment Model. *Journal of Sport & Exercise Psychology, 15,* 1–15.

Schiel, C. & Linz, L. (2012). Sportpsychologie im Feldhockey. In D. Beckmann-Waldenmayer & J. Beckmann (Eds.), *Handbuch sportpsychologischer Praxis: Mentales Training in den olympischen Sportarten* (S. 213–220). Balingen: Spitta.

Schober, P. H. (2014). Belastung, Beanspruchung, Drop-out aus der Sicht der Sportmedizin. In T. Wörz & J. Lecheler (Eds.), *Coaching im Nachwuchsleistungssport: Stärken stärken, Defizite beheben und Drop-outs reduzieren* (S. 41–48). Lengerich: Pabst.

Schlotz, W., Yim, I. S., Zoccola, P. M., Jansen, L. & Schulz, P. (2011). The Perceived Stress Reactivity Scale: Measurement invariance, stability, and validity in three countries. *Psychological Assessment, 23,* 80–94.

Scholer, A. A. & Higgings, E. T. (2013). Dodging monsters and dancing dreams: Success and failure at different levels of approach and avoidance. *Emotional Review, 3,* 254–258.

Schrempp, P. G., McCullick, B. & Mason, I. S. (2006). The development of expert coaching. In R. L. Jones (Ed.), *The sport coach as educator: Re-conceptualising sport coaching* (S.145–161). New York: Routledge.

Schulz, P. (2012). *Beanspruchung und Gesundheit: Fehlbeanspruchung, Gesundheitsrisiken und Beanspruchungsoptimierung im Arbeitsleben.* Kröning: Asanger.

Schulz, P., Schlotz, W. & Becker, P. (2004). *Das Trierer Inventar zum Chronischen Stress (TICS) – Manual.* Göttingen: Hogrefe.

Schweer, M. K. W. (2011). *Kinder und Jugendliche im Leistungssport – eine Herausforderung für Eltern und Trainer.* Frankfurt: Peter Lang.

Schweizer, G. (2010). Foul oder kein Foul, das ist hier die Frage! Das Schiedsrichter-Entscheidungs-Training SET. *The Inquisitive Mind, Ausgabe 1/2010.* Online verfügbar unter: http://de.in-mind.org/article/foul-oder-kein-foul-das-ist-hier-die-frage-das-schiedsrichter-entscheidungs-training-set

Schweizer, G., Plessner, H. & Brand, R. (2014). Training von Schiedsrichterentscheidungen. In K. Zentgraf & J. Munzert (Eds.). *Kognitives Training im Sport* (S. 213–234). Göttingen: Hogrefe.

Silva, J. M. (1983). The perceived legitimacy of rule violating behavior in sport. *Journal of Sport Psychology, 5,* 438–448.

Slade, P. D. & Owens, R. G. (1998). A dual process model of perfectionism based on reinforcement theory. *Behavior Modification, 22,* 372–390.

Smith, R. E., Smoll, F. L. & Curtis, B. (1979). Coach Effectiveness Training: A cognitive-behavioral approach to enhancing relationship skills in youth sport coaches. *Journal of Sport Psychology, 1,* 59–75.

Stöber, J. & Otto, K. (2006). Positive conceptions of perfectionism: Approach, evidence, challenges. *Personality and Social Psychology Review, 10,* 295–319.

Stöber, J., Stoll, O., Pescheck, E. & Otto, K. (2008). Perfectionism and goal orientations in athletes: Relations with approach and avoidance orientations in mastery and performance goals. *Psychology of Sport and Exercise, 9,* 102–121.

Stöber, J., Stoll, O., Salmi, O. & Tiikaja, J. (2009). Perfectionism and achievement goals in young finnish ice-hockey players. Aspiring to make the U16 National Team. *Journal of Sports Sciences, 27,* 85–94.

Stoll, O. (2014). *Cristiano Ronaldo – Gefangen im Perfektionismus?* Online verfügbar unter: http://www.die-sportpsychologen.de/2014/06/21/prof-dr-oliver-stoll-cristiano-ronaldo-gefangen-im-perfektionismus/

Stoll, O. (2010). Biopsychologische Grundlagen von Kognition, Emotion und Motivation im Sport. In O. Stoll, I. Pfeffer & D. Alfermann, *Lehrbuch der Sportpsychologie* (S. 15–42). Göttingen: Hogrefe.

Sulprizio, M. & Kleinert, J. (2015). *Kein Stress mit dem Stress: Tipps und Lösungen für mentale Stärke und psychischer Gesundheit im wettkampforientierten Leistungssport.* Paderborn: Projektbericht der Initiative Neue Qualität der Arbeit.

Taylor, A. H., Leith, L. & Burke, R. J. (1990). Perceived stress, psychological burnout and paths to turnover intentions among sport officials. *Journal of Applied Sport Psychology, 2,* 84–97.

Teipel, D., Kemper, R. & Heinemann, D. (2014). *Die Spowi-Ecke: Die psychische Belastung von Schiedsrichtern.* Online verfügbar unter: https://www.fussballtraining.de

Thelwell, R. C., Weston, N. J. W., Greenless, I. & Hutchings, N. V. (2008). Stressors in elite sport: A coach perspective. *Journal of Sport Sciences, 26,* 905–918.

Tielker, D. (2010). *Psychologische Anforderungen und Stress bei Schiedsrichtern.* München: Grin.

Tietgens, M., Möller, J. & Pohlmann, B. (2005). Zum Zusammenhang von Leistungen und Selbstkonzepten in verschiedenen Sportarten. *Zeitschrift für Sportpsychologie, 12,* 135–143.

Wallace, H. M. & Baumeister, R. F. (2002). The performance of narcissists rises and falls with perceived opportunity for glory. *Journal of Personality and Social Psychology, 82,* 819–834.

Wallace, H. M., Baumeister, R. F. & Vohs, K. D. (2005). Audience support and choking under pressure: A home disadvantage? *Journal of Sports Science, 23,* 429–438.

Weinberg, R., Freysinger, V., Mellano, K. & Brookhouse, E. (2016). Building mental toughness: Perceptions of Sport Psychologists. *The Sport Psychologist, 30,* 231–241.

Weisinger, H. & Pawliw-Fry, J .P (2015). *Performing under pressure: The science of doing your best when it matters most.* New York: Crown Business.

Wilson, M. R., Wood, G. & Vine, S. J. (2009). Anxiety, attentional control, and performance impairment in penalty kicks. *Journal of Sport & Exercise Psychology, 31,* 761–775.

Wörz, T. (2000). Der optimale Leistungszustand. In T. Wörz & H.-W. von Schleinitz (Eds.), *Neue Tendenzen zur Leistungsoptimierung* (S. 9–16). Lengerich: Pabst.

Zeyringer, J. & Hütter, A. (2006). *Die 11 Gesetze der Motivation im Spitzenfußball.* Zürich: Orell Fuessli.